·四川大学精品立项教材·

第二版

法律逻辑

FALÜ LUOJI

主　编　潘利平
撰稿人　陈康扬　向建华　潘利平
　　　　李　霓　李勇军　刘晴辉

四川大学出版社

项目策划：李勇军
责任编辑：蒋姗姗
责任校对：曾　鑫
封面设计：墨创文化
责任印制：王　炜

图书在版编目（CIP）数据

法律逻辑／潘利平主编 . — 2 版 . — 成都：四川大学出版社，2020.12（2024.10 重印）
（高等学校法学教学丛书）
ISBN 978-7-5690-4036-4

Ⅰ . ①法… Ⅱ . ①潘… Ⅲ . ①法律逻辑学－高等学校－教材 Ⅳ . ① D90-051

中国版本图书馆 CIP 数据核字（2020）第 254191 号

书名	法律逻辑（第二版）
主　　编	潘利平
出　　版	四川大学出版社
地　　址	成都市一环路南一段 24 号（610065）
发　　行	四川大学出版社
书　　号	ISBN 978-7-5690-4036-4
印前制作	四川胜翔数码印务设计有限公司
印　　刷	成都金龙印务有限责任公司
成品尺寸	185mm×260mm
印　　张	13.75
字　　数	338 千字
版　　次	2020 年 12 月第 2 版
印　　次	2024 年 10 月第 2 次印刷
定　　价	48.00 元

版权所有　◆　侵权必究

◆ 读者邮购本书，请与本社发行科联系。
　电话：(028)85408408/(028)85401670/
　(028)86408023　邮政编码：610065
◆ 本社图书如有印装质量问题，请寄回出版社调换。
◆ 网址：http://press.scu.edu.cn

四川大学出版社
微信公众号

再版说明

　　逻辑学如今愈来愈受到理论界和实际部门的重视，这门科学的普及和提高，将有助于提高全民族的理论思维水平。逻辑学属于认识论、科学方法论范畴，逻辑知识，对广大学生和干部来说是必不可少的基础知识。

　　本教材自2003年出版以来，经过多次重印。这次修订，是为了适应形势的需要，充分反映法学发展的新信息和成果。因此主要对有关的法律条文和案例进行了修改和完善，增加了部分习题和参考答案。在教材体系上略做了调整，将原教材的第十一章调整为第十章，在保持原教材主体结构不变的情况下，对部分内容进行了修改。

　　本书是为了帮助学习逻辑知识的人掌握基本概念、基本理论、基本技能、基本知识而写的。从学科的角度，比较系统、全面地介绍了形式逻辑原理和基本知识，并紧密结合法律适用特别是司法实践。为此，本书力图做到以下几点：

　　第一，讲明形式逻辑基本原理；

　　第二，尽量联系立法、司法实际；

　　第三，力图从方法论角度帮助学生掌握逻辑知识；

　　第四，对立法和司法实践中具有特异性的逻辑问题做些探索；

　　第五，对于逻辑原理中一些重点、难点、疑点问题，做些比较式的说明。

　　本教材可以作为法学专业和非法学专业学生通识教育学习使用。通过学习，可以对逻辑学知识有一个初步的把握和了解，并熟悉日常推理、论证、论辩的规则，掌握应用形式逻辑的技能。尽管作者有良好的愿望，但鉴于水平所限，书中的缺点乃至错误在所难免，敬请专家和读者批评指正。

　　本书撰稿分工如下：

　　陈康扬：第一章、第二章。

　　向建华：第三章、第四章。

　　潘利平：第五章、第六章、第七章、练习题及参考答案。

　　李霓：第八章。

　　李勇军：第九章。

　　刘晴辉：第十章。

　　本次教材修订得到了四川大学教务处和四川大学出版社的大力支持；四川大学法学院研究生徐川杰、本科生邓可欣同学对搜集案例资料、法条的校对等做了大量工作，在此深表感谢。

目 录

第一章　概　论……………………………………………………（1）
第一节　逻辑学与法律逻辑学……………………………………（1）
 一、逻辑一词的含义…………………………………………（1）
 二、逻辑学的产生及其发展…………………………………（2）
 三、法律逻辑学的含义………………………………………（3）
第二节　法律逻辑学的性质………………………………………（4）
第三节　学习法律逻辑学的意义和方法…………………………（5）
 一、学习法律逻辑学的意义…………………………………（5）
 二、学习法律逻辑学的方法…………………………………（9）

第二章　概念论……………………………………………………（10）
第一节　概　述……………………………………………………（10）
 一、概念的含义………………………………………………（10）
 二、概念和语词的关系………………………………………（12）
 三、概念的逻辑特征…………………………………………（13）
第二节　概念的种类………………………………………………（14）
 一、单独概念和普遍概念……………………………………（14）
 二、正概念和负概念…………………………………………（14）
 三、具体概念和抽象概念……………………………………（15）
 四、集合概念和非集合概念…………………………………（15）
第三节　概念之间的逻辑关系……………………………………（17）
 一、逻辑学如何研究概念之间的关系………………………（17）
 二、概念之间的关系表………………………………………（18）
 三、具体分析概念之间外延的逻辑关系……………………（18）
第四节　概念的限制和概括………………………………………（23）
 一、概念的限制………………………………………………（23）
 二、概念的概括………………………………………………（23）
 三、限制与概括过程中应注意的问题………………………（23）
 四、概念的反变关系…………………………………………（24）
第五节　定　义……………………………………………………（25）
 一、定义的概念………………………………………………（25）
 二、定义的方法………………………………………………（26）

三、定义的逻辑规则 ……………………………………………………（28）
第六节　划　分 …………………………………………………………（30）
一、划分的概念 ……………………………………………………………（30）
二、划分的方法 ……………………………………………………………（31）
三、划分的逻辑规则 ………………………………………………………（32）
第七节　法律概念的特征 …………………………………………………（34）
一、法律概念的含义 ………………………………………………………（34）
二、法律概念的特征 ………………………………………………………（34）
练习题 …………………………………………………………………………（35）

第三章　判断论（上） ……………………………………………………（38）
第一节　概　述 …………………………………………………………（38）
一、判断的概念 ……………………………………………………………（38）
二、判断的逻辑特征 ………………………………………………………（39）
三、判断的逻辑类型 ………………………………………………………（39）
四、判断和句子的关系 ……………………………………………………（40）
五、逻辑学与法律逻辑学如何研究判断 …………………………………（40）
第二节　性质判断 …………………………………………………………（41）
一、性质判断的概念 ………………………………………………………（41）
二、性质判断的类型 ………………………………………………………（42）
三、关于性质判断应该注意的问题 ………………………………………（43）
第三节　性质判断周延性问题 ……………………………………………（44）
一、周延性问题的含义 ……………………………………………………（44）
二、A、E、I、O四类判断周延性情况 …………………………………（44）
三、A、E、I、O周延性表格 ……………………………………………（46）
四、关于周延性知识应该注意的问题 ……………………………………（46）
第四节　性质判断的逻辑关系 ……………………………………………（46）
一、对当关系的概念 ………………………………………………………（46）
二、对当关系的逻辑分析 …………………………………………………（47）
三、对当关系在应用中应注意的问题 ……………………………………（49）
四、性质判断的负判断 ……………………………………………………（50）
五、性质判断负判断的等值判断 …………………………………………（51）
练习题 …………………………………………………………………………（51）

第四章　判断论（中） ……………………………………………………（54）
第一节　关系判断 …………………………………………………………（54）
一、关系判断的概念 ………………………………………………………（54）
二、关系判断的类型 ………………………………………………………（55）
第二节　模态判断 …………………………………………………………（56）
一、模态判断的概念 ………………………………………………………（56）
二、模态判断的类型 ………………………………………………………（57）

三、模态判断的逻辑关系……………………………………………（57）
四、模态判断的负判断及其等值判断……………………………（58）

第三节　规范判断……………………………………………………（58）
一、规范判断的概念………………………………………………（58）
二、法律规范判断的类型…………………………………………（59）
三、法律规范判断之间的逻辑关系………………………………（60）
四、法律规范判断的负判断及其等值判断………………………（61）

练习题…………………………………………………………………（62）

第五章　判断论（下）……………………………………………（64）

第一节　联言判断……………………………………………………（64）
一、联言判断的概念………………………………………………（64）
二、联言判断的特征………………………………………………（64）
三、联言判断的类型………………………………………………（65）
四、联言判断真假的标准…………………………………………（66）
五、联言判断的负判断及其等值判断……………………………（66）
六、联言判断应该注意的问题……………………………………（66）

第二节　选言判断……………………………………………………（67）
一、选言判断的概念………………………………………………（67）
二、选言判断的特征………………………………………………（68）
三、选言判断的类型………………………………………………（68）
四、选言判断真假的标准…………………………………………（69）
五、选言判断的负判断及其等值判断……………………………（69）
六、选言判断应该注意的问题……………………………………（70）

第三节　假言判断……………………………………………………（70）
一、假言判断的概念………………………………………………（70）
二、假言判断的特征………………………………………………（70）
三、假言判断的类型………………………………………………（71）
四、假言判断的真假标准…………………………………………（73）
五、假言判断的负判断及其等值判断……………………………（73）
六、假言判断应该注意的问题……………………………………（74）

第四节　多重复合判断………………………………………………（75）
一、多重复合判断的概念…………………………………………（75）
二、如何分析多重复合判断………………………………………（75）

第五节　真值表………………………………………………………（76）
一、真值表的概念…………………………………………………（76）
二、真值表的制作方法……………………………………………（76）

练习题…………………………………………………………………（77）

第六章　推理论（上）……………………………………………（80）

第一节　概　述………………………………………………………（80）

一、推理的概念 (80)
二、推理的类型 (82)
第二节 直接推理 (83)
一、直接推理的概念 (83)
二、对当关系推理 (83)
三、判断变形推理 (85)
第三节 关系推理 (88)
一、关系推理的概念 (88)
二、关系推理的类型 (88)
练习题 (89)

第七章 推理论（中） (92)

第一节 直言三段论推理 (92)
一、直言三段论推理的概念 (92)
二、三段论的组成 (93)
三、三段论的公理 (93)
四、三段论的逻辑规则 (94)
五、三段论规则中应注意的问题 (97)
六、三段论的格 (98)
七、三段论各格的意义 (101)
八、三段论的式 (104)
九、三段论的省略式 (104)
十、应注意的问题 (106)

第二节 联言推理 (107)
一、联言推理的概念 (107)
二、联言推理的类型 (107)
三、联言推理在司法工作中的应用 (108)

第三节 选言推理 (109)
一、选言推理的概念 (109)
二、选言推理的特征 (110)
三、相容选言推理 (110)
四、不相容选言推理 (110)
五、正确运用选言推理的逻辑要求 (111)

第四节 假言推理 (112)
一、假言推理的概念 (112)
二、假言推理的特征 (112)
三、假言推理的类型 (112)
四、充分条件假言推理 (112)
五、必要条件假言推理 (114)
六、充分必要条件假言推理 (115)

七、纯粹假言推理………………………………………………………(117)
　第五节　假言联言推理………………………………………………………(118)
　　一、假言联言推理的概念………………………………………………(118)
　　二、假言联言推理的特征………………………………………………(119)
　　三、假言联言推理的逻辑规则…………………………………………(119)
　　四、假言联言推理的类型………………………………………………(119)
　第六节　假言选言推理………………………………………………………(119)
　　一、假言选言推理的概念………………………………………………(119)
　　二、假言选言推理的特征………………………………………………(119)
　　三、假言选言推理的逻辑规则…………………………………………(120)
　　四、假言选言推理的类型………………………………………………(120)
　　五、二难推理……………………………………………………………(120)
　第七节　多重复合假言、联言、选言推理…………………………………(124)
　　一、多重复合假言、联言、选言推理的概念…………………………(124)
　　二、公式…………………………………………………………………(124)
　　三、应该注意的问题……………………………………………………(125)
　练习题……………………………………………………………………………(125)

第八章　推理论（下）……………………………………………………………(130)
　第一节　归纳推理……………………………………………………………(130)
　　一、归纳推理的概念……………………………………………………(130)
　　二、归纳推理与演绎推理的关系………………………………………(131)
　　三、归纳推理的类型……………………………………………………(132)
　　四、两种归纳推理的比较………………………………………………(135)
　第二节　回溯推理……………………………………………………………(136)
　　一、回溯推理的概念……………………………………………………(136)
　　二、回溯推理的公式……………………………………………………(136)
　　三、正确认识和运用回溯推理…………………………………………(137)
　第三节　类比推理……………………………………………………………(138)
　　一、类比推理的定义及其特征…………………………………………(138)
　　二、提高类比推理结论可靠性程度的逻辑要求………………………(141)
　　三、运用类比推理时常见的逻辑错误…………………………………(142)
　第四节　寻求因果关系的逻辑方法…………………………………………(143)
　　一、因果关系概述………………………………………………………(143)
　　二、求同法………………………………………………………………(144)
　　三、差异法………………………………………………………………(145)
　　四、并用法………………………………………………………………(146)
　　五、共变法………………………………………………………………(148)
　　六、剩余法………………………………………………………………(149)
　练习题……………………………………………………………………………(151)

第九章　逻辑基本规律 (154)

第一节　概　述 (154)
一、规律的概念 (154)
二、逻辑基本规律的本质特征 (155)

第二节　同一律 (155)
一、同一律的基本内容及其逻辑公式 (155)
二、同一律的基本要求 (156)
三、同一律在立法和司法实践中的要求 (158)
四、违反同一律要求的逻辑错误 (159)
五、同一律在逻辑规则中的体现 (160)
六、正确认识、理解同一律 (160)

第三节　矛盾律 (160)
一、矛盾律的基本内容及其逻辑公式 (160)
二、矛盾律的基本要求 (161)
三、矛盾律的适用范围 (161)
四、违反矛盾律的逻辑错误 (162)
五、同一律与矛盾律的联系和区别 (163)
六、关于"悖论"问题 (164)

第四节　排中律 (165)
一、排中律的基本内容及其逻辑公式 (165)
二、排中律的基本要求 (165)
三、排中律的适用范围 (166)
四、违反排中律的逻辑错误 (167)
五、排中律与矛盾律的联系和区别 (167)
六、关于"复杂问句"问题 (168)

第五节　充足理由律 (168)
一、充足理由律的基本内容及其逻辑公式 (168)
二、充足理由律的基本要求 (169)
三、违反充足理由律的逻辑错误 (169)
四、充足理由律在逻辑规则中的体现 (170)
五、正确认识和理解充足理由律 (170)

练习题 (171)

第十章　证明与反驳 (174)

第一节　证明的概述 (174)
一、证明的定义 (174)
二、逻辑证明、诉讼证明、实践证明之间的关系 (175)
三、逻辑证明的作用 (176)
四、逻辑证明与推理 (176)
五、法律逻辑如何研究逻辑证明 (177)

第二节 证明的结构及种类···(177)
　一、证明的结构···(177)
　二、证明的种类···(178)
第三节 反驳及其方法···(183)
　一、反驳的定义及其意义··(183)
　二、反驳的方法···(183)
第四节 证明与反驳的逻辑规则···(187)
练习题···(188)
综合练习···(191)
部分练习题参考答案···(196)

第一章 概 论

第一节 逻辑学与法律逻辑学

逻辑学是一门关于思维的科学。逻辑学研究的思维形式、思维规律和思维方法对人们的各种认识和思维活动具有普遍的指导作用。法学领域是应用逻辑学知识的广阔天地，逻辑学知识是司法工作者分析、认识和解决法律问题的不可缺少的重要手段。法律逻辑学就是把逻辑学知识应用于法学领域而产生的学科，是研究法律及司法实践中的思维形式、思维规律、思维方法的应用逻辑学。

一、逻辑一词的含义

"逻辑"这一词是外来语的音译。"逻辑"是古希腊语（λογικη）的音译（读作"逻各斯"）。我国著名的翻译学家严复于1905年从英语"Logic"一词音译汉语为"逻辑"。在古希腊时代，"逻各斯"有着"语言""智慧""理性""规律性"等多种含义。中世纪，由于神学占统治地位、"逻各斯"被人格化了，竟成了神的化身。到了18世纪末，德国大哲学家黑格尔（Hegel）恢复了"逻各斯"即"规律"的原意。他把逻辑分为主观的逻辑和客观的逻辑。他用辩证法替代了逻各斯，但他的辩证法却是客观唯心主义辩证法。

马克思主义经典作家对"逻辑"作了精辟地分析和论述，提出客观逻辑、客观规律是第一性的，主观逻辑、主观规律是第二性的；精辟分析了两种逻辑的辩证关系，指出对旧的形式逻辑要加以修改，提出创建辩证逻辑的任务。

以上历史事实表明，"逻辑"这一概念有其发展过程。我国《现代汉语词典》对逻辑的解释为：（1）思维的规律；（2）客观的规律性；（3）逻辑学。[①] 可见，现今的"逻辑"概念可归纳为以下几种解释。

1. "逻辑"的含义是指事物发展的客观规律性。例如，毛泽东在《论持久战》中指出："跨过战争的艰难路程之后，胜利的坦途就到来了，这是战争的自然逻辑。"[②]

以上引文中"逻辑"一词，是作为客观事物运动、发展的"必然性"与"规律性"的含义来理解的。

2. "逻辑"的含义是指思维的规律性，即人们常说的"主观的逻辑""思维的逻

---

① 中国社会科学院语言研究所词典编辑室编：《现代汉语词典》，第861页，2016年第7版。
② 《毛泽东选集》第2卷，第466页，人民出版社，1991年6月第2版。

辑"。如"作出合乎逻辑的结论"这句话中的"逻辑"一词，指的就是这个意思。

3. "逻辑"的含义是指思维形式、思维规律、思维规则以及研究这些内容的科学——逻辑学（包括形式逻辑、辩证逻辑及其他应用逻辑等）。

例如，毛泽东曾号召："写文章要讲逻辑。就是要注意整篇文章、整篇说话的结构，开头、中间、尾巴要有一种关系，要有一种内部的联系，不要互相冲突。还要讲文法。许多同志省掉了不应省掉的主词、宾词，或者把副词当动词用，甚至省掉动词，这些都是不合文法的。还要注意修辞，怎样写得生动一点。总之，一个合逻辑，一个合文法，一个较好的修辞，这三点请你们在写文章的时候注意。"①

上面引文中的"逻辑"一词，其含义是指思维形式、思维规律、思维方法的问题，概括地讲，是指形式逻辑学的内容。因此，理解"逻辑"一词的含义时，必须考虑它所处的语言环境。

二、逻辑学的产生及其发展

逻辑学是一门关于思维的科学。

恩格斯指出："关于思维的科学，和其他任何科学一样，是一种历史的科学，关于人的思维的历史发展的科学，而它对于思维的实际应用于经验领域也是非常重要的。"②

逻辑学虽然是关于思维的科学，但逻辑学并不研究思维的一切方面。具体而言它是研究人类正确思维的逻辑形式、逻辑规律以及一些逻辑方法的思维科学。

所谓思维的逻辑形式又称为思维的形式结构，是指思维形式本身各部分之间的联结方式。而思维形式是思维反映客观事物的方式，包括概念、判断和推理等。思维的逻辑形式就是指概念、判断和推理这些思维形式的逻辑结构，它们内容可以不同，但是思维形式的结构却可以是相同的。例如"所有犯罪都是有社会危害性的行为"，"所有贪污罪都是故意犯罪"，"一切走私行为都是违法行为"。从逻辑上看，这是三个判断，这三个判断所断定的内容各不相同，但是从形式上看它们却有着相同的结构。如果用"S"表示思维对象即"都是"前面的概念，即"犯罪""贪污罪""走私行为"；用"P"表示思维对象具有某种属性的概念即"都是"后面的概念，即"社会危害性的行为""故意犯罪""违法行为"。那么上面三个判断都具有这样共同的判断结构形式，可以用公式表示为"所有 S 都是 P"。

通过对上述具体的例子分析，可以看出逻辑学对思维的研究是撇开了思维的具体内容来研究思维的形式结构的。

逻辑规律是人们正确思维必须遵守的规律，它有同一律、矛盾律、排中律和充足理由律。这四条规律就是要求人们在运用逻辑形式——概念、判断、推理进行思维活动时，必须遵守的起码要求。只有在思维过程中，自觉遵守这些要求，才能做到概念明确，判断恰当，推理合乎逻辑要求。反之，如果自觉或不自觉地违反了逻辑规律，那么思维过程就会发生混淆概念、自相矛盾、模棱两可、预期理由等逻辑错误。

逻辑方法是认识的工具，是人们达到认识目的的手段。在思维过程中人们常用的逻

---

① 《毛泽东选集》第 5 卷，第 217 页，人民出版社，1997 年 4 月第 1 版。
② 《马克思恩格斯全集》第 20 卷，第 382 页，人民出版社，1971 年 3 月第 1 版。

辑方法有观察、实验、分析、综合、求同求异、比较、分类等，以达到正确认识事物和表达思想的目的。

逻辑学是一门古老的科学，至今已有二千余年的历史。中国古代以《墨经》和《荀子·正名》为代表的"名辩之学"，古印度的因明学，古希腊亚里士多德的《工具论》和《形而上学》等著作中，都叙述了逻辑思想和逻辑原理。特别是亚里士多德（Aristotle，公元前384年——公元前322年）建立了西方逻辑史上第一个逻辑系统，他被公认为是形式逻辑的奠基人。马克思、恩格斯对他评价很高，称其为"古代最伟大的思想家"，"最博学的人"。16世纪，英国大哲学家培根（F. Bacon，1561——1626）创立了归纳逻辑，其代表作是《新工具论》。17世纪大数学家莱布尼兹（G. W. Leibniz，1646——1716）最早提出用数学方法来研究思维形式、规律、方法等问题。以后，英国数学家、逻辑学家布尔（G. Boole，1815——1864）等人在前人研究的基础上，提出用代数方法处理逻辑问题，建立了布尔代数。自此以后，形式逻辑学朝两方面发展。一方面结合哲学，开拓研究辩证逻辑；一方面结合数学，研究建立数理逻辑。而今，逻辑科学已发展成多门类的思维科学，如：元逻辑学、辩证逻辑学、多值逻辑学、科学逻辑学、模糊逻辑学、时态逻辑学、模态逻辑学、规范逻辑学、语言逻辑学、问题逻辑学、数理逻辑学、概率逻辑学、法律逻辑学等等。

形式逻辑学的原理起源很早，在逻辑史上，最先使用"形式逻辑"这一概念是18世纪德国哲学家康德。他在《纯粹理性批判》一书中，用"形式逻辑"概念来指称由亚里士多德奠定基础的那种类型的逻辑学。后来，中外逻辑学界对这种类型的逻辑学，所用概念甚多，如："名学""辩学""理则学""论理学""因明学""致知"等，现在国内学术界一般用"形式逻辑"或"普通逻辑"表示这门学科。而现今很多应用性逻辑学，都或多或少要引用其中基本原理，结合有关科学或社会实践，创立一些新的学科分支，法律逻辑学就是其中之一。

三、法律逻辑学的含义

当前国内学术界对这门学科的名称和内容体系都有争论，就学科的名称而言，有"法律逻辑学""诉讼逻辑""司法逻辑""审判逻辑""刑事侦查逻辑学""法律逻辑"等，就其研究的内容来看，有"框架论"和"加冠论"。所谓框架论是指该学科在普通逻辑（形式逻辑）的框架里，加上法律条文和司法实践中的案例。所谓加冠论是指在该学科中将原有普通逻辑的章、节标题中附加上法学概念或法律规范的语词。学术界的这些看法对于推动这门学科的建立是有参考价值的，并且经过数十年的发展，这门学科已经逐渐完善。因此本书作者认为，这门学科暂命名"法律逻辑学"是可以的。这既可指法律条文自身，又可包括司法实践活动，而在这个过程中是有其逻辑规律可循的。

对于法律逻辑学的定义，学者之间有不同认识。一种观点认为，法律逻辑学是研究法律思维主体在法律领域运用逻辑方法分析、解决法律问题的科学。[①] 另有观点认为，法律逻辑学是一门研究涉法思维的形式、方法及规律的逻辑学科。[②] 还有观点认为，法

---

① 郝建设主编：《法律逻辑学》，第6页，中国民主法制出版社，2006年7月第1版。
② 韦玉成、田杜国主编：《法律逻辑学》，第12页，中国社会科学出版社，2018年5月第1版。

律逻辑学乃是以逻辑的眼光审视和探究法律人的理性思维活动的一门学问。[①] 上述观点都是在逻辑学的基本框架下，结合法律领域的特性，对法律逻辑作出归纳，有其合理性。

"法律逻辑学"是以法律和司法实践为研究对象，研究其中的逻辑形式、规律和方法等问题的科学。法律是一种社会现象，法学就是研究"法"这一特定社会现象及其发展规律的科学。"法律逻辑学"也研究"法"，但是它不具体解释法，只从方法论角度研究"法"的逻辑关系，逻辑形式及规律。

"法律逻辑学"是一门边缘性、应用性的学科。"边缘性"是指该学科是介于法学和逻辑学之间的学科，是这两门学科的融合、综合。具体地讲，"法律逻辑"应该是用基本逻辑的原理来分析，研究法律及司法实践中的逻辑关系。所谓基本逻辑原理，至少包括三个方面，即古典形式逻辑、数理逻辑、辩证逻辑等。"法律逻辑"还应该是在基本逻辑原理的指导下，结合、参照其他应用逻辑，探讨并总结出法律和司法实践中的特有逻辑问题，这就更需要将法学和逻辑学有机地结合起来。"应用性"是指该学科不同于基本逻辑，其目的是探索"法"及司法实践中一般逻辑问题和特有的逻辑问题，以便于使逻辑科学更好地为法律和司法实践服务，具体地说，是为立法和执法服务。至此，法律逻辑学是研究法律及司法实践中的思维形式，思维规律，思维方法的应用逻辑学。为方便起见，本书书名仍定为"法律逻辑"。

第二节　法律逻辑学的性质

正确认识一门学科的性质，有助于理解它的作用，有利于掌握该学科的内容。逻辑学是一门工具性的学科，因为，它是研究全人类正确思维的形式，规律（规则）和方法的科学。就逻辑学本身的科学内容来讲，它是没有阶级性的，任何人都要应用它，都应该遵守它的基本要求，否则，世界各民族就无法正确地交流思想了。无怪乎亚里士多德（Aristotle）的后人把亚氏逻辑论著定名为《工具论》，弗·培根（F. Bacon）把他的逻辑论著定名为《新工具》。作为工具性科学的逻辑学是没有阶级性的，是具有全民性的。法律逻辑学是逻辑学的一个分支学科，同样也是没有阶级性的，也是具有全民性的。法律逻辑不同于法学的其他部门，法学具有鲜明的阶级性，部门法学都是如此。法律逻辑具有工具性是指它探讨的思维形式、规律（规则）、方法等逻辑问题，而不是指法律条文自身的内容，这是其一；其二，法律逻辑学没有阶级性，不包括它的理论创建的依据，也不指它应用的目的，只是指逻辑关系自身而已。任何学科的奠定、发展都是受一定世界观指导的，任何学科的建立总是为一定阶级利益服务的。概括地讲，法律逻辑学自身内容没有阶级性，而它的指导理论、应用目的具有鲜明的阶级性。至于法律逻辑学和逻辑学一样具有工具性质的问题，可从以下两方面理解。

1. 它和语法有类似之处。每个人说话，写文章都要符合一定民族语言的语法要求，否则他人无法理解。汉语有其语法、英语有其语法、德语有其语法、俄语有其语法……不同民族的语言有不同的语法。然而，逻辑知识对于世界各民族来讲是通用的、必备

[①]　黄伟力编著：《法律逻辑学导论》，第7页，上海交通大学出版社，2011年1月第1版。

的，亦即世界各民族都要遵守（自觉或不自觉）逻辑的基本要求，只有这样才能使各民族之间达到交流思想的目的；反之，各民族思想无法沟通。因此，曾有人把逻辑的规律、规则比作为"思维的语法"。

2. 它和数学有类似之处。数学是研究现实世界中空间形式和数量关系的科学，这与逻辑学研究的对象不同。但是，这两门科学对客观事物的属性和关系都进行了抽象化的研究，这是它们的共同之处。例如，逻辑学中有个公式："S 不是 P"。这个公式可解释下面语句中的逻辑关系：

（1）法律不是道德。
（2）正当防卫不是违法行为。
（3）民法不是刑法

在以上三个语句中"法律""正当防卫""民法"可以看作"S"，"道德""违法行为""刑法"可以看作"P"，法律逻辑学是撇开了这些语句的具体内容，只研究"S"和"P"的逻辑关系，一旦掌握"S"和"P"的逻辑关系，就能分析符合这个公式的具体语句的逻辑关系。

又如数学中有"1+1=2"的公式，这个公式可说明下面道理：
（1）1个苹果+1个苹果=2个苹果。
（2）1个犯人+1个犯人=2个犯人。
（3）1幢房子+1幢房子=2幢房子。

上述三个语句中，如果撇开"苹果""犯人""房子"，剩下的就是1+1=2

可见，逻辑学和数学有以下类似之处。

1. 两门科学都是撇开了具体内容，研究各自特定的抽象关系。数学研究数、形的关系，逻辑学研究思维形式的关系。

2. 两门科学都有特定的符号和公式。学习数学时要注意理解各种符号的含义、公式的关系以及演算的规则。同样，学逻辑学时也要注意其符号的含义、公式的逻辑关系和推理的逻辑规则。

以上借助法律逻辑学和语法学、数学的比较，说明法律逻辑学是一门工具性的学科。

第三节 学习法律逻辑学的意义和方法

一、学习法律逻辑学的意义

1. 有助于学习法学理论。法律逻辑学是学习法学理论的辅助工具，法学是以法律为研究对象的科学，法学和其他一切科学一样是一个有严密逻辑体系的理论系统。法学有其基本的特定的概念、命题、原理等等，并且在概念与概念之间、范畴与范畴之间、命题与命题之间，都存在某种逻辑关系。掌握逻辑知识将有助于理解、阐明法学理论自身的内在的逻辑。"这样一来，就可以把一切科学都包括在逻辑中，因为每一门科学都是要以思想的和概念的形式来把握自己的对象的,所以都可以说是应用逻辑"。① 例如"犯罪嫌疑人""刑事案件被告人""罪犯"这三个概念对于没有学过法律或者法学的人来讲,是不容易分清楚的,经常会发生混淆。如果学会逻辑分析,就能明确这几个概念的关系,并作出正确的命题。逻辑学告诉我们任何科学概念有内涵和外延,根据法律和法学知识,上述概念的内涵是这样:

"犯罪嫌疑人"是指在刑事诉讼中有犯罪嫌疑,并应受到刑法追究,但尚未被提起公诉或自诉的人。

"刑事案件被告人"是指当人民检察院对"犯罪嫌疑人"向人民法院提起公诉以后的人;或者由自诉案件的自诉人,对"犯罪嫌疑人"向人民法院提起自诉以后的人。

"罪犯"是指行为人触犯了刑法,并且由人民法院依法判处刑罚,并正在服刑期间的刑事案件被告人。

根据以上三个概念的内涵,可作出如下图解,从而揭示这三个概念外延的逻辑关系:

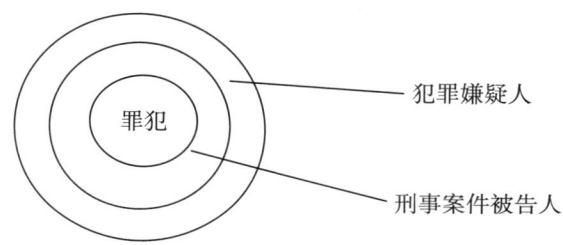

又例如,我国《刑法》第 14 条第 1 款规定:"明知自己的行为会发生危害社会的结果,并且希望或者放任这种结果发生,因而构成犯罪的,是故意犯罪。"该条文说明了故意犯罪的基本特征,为了便于掌握这一概念的定义,可运用简明的逻辑公式表示如下:

$[P \wedge (Q \vee R) \wedge S] \leftrightarrow Y$

设定:P=明知自己的行为会发生危害社会的结果

Q=希望这种结果发生

R=放任这种结果发生

S=构成犯罪的

Y=故意犯罪

∨=或者(逻辑专用符号,称为"析取")

∧=并且(逻辑专用符号,称为"合取")

↔=当且仅当(逻辑专用符号,指"充分必要条件关系")

这样就可以把复杂的法律条文简单明确地表示出来,并且上述逻辑公式还可以分解为以下两个公式:

① $[P \wedge Q \wedge S] \rightarrow Y$

② $[P \wedge R \wedge S] \rightarrow Y$

---

① 列宁:《哲学笔记》,第 188 页,人民出版社,1956 年版。

只要行为人符合上述①和②公式中任何一种情况，都可确认为是故意犯罪。

由此可见，学习法律逻辑学有助于理解法学和法律中的逻辑关系，从而有助于领会把握法学和法律的有关知识。

2. 有助于提高立法工作的水平。所谓立法是指法律、地方性法规、自治条例和单行条例、行政法规和规章的制定、修改、补充和废止的活动。

我国社会主义法制的要求是：有法可依、有法必依、执法必严、违法必究。要实现这一法制原则，首要条件和基本前提是要制定好法律，提高立法质量。而"立法质量"的保障，不仅要明确立法的宗旨，要遵循立法的原则，要按照立法的法定程序进行工作，同时，还要注意应用逻辑原理和逻辑知识来起草（拟定）、审议法律和法规。反之，如果某一法律或法规中，法律概念（或法律范畴）不明确，语词表现又是多样、不统一，那么，就会产生歧义；如果在法律规范中，逻辑联系词用得不准确，标点符号表示不恰当，那么，法律关系就会出现混乱；如果某一法律其内部条文之间有矛盾，法与法之间有矛盾，这在立法工作中谓之"冲突"，势必导致违背法的统一性原则，诸如此类。因此，在立法活动中，必须遵守逻辑的基本原理和基本规则，这也是提高立法水平、立法质量的重要条件之一。

3. 有助于正确表达思想，有力论证思想。在从事法学研究和法律工作时，人们总要说话或者写文章。怎么说？如何写？这不仅涉及法学、法律知识以及事实等问题，还涉及语法、修辞问题。当然，更离不开逻辑素养。如果缺乏逻辑素养就会文理不通，没有说服力。相反，学习并运用逻辑知识，将有助于清晰地、准确地、严密地表达自己的思想，写出思路清楚、结构严谨、论证有力、文笔流畅的学术论文、起诉书、答辩状、判决书等等。例如，某市中级人民法院曾就某被告人犯了贪污罪、行贿罪进行公开审判，在庭审辩论过程中，律师、审判员、公诉人的有些讲话不合逻辑基本要求，因而使得旁听者哗然。

例如，律师问被告人："被告人你回答，你行贿那么多人，他们受贿是不是知道你的钱是贪污来的？"（被告人当时不语）律师想为被告人进行无罪辩护，但是，这番问话是违反逻辑的。首先这是"复杂问句"，提问本身已包含了被告人的行贿行为，无论被告人做肯定或否定的回答，被告人都得承认自己的行贿罪行；第二，无论被告人承认与否认，都不足以说明其没有犯贪污罪，因为，受贿人知道不知道被告人的钱的来路合法与否，并不能证明被告人没有贪污。

接着，审判员问被告人："你回答，行贿了多少人？贪污了多少钱？"（被告人答："记不清楚了。"）审判员又说："你大概地讲一讲。"

在这里，审判员第二句不合法律逻辑要求。庭审阶段是核实案情，要准确，不能"大概"。"大概"是模态命题，是可能的情况，"定案"不能依据"可能"，而要事实确凿才行。显然，这也违反了刑事诉讼法的基本要求。

公诉人在指控被告人有贪污行为时这样说："被告人显然犯了贪污罪，因为，被告人春、夏、秋、冬四季吃的糖都不同，春天有春天糖，夏天有夏天糖，秋天有秋天糖，冬天有冬天糖。此外，被告人过去用的是35英寸黑白电视机，现在买了50英寸进口彩电，难道不是贪污的钱买的吗？"这样的举证在逻辑上也犯了错误，其错误是"推不出"，亦即没有必然的逻辑联系。以上例子说明，由于说话中不注意逻辑基本要求，就会闹出笑话，甚至适得其反。

相反，如果能自觉地学习、掌握和运用逻辑知识，则有助于明确和清楚地把自己的思想表达出来。

4. 有助于揭露逻辑谬误，驳斥诡辩伎俩。"逻辑谬误"一般是指由于缺乏逻辑知识而导致的违反逻辑规则、规律所产生的逻辑错误。"诡辩伎俩"则是指故意违反逻辑要求，强词夺理的辩论手法。逻辑学又是一门工具性的学科。每个人要正确思维，必须按逻辑规则、规律的要求行事，只有这样才能做到说话、写文章时概念明确，判断恰当。

推理合乎逻辑性，从而使论证有较强的说服力。如果人们在思维过程中，有意或无意违反逻辑规则，就会产生逻辑错误，而逻辑规则、规律正是识别思维过程中逻辑错误的有力工具，驳斥诡辩的有力武器。下面我们以古希腊的一个故事情节来说明。

古希腊著名诡辩家欧布利德斯有一次对一个人说："你没有失掉的东西，就是你有的东西，对不对？"那人回答："当然对呀！"接着欧布利德斯又说："你没有失掉头上的角，那你就是头上有角的人了。"那个人被弄得莫名其妙，知道受了愚弄，又说不出所以然，不知怎样反驳欧布利德斯。

欧布利德斯的诡辩就在于，前一个"没有失掉"指的是你原来就有的东西仍然存在，后一个"没有失掉"指的是你根本没有的东西也仍然存在。这是强加于人，因为从来没有的东西，不存在"失掉"或"没有失掉"的问题。可以看出，在欧布利德斯的议论中，"没有失掉"这个词，前后表达的是两个不同的概念，犯了偷换概念的错误。

5. 有助于提供新知识，是科学发现的辅助工具之一。法律逻辑学除了确定思维形式的规则、规律之外，还要研究一些正确思维的方法，如实验的方法、观察的方法、寻求因果关系的逻辑方法等等。任何一桩案件的发生，无论是刑事案件，或是民事案件，或是经济案件，或是行政案件等等，总是有一定的起因，在查清事实真相时，侦查员、检察员、审判员以及律师都要运用一定的逻辑方法来探明案件的缘由，以便在确凿的事实基础上，依据法律的规定，作出合法的、恰当的判决。

下面不妨以一个侦探推理的故事为例。

在一所公寓里发生了凶杀案，一个画家在卧室里被人用刀刺死了。卧室墙壁上清晰地印着一个鲜红的手印，五个手指的指纹都清晰可辨，连手掌的纹路也很清晰。看起来是凶手逃跑时，不小心把沾满血的右手按到墙上的。

侦探赶到现场，见到警员正在小心地收集上面的指纹。侦探仔细观察了一下，笑着对警员说："你还是看看有没有其他线索吧！"

警员依然小心翼翼地做着自己的工作，头也不抬地说："这些指纹难道不是重要的线索吗？"

侦探耸了耸肩："但这个血手印很可能是罪犯伪造的，目的就是要误导警察。"

警察好奇地问："你怎么知道的？"

侦探说："你试着用右手在墙上印个手印，就知道了。"

侦探看到，五个手指的指纹是全部正面紧贴墙壁印上去的，手掌的纹路也很清晰，这才产生怀疑。因为当手掌贴在墙上时，拇指和其他四个手指不同，是侧面贴着墙的，所以正常情况下，拇指的指纹不会全在墙上印出来。

可见，法律逻辑对于法律工作者和法学工作者在办案过程或是研究活动中，都有一定的作用，它是不可缺少的辅助工具。

二、学习法律逻辑学的方法

学习科学理论的目的在于运用，为了正确地理解、把握科学理论，在学习过程中就要贯彻理论联系实际的原则。

1. 在系统全面学习教材的基础上，突破重点和难点问题。逻辑知识类似数学，一环紧扣一环，若前面不懂，则后面学起来就困难较大。比如概念的两个逻辑特征——内涵和外延，这个基本知识是后面概念的关系、概念周延性问题以及某些推理规则的基础。

2. 注意搞清楚逻辑学中专门概念和其他学科概念的联系与区别，特别是界线要清楚。同时，还要把握住逻辑学中专门概念的联系与差异。例如，逻辑学中讲的"矛盾"与哲学中讲的"主要矛盾""客观矛盾"等有什么联系与区别？逻辑学中讲的"反对关系""对立关系"与日常用语中"反对""对立"有什么不同，等等。

3. 要理解、把握、分清逻辑学的专门符号、逻辑公式的含义。学会把自然语言抽象为逻辑符号、公式；同时也能分析逻辑公式中的逻辑关系。逻辑学是门比较抽象的学科，也正因为如此，它的应用范围很广，任何科学都离不开逻辑学，任何人说话、写文章也离不开逻辑知识。纯逻辑知识的确枯燥，犹如语法一样，因此，初学者要用学习语法的方法来学习思维的语法——逻辑学。

4. 结合司法实践来学习逻辑学。通过参加诉讼过程，特别是庭审辩论，结合司法实践理解逻辑问题。侦查员通过侦查活动体会逻辑知识，甚至在阅读司法文书——起诉书（公诉书）、答辩状、辩护词以及裁定书和判决书时，也可应用逻辑知识去分析问题，发现不足之点。这不仅有助于理解、把握逻辑知识，也能发挥逻辑学在司法实践中的工具作用。

第二章 概念论

教学目的和要求：
　　明确学习和掌握概念的逻辑知识的重要意义。概念是构成判断和推理的基本因素，是思维活动的"细胞"，在思维活动中起着十分重要的作用。没有概念就不能形成判断和推理，也就没有思维活动。重点掌握概念具有的两个逻辑特征——内涵和外延，概念的内涵和外延是逻辑学的基本问题，这个基本知识是学习概念之间的关系、概念周延性问题、对概念进行限制和概括以及某些推理规则的基础。所谓概念明确，就是概念的内涵、外延要明确。把握概念的分类，应注重区分集合概念和非集合概念。至于概念之间的逻辑关系是指概念外延间的关系，需要掌握概念间的五种不同关系以及欧拉图表示法。了解明确概念的几种逻辑方法，包括概念的限制与概括、定义和划分的方法。特别重要的是，在使用概念的限制与概括这两种方法时，必须在具有属种关系的概念之间进行。学习定义和划分的逻辑方法及其规则，并能够简单运用这些逻辑规则。

教学要点：
概念的内涵和外延
集合概念和非集合概念
属种关系
矛盾关系
反对关系
概念的限制和概括
"反变关系"
定义的方法及其规则
划分的方法及其规则

第一节　概　述

一、概念的含义

　　概念是反映客观事物的本质属性及其对象范围的思维形式。
　　所谓客观事物是指在人们主观意识之外的一切事物，包括一切自然现象、社会现象以及思维现象等，如热、电、声、光、花、草、树、木、日月星辰、飞禽走兽等自然物质、生物和现象，政治、经济、法律、道德、宗教、哲学等社会现象、关系，思维的形式、思维的方法等思维现象。

所谓事物的属性是指客观事物自身的特点，指客观事物之间的共同点和不同点，以及客观事物之间的关系等。例如，一个杀人犯就有姓名，年龄、性别，作案的动机、目的，作案的手段（情节），作案的后果（社会危害性），作案的时间、地点以及该罪犯与被害人的关系等等，这便是某个杀人犯的属性。

每个事物或每类事物总是有一定的属性，依据不同的标准，属性可以分为不同的种类。如果按属性是否反映事物的本质特征，可分为本质属性和非本质属性。所谓本质属性是指某个或某类事物独自具有的，区别于其他事物的根本标志，它是该事物存在的基础，也是事物发展、变化的起点。简言之，如果某事物的本质属性不存在，那么，该事物也就不复存在。如果不能把握事物的本质属性，那么，就不能将此事物与彼事物区别开来。

现在，不妨以我国《刑法》第5章侵犯财产罪为例，第263条规定了对抢劫罪量刑幅度，第264条规定了对盗窃罪的量刑幅度，第267条规定了对抢夺罪的量刑幅度，不难看出这三个罪的量刑是不一样的。尽管这三个罪的共性都是非法占有公私财物的犯罪行为，然而，三种犯罪行为在作案手段上有本质的区别。抢劫罪是以对人使用暴力、胁迫或者其方法获取公私财物的犯罪行为；盗窃罪是以平和的手段非法占有公私财物的犯罪行为；抢夺罪是以对物暴力的方法获取公私财物的犯罪行为。

明确上述三种犯罪行为的本质属性，就可以将刑事被告人的犯罪行为与之对照，从而对刑事被告人作出准确的定性，即确认其行为的"罪名"，由此，进一步依照《刑法》作出恰当的量刑。这也就符合我国《刑法》第5条的规定："刑罚的轻重，应当与犯罪分子所犯罪行和承担的刑事责任相适应。"这是讲任何客观事物都具有本质属性。事物的属性除本质属性外，就是非本质属性。就上述三个罪名的概念来说，其非本质属性是指作案的具体时间、地点、工具、方式等等。从哲学角度讲，本质属性与非本质属性又不是绝对的，不是一成不变的。这涉及两方面问题，一是涉及"论域"的问题。所谓论域是指谈论问题或研究问题的特定的对象、时间、关系、范围等条件，如果"论域"改变了，那么，某概念属性的类型也将随之改变。二是涉及人们对客观事物认识的程度和深度的问题。因为，客观事物是处于永恒的运动、变化、发展的过程中，人的认识总是具有相对性和局限性。人的认识将随着生产力的发展，随着社会的发展，随着科学技术的发展而发展，当人的认识深化了，那么对客观事物属性的揭示也就更加深刻了，原来确认为本质的东西也许会转化为非本质的东西，而由新确认的本质属性取而代之。此外，客观事物的属性若以其他标准来划分，还可以分为固有属性和偶有属性、共有属性和特有属性等等。

逻辑学不仅要研究某一具体概念的逻辑特征以及它和其他概念的逻辑关系，而且要研究类概念的逻辑特征，类概念与子概念之间的逻辑关系。所谓"类"又称之为"集合"或"系统"，它是由相同属性的事物所组成的总体。逻辑学中，把相同属性的事物谓之相同的类，不同属性的事物称之不同的类。类有大小之分，例如在我国刑法中，规定了十大类犯罪，即（1）危害国家安全罪；（2）危害公共安全罪；（3）破坏社会主义市场经济序罪；（4）侵犯公民人身权利、民主权利罪；（5）侵犯财产罪；（6）妨害社会管理秩序罪；（7）危害国防利益罪；（8）贪污贿赂罪；（9）渎职罪；（10）军人违反职责罪等。

在上述的十大类犯罪中,每一个大类又包括若干小类。例如,在"破坏社会主义市场经济秩序罪"这一大类中,又分为"生产、销售伪劣商品罪","走私罪","妨害对公司、企业管理秩序罪","破坏金融管理秩序罪","金融诈骗罪","危害税收征管罪","侵犯知识产权罪","扰乱市场秩序罪"等。在这些犯罪行为的每个小类中,又包含若干具体的犯罪案件、具体的犯罪分子。如果用系统论的理论来解释,"类"也就是"系统",大类可理解为"母系统",小类可看作"子系统"。由此可见,"类"总是包含一定数量范围的对象。以下就是犯罪概念的系统分类示意图:

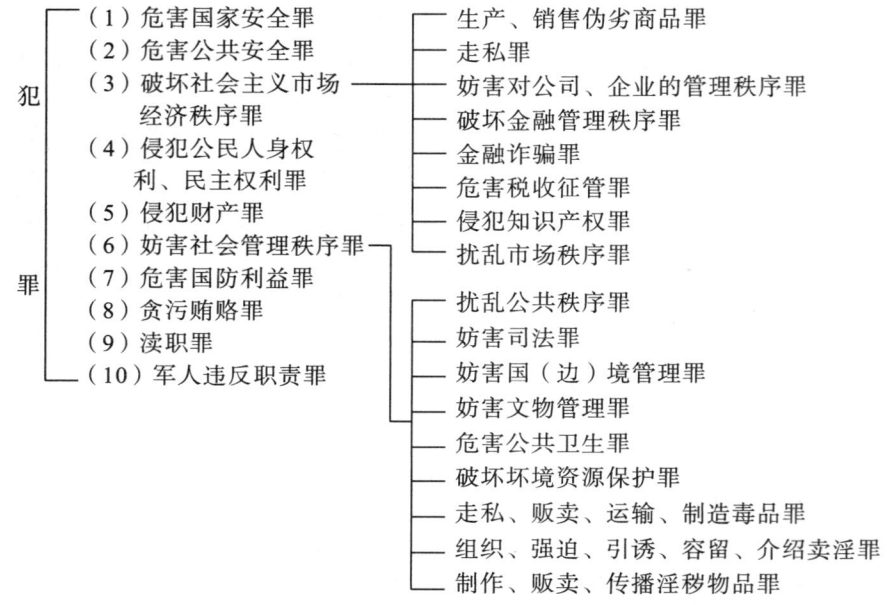

总之,概念是反映某一个或某一类事物本质属性的思维形式,而本质属性则是事物固有的属性。本质属性对某一类事物自身而言则是共有属性。本质属性对于不同类事物之间比较而言则又是特有的属性,由此也就不难理解现行逻辑学教材中,关于概念定义的不同提法。例如,"概念是反映事物的特有属性(固有属性或本质属性)的思维形式。"[①] "概念是反映事物本质属性的思维形式。"[②] 为了便于理解属性的分类,请看下表:

比较标准 类型	按是否反映 本质属性	按每类是否必须 具有的属性	按类与类之间是否 共同具有的属性
1	本质属性	固有属性	共同属性
2	非本质属性	偶有属性	特有属性

二、概念和语词的关系

概念和语词有密切联系,又有严格区别。

两者的联系在于:任何一个概念都必须借助一定的语词(或词组或短语)来表示,

---

① 金岳霖主编:《形式逻辑》,第18页,人民出版社,1979年10月第1版。
② 吴家国等编:《普通逻辑》,第14页,上海人民出版社,1979年10月第1版。

概念是语词的思想内容，而语词则是概念的物质外壳。这就是说，没有语词形式的概念是不存在的。

两者的区别在于：

1. 两者分别属于两门不同科学的研究对象。概念属逻辑学研究的对象，语词属语言学研究的对象。

2. 概念对世界各民族具有共同性，语言则有民族的差异性。不同民族有共同的概念形式，不同民族有不同的语言。语言有语系之分，如汉藏语系、印欧语系等，同一语系又可分为诸种语族，如印欧语系可分为：印度、日耳曼、斯拉夫语族，同一语族还分为语支，如斯拉夫语族又分为：东斯拉夫、西斯拉夫、南斯拉夫三个语支。例如"律"这一概念各民族都承认它有一定的内涵与外延，但是，在语言表现上则有差异，汉语称"法律"，英语称"Law"。

3. 概念虽借助语词形式表示，但是，并非所有的语词都可表示概念，一般说来，只有实词才表示概念，而虚词一般不表示概念，但某些特定的虚词则可表示某种逻辑关系，如虚词中的连词"或者""不仅……而且……""如果……那么……"等分别表达了选择关系、并存关系和条件关系，在逻辑上有其特殊的意义，称为逻辑概念。

4. 在同一民族语言中，一般说来，同一概念由同一语词表示，不同概念由不同语词表示。但是，由于语词有多义性，即一词多义和不同语词又有相同意义，因而会出现概念与语词不一一对应的情况。例如，"一审"和"初审"都是指诉讼案件的最初审理过程。"二审"和"上诉审"是指上一级人民法院依法定程序，级别管辖对一审法院的判决或裁定再进行诉讼的活动。又例如，"矛盾"这一语词，在哲学、逻辑学、法学中的含义就不尽相同。以上说明同一概念可以由不同语词表示，而同一语词又可表示不同概念。

三、概念的逻辑特征

任何一个概念都有两个逻辑特征，即概念的内涵和概念的外延。明确概念是正确思维的起码要求，因为只有概念明确，才能作出恰当的判断，进行合乎逻辑的推理，获得正确的认识。而明确概念的意思就是要求明确概念的内涵与外延，只有准确地理解概念的内涵和外延，才能正确地使用概念。

概念的内涵是指概念所反映的客观事物本质属性的总和。例如，法律的内涵是：国家按照统治阶级的利益和意志制定或认可的，并且由国家强制力保证其实施的行为规范的总和。诉讼代理人的内涵是：以当事人的名义，在一定权限内，代理当事人进行诉讼活动的人。当事人的内涵是：与某种法律事实有直接关系的人。诉讼的内涵是：司法机关在当事人和其他诉讼参与人的参加下，按照法定程序为解决案件而进行的活动。

概念的外延是指具有概念内涵的客观事物的总和。例如，法律的外延是指一切成文法和不成文法。诉讼代理人的外延是指法定代理人、指定代理人、委托代理人。当事人的外延是指刑事诉讼中的自诉人、被告人，附带民事诉讼的原告人和被告人，民事诉讼中的原告人和被告人，上诉案件中的上诉人和被上诉人，申请执行中的申请执行人和被申请执行人等等。诉讼的外延是指民事诉讼、行政诉讼和刑事诉讼等。

关于概念的内涵与外延问题是逻辑学的基本问题，它关系到以后的逻辑推理、逻辑方法的一些规则，因此，应该牢固地掌握。为了正确理解、应用概念的内涵与外延的知识，还要注意以下几个问题。

1. 确定性与灵活性的统一。在一定条件下任何概念的内涵与外延都是确定的，不容许任意变更，更不容许故意混淆。例如，法律和法典这两个概念有各自确定的内涵与外延。法典的内涵是指经过整理、编订而形成的系统化的法律文件；其外延是指刑法典、民法典等。但是，概念的内涵与外延又不是一成不变的。因为客观事物是处于不断变化的过程中，同时，又因为人们对事物的认识也是一个不断深入的过程，因此，作为反映客观事物本质属性的概念，其内涵与外延是随着事物的变化、人们认识的变化而发生变化。

2. 反映形式与被反映物的统一。概念和客观事物之间存在反映与被反映的关系，是对立统一的关系。其联系在于：前者以后者为基础，没有后者无所谓前者。其区别在于：前者是主观的，是对后者的反映形式；后者是客观存在，是被反映物，反映与被反映是有区别的。由此也就会产生反映是否符合实际的问题，简言之，反映有正确与否的问题。符合实际的概念是真实的概念，不符合实际的概念是虚假的概念。

3. 就一个概念自身而言，其内涵与外延无所谓多少、大小的问题，只有当概念运动时，运动前和运动后的概念才有内涵与外延的"反比关系"（此问题在限制和概括一节中还要专门论及）。

4. 逻辑学如何研究概念？逻辑学不能明确回答每个概念的内涵、外延是什么，这是各门科学的任务。逻辑学是从方法论的角度，研究概念共同性的问题，如概念的种类、概念之间的关系、明确概念的逻辑方法等问题。

第二节 概念的种类

逻辑学按照不同的标准，把概念分为不同的种类，本书介绍一些主要的类型。

一、单独概念和普遍概念

这是以概念的外延为标准而进行划分的。

所谓单独概念是指反映某一个特定事物的概念，它的外延是独一无二的。例如，中国、四川省、四川省高级人民法院、成都市中级人民法院、成都市武侯区人民法院、《中华人民共和国宪法》《中华人民共和国法官法》《中华人民共和国检察官法》《中华人民共和国人民警察法》等。单独概念是以专用名词、代词表示的。

所谓普遍概念是指反映某一类事物的概念。它的外延不只是一个，而是众多的。例如，国家、地方人民法院、大学、法律、律师、法官、检察官等等。普遍概念一般以普通名词、形容词、动词、数量词等语词形式表达。

二、正概念和负概念

这是以概念是否反映事物具有某种属性为标准而进行划分的。

所谓正概念又称作肯定概念，它是指反映客观事物具有某种属性的概念。例如，合法行为、成文法、成年人、合法婚姻、司法人员等等，这些概念确认对象具有某种属性，一般以肯定语词表示。

所谓负概念又称作否定概念，它是指反映客观事物不具有某种属性的概念。例如，非法行为、不成文法、未成年人、非法婚姻、非司法人员等等，这些概念确认对象不具备某种属性。一般包含否定词。

关于正概念和负概念要注意两个问题：

1. 正概念和负概念之分是就一定的论域而讲的，离开了论域就无从说起。例如，合法行为与非法行为是在行为这一论域之中，成文法与不成文法是在法律这一论域之中，成年人与未成年人是在人这一论域之中，等等。

2. 负概念一般由否定词表示，但是，不能简单地认为凡有否定词的概念都是负概念。例如，非洲、不顾一切、非辣（四川语）、不管部长、无产阶级等等概念，虽有非、不、无等否定词，但是，这些概念不是否定概念。

三、具体概念和抽象概念

这是以概念是反映客观事物自身还是反映事物的属性或事物之间关系为标准而进行划分的。

所谓具体概念又称作实体概念，它是指反映客观事物本身的概念。例如，公安局、检察院、大学、法律等等，一般以名词、代词、数量词表示。

所谓抽象概念又称作属性概念，它是指反映客观事物属性或事物之间关系的概念。例如，仁慈、凶残、勇敢、软弱、恶劣、严重、复杂等等，一般以形容词表示。

四、集合概念和非集合概念

这是以概念是否反映集合体为标准而进行划分的。所谓集合体是指由许多同类的个体事物有机地组成的统一体。例如，丛书是由书组成，森林是由树木组成，共青团是由团员组成等等。

所谓集合概念是指反映集合体的概念。例如，犯罪集团、流氓集团、盗窃集团等。

所谓非集合概念是指反映非集合体的概念。例如，犯罪分子、流氓犯、盗窃犯等。

集合概念与普遍概念一般容易混淆，为此提出以下应注意的问题。

1. 分类标准不同。集合概念与非集合概念是以是否反映集合体为标准的；单独概念与普遍概念是以反映概念外延数量多少为标准的。

2. 组成的关系不同。无论集合概念或者普遍概念都是由一定数量的对象（子概念）组成的，即包含一定的子概念。但是集合概念与其子概念的关系，普遍概念与其分子概念的关系，这两种关系是不相同的。前者是整体与部分的关系，后者是大类与小类的关系（母类与子类的关系）。例如，"犯罪集团"是一种共同犯罪的组织，这个概念的内涵是：三人以上共同故意犯罪。也就是说，必须由三个以上的犯罪分子组成，并且有共同犯罪目的、计划分工和较固定的组织联系。犯罪集团和组成它的子概念（主犯、从犯）是整体与部分的关系。而"罪犯"的内涵是：被人民法院定罪处罚，并且判决已经发生法律效力的人犯。罪犯的子概念很多，包括盗窃犯、杀人犯、贪污犯、强奸犯、放火犯等等。罪犯这一概念和上述各具体的罪犯之间是大类和小类的属种关系。

图示如下：

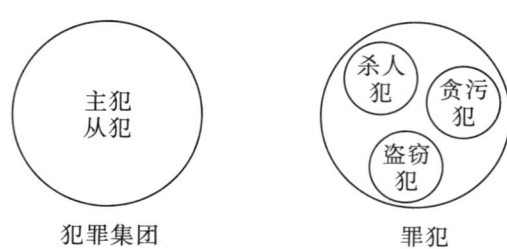

犯罪集团　　　　罪犯

3. 性质的不同。集合概念与普遍概念在它们与组成的子概念的性质上是不同的。

集合概念所具有的内涵，在其子概念中未必具有，它们是整体属性与部分属性的关系；而普遍概念的内涵在其子概念中一定具有，它们是共性与个性的关系，即共性寓于个性之中。例如，在杀人集团中有主犯、从犯之分，从犯未必实施了杀人行为，但是，从犯又是在共同犯罪中起了不可缺少的次要或辅助作用。因此，在杀人集团中，从犯在处刑时比照主犯从轻、减轻或免除处罚。如果从犯不是作为整体中的一部分看待，那么，从犯和主犯的处罚则完全一样。而杀人犯这一概念则是普遍概念，如果是故意杀人犯，结合情节按《刑法》第232条处罚，即"故意杀人的，处死刑、无期徒刑或者十年以上有期徒刑；情节较轻的，处三年以上十年以下有期徒刑"。如果是过失致人死亡的，结合情节按《刑法》第233条处罚，即"过失致人死亡的，处三年以上七年以下有期徒刑；情节较轻的，处三年以下有期徒刑。本法另有规定的，依照规定"。总之，具体的故意杀人或过失致人死亡的犯罪行为人，分别依照《刑法》第232条、第233条处罚。

4. 区别的方法。如何鉴别一个概念是属于集合概念，还是属于普遍概念呢？这个问题涉及以下几方面知识。一是对于某个概念的理解的程度问题，二是涉及某个概念所处的语言环境问题，三是涉及逻辑知识问题。

例如：① "中国青年是勤劳勇敢的青年。"
② "中国青年应该努力学习政治和文化。"
③ "人民是创造世界历史的真正动力。"
④ "人民依法享有民主和自由的权利。"

在上述四个判断中，"中国青年""人民"是集合概念，还是非集合概念呢？根据各方面知识，我们可以确定在①判断中的"中国青年"和③判断中的"人民"是属于集合概念，因为，这两个概念是把组成的对象当作一个整体来反映的；而在②判断中的"中国青年"和④判断中的"人民"属于普遍概念，因为，这两个概念涉及它们所包含的每个具体对象。

一般说来，集合概念用特殊语词表示，如"选集""全集""集团"等。但是更多的情况是用一个普遍概念表示。由于用法不同，而会出现集合概念与普遍概念的混淆。为了便于鉴别，下面提出两种思考的方法供参考。

（1）将一个难以区分的概念和其子概念组成判断，进行推理，看是否合理、是否成立，如果是合理的、可成立的，那么，未知概念属于普遍概念；如果不是合理的，不能成立的，那么，未知概念属于集合概念。

以下面为例：

例1：人民是创造世界历史的真正动力；
　　　张某是人民；

所以，张某是创造世界历史的真正动力。

例 2：人民依法享有民主和自由的权利；

张某是人民；

所以，张某依法享有民主和自由的权利。

以上实例不难看出，例①的结论不能成立，而例②的结论则可成立，由此可以断定，例①中的"人民"是集合概念，例②中的"人民"是普遍概念。

（2）从单独概念和普遍概念的区分得到的启示：就一个单独概念而言，其外延只有一个，单独概念和其组成的子概念之间是整体与部分的关系。例如，成都市中级人民法院是单独概念，其外延只有一个。而成都市中级人民法院是由刑事审判庭、民事审判庭、经济审判庭等各具体部门组成的，前者和后者的关系是整体与部分的关系，整体具有的属性，部分不一定具有。在这点上，集合概念与单独概念类似。如果一个概念是否属集合概念不易分清时，可以先确定是否属单独概念，如果属单独概念，那么，在判断集合概念和非集合概念时，应视为集合概念。

为了便于分析某一个概念的类型，请看下表：

标准 种类	一	二	三	四
A	单独概念	正概念	具体概念	集合概念
B	普遍概念	负概念	抽象概念	非集合概念

每个概念在 A 或 B 类型中只占一个位置，每个概念在一、二、三、四标准下都可归入某一类。例如，"非法行为"属"一"中的 B 类，属"二"中的 B 类，属"三"中的 A 类，属"四"中的 B 类。"盗窃集团"属"一"中的 B 类，属"二"中的 A 类，属"三"中的 A 类，属"四"中的 A 类。"抢劫犯"属"一"中的 B 类，属"二"中的 A 类，属"三"中的 A 类，属"四"中的 B 类。

第三节　概念之间的逻辑关系

一、逻辑学如何研究概念之间的关系

由于客观事物不是孤立存在着的，而是互相依存、互相制约、互相转化的，因此，作为反映客观事物的概念也存在着一定的联系、一定的关系，其联系或关系有概念的内涵的关系，也有概念的外延的关系，前一种关系由各门具体科学来研究，后一种关系是由逻辑学探讨的。逻辑学并不探讨任意两个概念的外延的关系，只研究邻近的两个或两个以上的概念的外延关系，目的在于明确概念和正确使用概念，避免发生混淆界限的现象。

二、概念之间的关系表

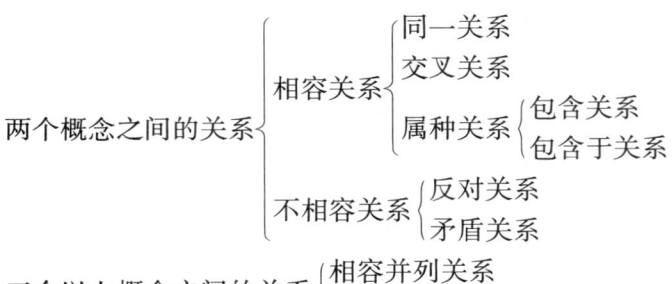

三、具体分析概念之间外延的逻辑关系

1. 同一关系（全同关系）。所谓同一关系是指两个概念的内涵虽不同，但是，两个概念的外延是完全重合关系。例如，"北京"和"中国的首都"，"鲁迅"和"《阿Q正传》的作者"，"法院"与"行使审判权的国家机关"等等。

图示：

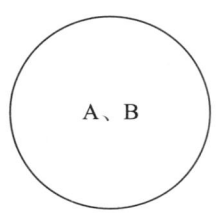

同一关系的特点是：A 和 B 两个概念同指一个客观事物。

公式：（A＝B）∧（B＝A）。（注：∧ 是逻辑学中"合取"符号，汉语为"并且"、英语"and"的意思）

或（A∈B）∧（B∈A）。（注：∈ 是逻辑学中"属于"符号）

具有全同关系的两个概念，它们的外延完全相同，但内涵不完全相同。如果两个概念的外延和内涵都完全相同，就不是全同关系的概念。例如，"诉讼"和"打官司"，"死刑"和"极刑"，表达的都是同一个概念而不是全同关系的概念。

同一关系的概念在思维过程中可以交替使用，如果语词形式相同或相近，但不是同一关系概念，不能交替使用。例如，在民事诉讼中"关系人"和"第三人"是同一关系，但"第三人"与婚姻关系中的"第三者"不是一回事。

2. 属种关系（又叫从属关系、包含关系）。所谓属种关系是指在两个概念之间，一个概念的外延包含另一个概念的全部外延的关系；反之，一个概念的全部外延被另一个概念的部分外延所包含的关系。例如，"法律"和"刑法"、"诉讼"与"刑事诉讼"、"罪犯"与"盗窃犯"、"违法"与"犯罪"等。

图示：

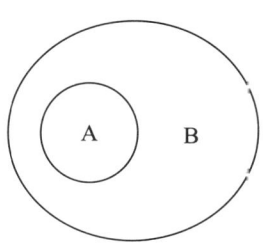

属种关系的特点是：A 和 B 是表示概念的外延，按逻辑学规定 B 的外延比 A 大称作属概念，A 的外延比 B 小称作种概念。A 和 B 两个概念反映了客观事物大类与小类的关系，而大类和小类又是具有相同性的、相比较而言的。这两个概念也反映了客观事物的共性与个性的关系。就 B 对 A 而言，是包含关系，即 B 包含了 A；就 A 对 B 而言，是包含于关系，即 A 包含于 B 之中。

公式：$A \in B$。意思是"A 是 B"或"有 B 是 A"。

由于属种关系反映了大类（母类）和小类（子类）的关系，反映了客观事物的共性与个性的关系，因此，在应用中除了注意应有的限定之外，还要注意属种关系和整体与部分间的关系的界限。属种关系是事物的大类与小类的关系，这种关系的特点在于：整体具有的属性，小类必然具有。而整体与部分的关系的特点在于：整体具有的属性，部分并不具有。例如，"某杀人犯"与"某杀人犯的手""法院"与"刑庭""大学"与"法学院"等都是整体与部分的关系，而不是属种关系。当两个概念之间为属种关系时，就可以说"什么是什么"。例如，"盗窃犯"与"罪犯"具有属种关系，就可以说"盗窃犯"是"罪犯"，而"某盗窃犯"与"某盗窃犯的手"之间不是属种关系，就不能说"某盗窃犯的手是某盗窃犯"。

另外，具有属种关系的概念一般不能并列使用。因为属概念的外延已经包括种概念的外延，并列使用会使人误解为它们是全异关系。

3. 交叉关系。所谓交叉关系是指在同一个属概念之中，两个种概念的外延是部分重合的关系。

例如，"故意犯罪"与"伤害罪"，"律师"与"共产党员"，"大学生"与"共青团员"等。

图示：

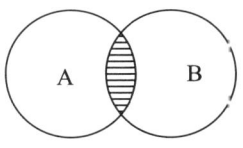

交叉关系的特点是：A 概念的外延中，至少有一个对象同时又属于 B 概念的外延，但另有一部分对象不是；B 概念的外延中，至少有一个对象同时也属于 A 概念的外延，但另有一部分对象也不是。

公式：有 $A \in B$ 并且有 $B \in A$（这里的"有"是指"部分""一些"，而不是"所有"）。

由于 A 和 B 是部分外延重合，因此，应用这种关系的概念组成判断时，要注意加以限定，不能和属种关系混淆。例如，不能说"故意犯罪"都是"伤害罪"，只能限定为"有的故意犯罪是伤害罪"。

另外，交叉关系的概念一般也不能并列使用，否则会导致概念混乱。

上述两个概念之间的同一关系、属种关系和交叉关系，它们的共同点是两个概念的外延之间，至少有一部分外延是重合的，逻辑上把这三种关系称为相容关系。

4. 全异关系。所谓全异关系是指 A、B 两个概念的外延完全不相同的关系。全异关系又叫不相容关系。例如，"刑法"与"行政法"、"法院"与"法官"、"盗窃罪"与"抢劫罪"等。

图示：

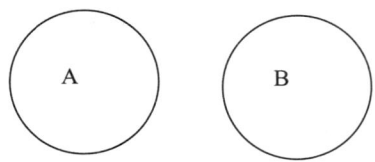

全异关系的特点是：所有 A 不是 B，并且，所有 B 不是 A。

公式：A≠B 并且 B≠A。

当两个概念之间具有全异关系时，就可以说"什么不是什么"。例如，"盗窃罪"不是"抢劫罪"，反之，"抢劫罪也不是盗窃罪"。

属于同一个属概念的两个具有全异关系的概念，它们之间的关系具体又可分为矛盾关系和反对关系。

（1）矛盾关系。所谓矛盾关系是指在同一个属概念之中，两个种概念的外延完全排斥（一点也不重合），而这两个种概念的外延之和却等于邻近的属概念的外延，这样两个种概念之间的关系是矛盾关系。

例如，"罪"与"非罪"、"成年人"与"未成年人"、"有效合同"与"无效合同"、"故意犯罪"与"过失犯罪"、"婚生子女"与"非婚生子女"、"成文法"与"不成文法"等。

图示：

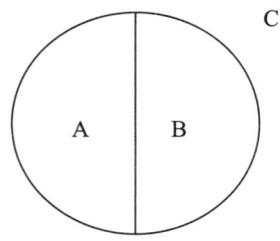

矛盾关系的特点是：A 概念和 B 概念同属于 C 概念，而 A 概念和 B 概念互相之间既不交叉也不包含，更不重合，但是，A 概念和 B 概念的外延相加却等于 C 概念的外延。它反映了在同一个属概念下，两个不相容的种概念的关系。

公式：A∈C 并且 B∈C，而 A≠B，但 A+B=C。该公式又可写成：

(A≠B) ∧ (A∈C) ∧ (B∈C) ∧ (A+B=C)。

在理解和应用矛盾关系概念时，应注意以下几点：

①矛盾关系的概念都有一定的论域，即有邻近的属概念。

②矛盾关系的概念一般有一个正概念，有一个负概念，但又不绝对如此。有时两个概念虽属矛盾关系，但其中却没有负概念。例如，在"犯罪"这一属概念中，"故意犯罪"与"过失犯罪"这两个种概念中虽没有负概念，但是，却属矛盾关系，理由在于这两个种概念的外延之和等于属概念的外延。

③矛盾关系的概念在反驳中有重要作用。由于矛盾关系的概念是既不能同真、也不能同假，因此，在实际思维过程中，用矛盾关系的概念组成的两个论断其中必有一真，必有一假。例如：

"张某是有罪的。"

"张某是无罪的。"

就张某来讲，要么有罪，要么无罪。只要能证明其中一个论断为真，另一个论断必然就是假的。

（2）对立关系（反对关系）。所谓对立关系是指在同一个属概念之中，两个种概念的外延完全排斥（一点也不重合），而这两个种概念的外延之和却小于邻近的属概念的外延，这样，两个种概念之间的关系是对立关系。

例如，"被代理人的父母"与"被代理人的养父母"、"书证"与"物证"、"购销合同"与"加工承揽合同"、"自书遗嘱"与"代书遗嘱"、"盗窃罪"与"抢夺罪"等等。

图示：

对立关系的特点是：A概念和B概念同属C概念，而A概念和B概念互相之间既不交叉也不包含更不重合，但是，A概念和B概念的外延相加却小于C概念的外延。

它也反映了在同一个属概念下，两个不相容的种概念的关系。

公式：$A \in C$ 并且 $B \in C$，而 $A \neq B$，但 $A+B<C$。该公式又可写成：

$(A \neq B) \wedge (A \in C) \wedge (B \in C) \wedge (A+B<C)$。

在理解和应用对立关系概念时，应注意以下几点：

①对立关系的概念都有一定的论域，即有邻近的属概念。例如，"法定代理人"就是"被代理人的父母"和"被代理人的养父母"这一对对立关系概念的邻近的属概念。"经济合同"就是"购销合同"和"加工承揽合同"的邻近的属概念。

②对立关系的概念之间，不仅互相否定，而且各自又是明确地肯定，但是，由于它们外延之和小于邻近的属概念的外延，因此，在实际思维过程中，用对立关系概念组成的两个论断至少有一个是错的，可能两者都错。例如：

"这个合同是加工承揽合同"。

"这个合同是货物运输合同"。

就某个具体合同来讲,同时断定为"加工承揽合同"和"货物运输合同",不能同时都真,必然有一个假;不仅如此,可能这两个对立关系的概念或判断都假,因为"经济合同"这一属概念下,还有"财产租赁合同""科技协作合同""建设工程承包合同"等其他经济合同。进一步说,这个具体合同可能既不是"加工承揽合同"也不是"货物运输合同",而是"财产租赁合同"。

③对立关系的概念在反驳中也有重要作用。因为对立关系的概念不能同时为真,所以,在实际思维过程中,用对立关系的概念组成的论断只要能够证明其中一个为真,其余的论断必然就是假的。

综上所述,将矛盾关系的概念和对立关系的概念在真假问题上做一比较,矛盾关系是二者必有其一真,但不能同真。对立关系是二者必有其一假,可能两者都假。

此外,在同一个属概念下,三个以上概念之间的关系,通常称作并列关系。所谓并列关系是指同在一个属概念下,同一层次或同一序列的三个以上的种概念之间的关系。并列关系的概念,依据是否相容的标准,分为相容并列和不相容并列两种关系。

所谓不相容的并列关系是指在同一个属概念下,同一层次或同一序列的三个以上的种概念之间的外延互相排斥的关系。

例如,在法律这一属概念下,宪法、刑法、民法、婚姻法、经济法、兵役法、行政法、草原法、教育法、继承法、外资企业法、渔业法、计量法、统计法、企业破产法、土地管理法等等在逻辑上称作不相容的并列关系。

所谓相容的并列关系是指在同一个属概念下,同一层次或同一序列的三个以上的种概念之间的外延有着交叉的关系。

例如,在"罪犯"这一属概念下,"盗窃犯""杀人犯""强奸犯""放火犯"等概念之间的关系就是相容的并列关系。

图示:

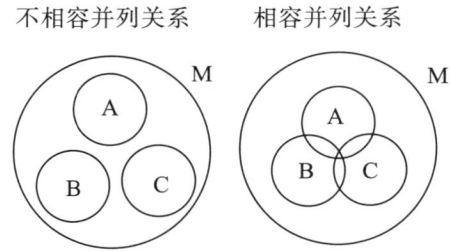

以上分别说明了概念之间的逻辑关系,弄清这些基本关系,有助于正确理解、应用法律和法学中的概念,不至于将概念混淆。

例如,"亲属"和"家属"这两个概念之间是属种关系,前者是属概念,后者是种概念。前者的外延大,包括:血亲亲属、姻亲亲属、配偶亲属等。后者仅指个体家庭中的配偶及其子女。由于"家属"和"亲属"不同,法律关系也不同。《民法典》第1059条规定:"夫妻有互相扶养的义务。需要扶养的一方,在另一方不履行扶养义务时,有要求其给付扶养费的权利。"第26条规定:"父母对未成年子女负有抚养、教育和保护的义务。成年子女对父母负有赡养、扶助和保护的义务。"《民法典》第1127条规定了法定继承的顺序，即"遗产按照下列顺序继承：第一顺序：配偶、子女、父母。第二顺序：兄弟姐妹、祖父母、外祖父母"。以上说明，夫妻间、父母与子女间在扶养（赡养）关系、财产关系、继承权等在法律上的特殊效力。再如，有人把"复婚"与"重婚"当作一回事，其实法律上是有明确界限的，是两个不同的概念。复婚是指已离婚的男女双方未再结婚，而自愿再恢复婚姻关系。重婚是指有配偶的男女同时与他人结婚或以夫妻关系共同生活的行为，或者是一方无配偶另一方有配偶的男女结婚或以夫妻关系共同生活的行为。复婚在法律上是允许的，我国《民法典》第1083条规定："离婚后，男女双方自愿恢复婚姻关系的，应当到婚姻登记机关重新进行结婚登记。"但是，重婚却是触犯刑法的犯罪行为，依照我国《刑法》第258条规定："有配偶而重婚的，或者明知他人有配偶而与之结婚的，处二年以下有期徒刑或者拘役。"可见，"复婚"与"重婚"在法律上所规定的内涵与外延是不同的，是两个性质截然不同的概念，不能混淆使用。又如，在《刑事诉讼法》中，"起诉"与"不起诉"这两个概念之间是什么关系？有人会认为是矛盾关系，理由是两者中有一个负概念，其实这种理解不对，因为《刑事诉讼法》第16条第1款是这样规定的："有下列情形之一的，不追究刑事责任，已经追究的，应当撤销案件，或者不起诉，或者终止审理，或者宣告无罪……"根据此条文，我们可这样理解，在刑事诉讼这一概念中，"起诉"与"不起诉"不是矛盾关系，而是反对关系，因为，和"不起诉"这一概念并列有"撤销案件""宣告无罪""终止审理"等概念，这些概念既不同于"起诉"，也不同于"不起诉"，因此，不能将"不起诉"与"撤销案件"混为一谈，也不能将"撤销案件"和"宣告无罪""终止审理"混为一谈。

第四节　概念的限制和概括

一、概念的限制

所谓概念的限制是指由外延较大的属概念缩小到外延较小的种概念的逻辑方法。

例如：（1）法律→刑法→中华人民共和国刑法。

（2）犯罪→侵犯财产罪→诈骗罪。

（3）诉讼参与人→法定代理人→某法定代理人。

二、概念的概括

所谓概念的概括是指由外延较小的种概念扩大到外延较大的属概念的逻辑方法。

例如：（1）父母→法定代理人→代理人。

（2）犯罪行为→违法行为→行为。

三、限制与概括过程中应注意的问题

1. 概念的限制或概念的概括过程一定是属种关系的概念，不能是其他关系的概念。

2. 概念的限制过程是通过增加内涵的方式，概念的概括过程是通过减少内涵的方式。

3. 无论概念的限制或概括都是有极限的，不是无限的。当概念限制到单独概念后，

就不能再限制了，因为，单独概念只有一个外延。如果对单独概念再缩小，则成了整体与部分的关系，事物部分的属性不能表示事物整体的属性。例如，由"诈骗犯"限制到"某诈骗犯"，就是限制完毕，不能再将"某诈骗犯"再限制为"某诈骗犯的手"。当概念概括到范畴时，就不能再进行概括。范畴是最基本的概念，其内涵最少，其外延最大。每门科学都有各自特定的范畴，如法学中的"权利""义务""主体""客体""动机""目的""行为"等。在科学概念中，最大的范畴莫过于哲学的范畴，例如，"物质"和"精神"、"原因"和"结果"、"偶然"和"必然"等。

四、概念的反变关系

概念的反变关系又称为概念的反比关系，是指当概念进行限制或概括后，概念的内涵和外延所发生的变化关系。当概念进行限制后，新概念和原概念相比较而言，内涵增多了，外延缩小了；反之，当概念进行概括后，新概念和原概念相比较而言，内涵减少了，外延扩大了。例如，由"法律"限制到"刑法"，这两个概念比较而言，"刑法"外延比"法律"小，因为"法律"的外延，除"刑法"之外，还包括"民法""经济法""行政法"等。而"刑法"的内涵却比"法律"的内涵多，即"刑法"不仅具有"法律"的内涵，而且还具有不同于其他法律的内涵，即"关于犯罪和刑罚"的内涵，就这个意义上讲内涵是增多了。反之，当由"故意犯罪"概括到"犯罪"后，概念的外延扩大了，因为，"犯罪"这一概念不仅包括"故意犯罪"，还包括"过失犯罪"。然而，概念的内涵却减少了，即减少了"故意犯罪"的内涵，只留下"犯罪"的一般内涵，也就是犯罪构成的四个要件。为了便于理解这种反变关系，不妨看以下图示：

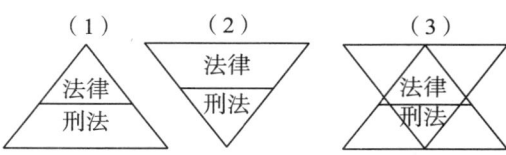

图（1）表示内涵关系。
图（2）表示外延关系。
图（3）表示内涵与外延反比关系。

关于反变关系应注意的问题是：就一个概念而言，只有内涵与外延的问题，无所谓反变关系问题；只有当概念在限制或概括的过程中，才会发生反变关系问题，即当概念运动前后才有内涵与外延的变化，这个变化不是内涵与外延的同样增加或减少，同样扩大或缩小，而是相反的变化，故谓之反变关系。

最后还应指出概念的限制和概括方法，这不仅是明确概念的方法，而且是将抽象问题深入具体的过程，是将具体问题上升到原则高度的重要方法之一。

关于法律的解释有司法解释、法理解释、逻辑解释（逻辑分析）之分，其中，司法解释是由司法机关对具体应用法律条文问题所作的说明。在我国，司法解释权属于最高人民法院和最高人民检察院，如果两院在解释中有原则性的分歧时，则由全国人大常务委员会解释或决定。在司法解释的过程中有时运用了限制的方法，有时应用了概括的方法。

例①：在最高法院出司法解释之前，公检法认定枪支常常依据公安部出台的《仿真枪认定标准》。但是该标准制定过低，司法机关在援引和实践过程中存在打击面过宽的问题。"气枪打气球"案更是引发了社会公众对枪支认定标准以及定罪量刑的广泛讨论。为此，最高人民法院对刑法意义上的枪支作出了解释：对于非法制造、买卖、运输、邮寄、储存、持有、私藏、走私以压缩气体为动力且枪口比动能较低的枪支的行为，在决定是否追究刑事责任以及如何裁量刑罚时，不仅应当考虑涉案枪支的数量，而且应当充分考虑涉案枪支的外观、材质、发射物、购买场所和渠道、价格、用途、致伤力大小、是否易于通过改制提升致伤力，以及行为人的主观认知、动机目的、一贯表现、违法所得、是否规避调查等情节，综合评估社会危害性，坚持主客观相统一，确保罪责刑相适应。该司法解释虽然没有改变《仿真枪认定标准》，但划清了应当入刑的"枪支"与公安部规定"仿真枪"的界限。这里的司法解释是将刑法意义上的"枪支"这一概念限制具体了。

例②：关于共同犯罪中定性问题的解释，最高法院认为：交通肇事后，单位主管人员、机动车辆所有人、承包人或者乘车人指使肇事人逃逸，致使被害人因得不到救助而死亡的，以交通肇事罪的共犯论处。我们知道，交通肇事罪在刑法体系中属于过失犯，共同犯罪是指二人以上共同故意犯罪。所以在通常情况下，交通肇事罪不成立共犯。但为了打击肇事逃逸的行为，最高人民法院通过司法解释，作出特殊规定，将指使肇事人逃逸的单位主管人员、机动车辆所有人、承包人或者乘车人纳入交通肇事罪的共犯之中。以上例子表明，司法解释运用了概括的方法将交通肇事罪中的主观要件从过失扩大为故意或过失。

因此，限制和概括的方法在司法实践中有着重要的作用。

第五节 定 义

一、定义的概念

所谓定义是指揭示概念内涵的逻辑方法。具体讲就是揭示概念所反映的对象的本质属性。例如：

"刑事侦查学是一门研究同刑事犯罪作斗争的侦查对策的科学。"

"人身自由是指公民个人的身体、住宅、人格尊严、通信自由和通信秘密不受侵犯的权利。"

"人身保险是以人身为保险标的的一种保险。"

"夫妻关系是因婚姻而形成的男女之间的权利和义务的关系。"

以上实例，分别揭示了"刑事侦查学""人身自由""人身保险""夫妻关系"几个概念的内涵，逻辑学谓之定义。

定义一般由三个部分组成，即被定义概念、下定义概念及逻辑联系词。

上述例证中，"人身自由""夫妻关系"等是被定义概念；"公民个人……权利""因婚姻……关系"等是下定义概念；"是"为逻辑联系词。

公式：D_S就是D_P（注："D_S"表示被定义项，"就是"表示联项，"D_P"表示定义项）。

二、定义的方法

下定义的方法是多样的，参见下表：

$$
\text{下定义的方法}\begin{cases}\text{实质定义}\begin{cases}\text{普遍概念的定义方法}\\\text{单独概念的定义方法}\\\text{范畴定义方法}\end{cases}\\\text{语词定义}\begin{cases}\text{规定语词定义的方法}\\\text{说明语词定义的方法}\end{cases}\end{cases}
$$

1. 普遍概念的定义方法（属加种差的方法）。所谓属加种差的定义方法，是定义概念由被下定义概念的邻近的属概念和种差组成，以此来说明被下定义概念的内涵。所谓种差是指被下定义概念与之并列的种概念之间的本质差异性。属加种差的定义方法可以表示为：被定义概念＝种差＋邻近的属概念，例如，"刑法是规定犯罪及刑罚的法律"，"合同是民事主体之间以确定、变更、终止民事权利义务关系为目的协商一致的行为"，"诉讼是司法机关在当事人和其他诉讼参与人参加下，按照法定程序为解决案件而进行的活动"。以上实例中，"刑法"的属概念是"法律"，"合同"的属概念是"行为"，"诉讼"的属概念是"活动"。"刑法"虽属"法律"，但又不同于其他法律，其本质特征是关于"犯罪和刑罚"的规定，这是刑法和其他法律的种差，明确刑法与其他法律之间的种差，也就能把"刑法"和其他法律区别开来。同样，明确"合同"与其他"行为"的种差，明确"诉讼"和其他"活动"的种差，也就能揭示"合同"与"诉讼"这两个概念的内涵。

事物的属性具有多样性，人们可以从不同角度、不同侧面去揭示它。因此，作为被定义概念的种差也是多样的，有实质种差、功用种差、发生种差之分。与此相应的有实质定义、功用定义、发生定义、关系定义等。

实质定义又称为性质定义，它是属加种差的定义方法之一，其特点在于，种差揭示了被定义概念所反映的对象的本质属性。前面提到的"刑事侦查学""人身自由""人身保险""刑法"等概念的种差都是这一类型。

功用定义也是属加种差的定义方法之一，其特点在于：种差揭示了被定义概念所反映的对象的特殊功能、用途。例如：

"证据是能够证明案件真实情况的一切事实。"

"书证是能以其内容或含义来证明案件有关事实的文书。"

"出境证是一国政府准许本国人或在本国的外国人出境的证件。"

发生定义也是属加种差的定义方法之一，其特点在于：种差揭示了被定义概念所反映的对象的发生、发展、变化、消逝的过程。例如：

"犯罪中止是指在犯罪过程中，自动中止犯罪行为或自动有效地防止犯罪结果发生的行为。"

"收养是领养他人的子女为自己子女的法律行为。"

"释放是公安、司法机关对被关押的刑事被告人或服刑期满的犯人解除拘禁，恢复其人身自由。"

"法律行为是指公民或法人确定、变更、终止民事权利和民事义务的合法行为。"

"法律事实是指引起法律关系产生、变更和消灭的事实。"

关系定义也是属加种差的定义方法之一，其特点在于：种差揭示了被定义概念所反映的对象与其他对象之间的关系。例如：

"关系人又称为第三人，是在民事诉讼中，因与当事人争议的诉讼标的有利害关系，而参加到已经进行的诉讼活动中去的人。"

"诉讼代理人是以当事人的名义，在一定权限之内，代理当事人进行诉讼活动的人。"

"夫妻关系是因婚姻而形成的男女之间的权利和义务的关系。"

以上介绍的实质定义、功用定义、发生定义、关系定义等都是属加种差的定义方法，只不过种差是从不同的角度、方面来揭示而已。属加种差的定义方法只适用于类概念、普遍概念，因为它们都有自己的属概念和种概念。

2. 单独概念的定义方法。单独概念有其属概念，但是，没有种概念，其自身外延只有一个对象，和其他对象相比较其差异性是多样的。为了揭示单独概念的内涵，应对单独概念加以时间和空间的限定。例如：

"中华全国律师协会是根据《中华人民共和国律师暂行条例》成立的社会团体法人，是全国性的律师行业自律性组织，依法对律师实行行业管理。"

"联合国是一个由主权国家组成的政府间国际组织，致力于促使各国在国际法、国际安全、经济发展、社会进步、人权、公民自由、政治自由、民主及实现持久世界和平方面的合作。"

"孔子是中国古代思想家、教育家，儒家学派创始人。"

3. 范畴的定义方法。所谓范畴是外延最大的而内涵最少的概念，它是最基本的概念，它反映了客观事物最普遍、最一般的关系，没有比之更大外延的属概念了，因此，不能用属加种差的方法给范畴下定义，而只能通过两个范畴之间的关系加以说明。列宁在分析"物质"和"意识"这两个概念时指出："现在试问，在认识论所能使用的概念中，有没有比存在和思维、物质和感觉、物理的和心理的这些概念更广泛的概念呢？没有。这是些广泛已极的概念，其实（如果撇开术语上经常可能发生的变化）认识论直到现在还没有超出它们。只有欺诈或极端愚蠢才会要求给这两个广泛已极的概念'系列'下这样一个定义（指属加种差方法，本书作者注），这个定义不是'简单地重复'二者之中哪一个是第一性的。"[①] 此外，原因和结果、偶然与必然等范畴也不能用属加种差的方法来揭示其内涵，而只能通过两个概念之间的关系来说明它们之间的联系与区别。根据马克思主义哲学的解释，"原因引起他事物或现象产生，作为他事物根源的要素；结果受某种事物或现象的作用而产生。"[②] "必然性是指现实中由本质因素决定的确定不移的联系和唯一可能的趋势；偶然性是指现实中由非本质的、互相交错的因素决定的以多种可能状态存在的联系。"[③]

4. 规定语词的定义方法。所谓规定语词定义是指人们明确规定某个语词的含义，

---

① 《列宁选集》第 2 卷，第 153 页，人民出版社，1960 年 4 月第 1 版。
② 《中国大百科全书》哲学（Ⅱ），第 113 页，中国大百科全书出版社，1987 年 10 月第 1 版。
③ 《中国大百科全书》哲学（Ⅰ），第 36 页，中国大百科全书出版社，1987 年 10 月第 1 版。

目的是使简化语词明确,使多义词确定,避免发生语义的含混。例如,我国《刑法》第91条、第92条、第93条、第94条、第95条、第96条、第97条、第98条、第99条分别就"公共财产","公民私人所有的财产","国家工作人员","司法工作人员","重伤","违反国家规定","首要分子","告诉才处理","以上、以下、以内"等概念采用规定语词方法,明确这些概念的内涵。由于对这些概念的确切含义加以规定,司法实践中就能正确定性,恰当量刑。

5. 说明语词的定义方法。所谓说明语词定义是指人们对某个语词既定含义加以解释的方法。例如:

"劓(yì)是中国古代割掉鼻子的一种刑罚。"

"刖(fèi)也称刖刑,是中国古代断脚的一种刑罚。"

"宫(gōng)是中国古代对男子割势、妇人幽闭的一种刑罚。"

"磔(zhé)是中国古代分裂肢体后悬首张尸示众的一种酷刑。"

以上是关于给概念下定义的几种常见的方法。

三、定义的逻辑规则

如果要给某个概念进行定义,必须具备两方面知识,一是专门科学知识,一是逻辑学知识。逻辑学专门研究定义的规则,如果在思维过程中不遵守下述的逻辑规则,那么,就会出现这样或那样的逻辑错误。定义的逻辑规则有:

1. 定义必须是相应相称的。所谓相应相称是指下定义概念与被定义概念在外延上是一致的,是同一关系。只有是同一关系的概念,才能反映同一事物。如果是其他逻辑关系的概念,就不能反映同一事物。例如:

"法律是国家按照统治阶级的利益和意志制定或认可,并由国家强制力保证其实施的行为规范的总和。"

"宪法是指规定国家根本制度和根本任务,集中体现统治阶级意志和利益,保障公民基本权利,具有最高法律效力的国家根本大法。"[1]

"经济法是调整在国家调节社会经济过程中发生的各种社会关系,促进社会经济实现国家意志所预期目标的法律规范的总称。"[2]

"行政法是调整行政过程中行政关系以及监督行政关系的公法规范的总称。"[3]

"民法是调整平等主体之间财产关系和人身关系的法律规范的总称。"[4]

"刑法是规定犯罪及其法律后果(主要是刑罚)的法律规范。"[5]

"国际法是主要在国家之间形成并主要靠国家单独或集体的力量来加以实施的,调整以国家为主导的国际关系的原则、规则和制度的总和。"[6]

以上的定义合乎相应相称的规则,因而能正确揭示被定义概念的内涵。反之,如果

---

[1] 侯西勋主编:《宪法学概论》,第2页,中国政法大学出版社,2015年8月第3版。
[2] 漆多俊主编:《经济法学》,第32页,高等教育出版社,2014年8月第3版。
[3] 胡建淼、江利红:《行政法学》,第8页,中国人民大学出版社,2015年8月第3版。
[4] 申卫星:《民法学》,第2页,北京大学出版社,2013年9月第1版。
[5] 张明楷:《刑法学》,第19页,法律出版社,2015年12月第4版。
[6] 白桂梅:《国际法》,第1页,北京大学出版社,2015年8月第3版。

定义中违背这条规则，就会出现"定义过宽"或者出现"定义狭窄"的逻辑错误。例如，"刑法是法律规范的总称"。这个定义是犯了"定义过宽"的逻辑错误，没有揭示出刑法区别于民法、经济法、宪法等概念的差异性。又例如，"刑法是关于刑罚的法律规范的总称。"这个定义是犯了"定义狭窄"的逻辑错误，没有全面完整地揭示刑法这一概念的内涵。

如何鉴别定义是否符合"相应相称"的逻辑规则呢？有一个简单的方法，即将被定义概念和下定义概念倒置（换位置），然后分析是否成立，如果可以成立，该定义就符合"相应相称"规则；如果不能成立，该定义就不符合"相应相称"的规则。

2. 定义不能是循环的。所谓定义不能是循环的是指下定义的概念不能直接或间接地包含被定义概念。因为，被定义概念是未知的、有待说明的概念。如果下定义概念里本身包含被定义概念，那么，就无法揭示被定义概念的内涵。下定义概念相对被定义概念来说，应当是已知的。如果需要对下定义概念再进行定义，那么，只能用其他的概念来解释、说明，而不能用下定义概念自身说明自己。如果违反这条逻辑规则，或者犯同语反复或者犯循环定义的错误，这两种错误的结果，都不能揭示概念的内涵。例如："亲属是有亲属的人。"（同语反复）"亲属是指人们之间因婚姻、血缘和收养而发生的关系。"（正确定义）

如果进一步问"婚姻"是什么的时候，回答说："婚姻是亲属关系。"这一方面是定义过宽，另一方面是定义循环，即用"婚姻"解释"亲属"，又用"亲属"解释"婚姻"。要正确地说明"婚姻"概念的内涵，应当是"一定社会制度所确认的男女两性结合的形式（夫妻关系）"。

3. 定义不能是否定形式。所谓不能是否定形式是指定义不能用否定判断或负命题的形式表达，而只能用肯定的判断或肯定命题的形式表示。例如：

"公诉不是自诉。"

"权力不是权利。"

"改编不是乱编。"

"戏说不是胡说。"

上述四句话，就判断或命题来讲是成立的，但就"公诉""权力""改编""戏说"概念的定义来说是不成立的，因为，没有揭示"公诉""权力""改编""戏说"的内涵，没有说明"是什么"。"公诉""权力""改编""戏说"这四个概念的正确定义如下：

"公诉是检察机关代表国家向人民法院提起追究被告人刑事责任的诉讼请求。"

"权力是指在一定范围内具有支配、管理和指挥的力量。"

"改编是指在原有作品的基础上，通过改变作品的表现形式或者用途，创作出具有独创性的新作品。"

"戏说是指虚构一些有趣或引人发笑的情节进行创作或讲述，是一种艺术表现手法。"

如果对负概念定义，仍旧不能以否定判断或负命题表示，但是，下定义概念可以是否定概念。例如：

"非法行为是违反法律的行为。"

"非正式解释是在法律上没有约束力的解释。"

"非婚生子女是没有婚姻关系的男女所生的子女。"

4. 下定义概念必须清楚明晰。因为，被定义概念是靠下定义概念来揭示其内涵的，如果下定义概念不清楚、含混、模糊，那么，被定义概念的内涵就得不到正确、准确的解释，所以，定义时下定义概念应当清楚、明白。例如：

"青年是早晨八、九点钟的太阳。"

"少年儿童是祖国的花朵。"

这两个判断以形象、生动的比喻说明了青少年的朝气蓬勃，象征青少年未来大有可为，然而，并没有揭示其本质属性。但是，"青年""少年""儿童"等概念在法律上有重要意义，涉及行为人应不应负刑事法律责任的问题，这在法律上谓之责任年龄。而"太阳""花朵"说明不了青少年年龄的界限。各国对责任年龄规定不一，主要依据各自人种智能发展的具体情况而定。如有的国家法律规定：七岁以前的儿童行为是无意识活动，属于无责任能力。七岁至十四岁视其鉴别能力强弱或大小，才确定有无责任能力。我国《刑法》第17条规定："已满十六周岁的人犯罪，应当负刑事责任。已满十四周岁不满十六周岁的人，犯故意杀人、故意伤害致人重伤或者死亡、强奸、抢劫、贩卖毒品、放火、爆炸、投毒罪的应当负刑事责任。已满十四周岁不满十八周岁的人犯罪，应当从轻或者减轻处罚。因不满十六周岁不予刑事处罚的，责令他的家长或者监护人加以管教；在必要的时候，也可由政府收容教养。"① 如果"青年""少年"概念不明确，那么，刑事责任年龄也无法规定。

以上说明定义是什么、定义有哪些方法、定义有什么规则等逻辑问题。此外，关于定义还有几点值得注意的问题：

1. 概念的定义具有多样性。一方面是由于事物具有多样性，另一方面由于人的认识能力、知识水平的差异性，因此，人们揭示某一概念定义时不尽然相同。

2. 概念的定义具有相对性。即定义不是一成不变的，它将随着事物自身的变化，随着人们认识水平的提高，而不断变化发展。因此，我们要辩证地看待定义，既要肯定它在认识过程中的作用，即以简短形式揭示概念的内涵；又要认识到它的不足，即定义不能充分反映对象各方面的联系。

第六节 划 分

一、划分的概念

所谓划分是指揭示概念外延的逻辑方法。具体讲是按照一定标准把一个属概念分为若干种概念。例如：

"法分为：奴隶制法、封建制法、资本主义法、社会主义法。"

---

① 2020年10月13日，十三届全国人大常委会第二十二次会议对刑法修正案十一（草案）进行了二次审议，二审稿拟降低未成年人刑事责任年龄。草案二审稿规定，在特定情形下，经特别程序，对法定最低刑事责任年龄作个别下调，在刑法第十七条规定：已满十二周岁不满十四周岁的人，犯故意杀人、故意伤害。致人死亡，情节恶劣的，经最高人民检察院核准，应当负刑事责任。截至本书交稿，刑法修正案十一尚未颁布，故在此以脚注形式提醒读者注意。

"法分为：成文法和不成文法。"
"法分为：国内法和国际法。"
"法分为：宪法性法律和普通法律。"
"法分为：实体法和程序法。"
"法分为：特殊法和一般法。"
又例如：
"刑事证据分为：原始证据和传来证据。"
"刑事证据分为：实物证据和言词证据。"
"刑事证据分为：不利于被告人的证据和有利于被告人的证据。"
"刑事证据分为：直接证据和间接证据。"

以上例证分别揭示了"法"概念的外延和"刑事证据"概念的外延。

划分一般由三个部分组成，即被划分的概念（又称为"母项"）、划分后的概念（又称为"子项"）、划分的标准。上述例中"法"是母项，"成文法"和"不成文法"等等是子项。"刑事证据"是母项，"原始证据和传来证据"等等是子项。上述例中母项只有一个，但是子项众多并且不同，这在于每次划分的标准不一样。

二、划分的方法

划分方法依据不同标准分为不同种类。以划分后子项的数量为标准分为多分法和二分法。以划分后子项的层次为标准分为一次划分和连续划分。见下表：

```
划分方法 ┬ 以子项数量为标准 ┬ 多分法
         │                  └ 二分法
         └ 以子项层次为标准 ┬ 一次划分
                           └ 连续划分
```

多分法是划分后子项数量在三个以上，二分法是划分后子项只有两个。一次划分是以一个标准将母项划分后子项不再划分，连续划分是在前一次划分基础上，对子项再进行划分。例如，我国《刑法》第32条、第33条、第34条规定的刑罚种类，可见下表：

```
刑罚 ┬ 主刑 ┬ 管制
     │      ├ 拘役
     │      ├ 有期徒刑
     │      ├ 无期徒刑
     │      └ 死刑
     └ 附加刑 ┬ 罚金
              ├ 剥夺政治权利
              └ 没收财产
```

划分不同于分解。划分是由大类分为小类，母项是属概念，而子项是种概念，母项与子项是属种关系。而分解是将整体分为部分，如"某法院"分为"刑庭"、"民庭"、"经济庭"、"办公室"等，前后概念之间是整体与部分的关系。

三、划分的逻辑规则

划分和定义一样，不仅要具备有关概念的专门知识，而且要遵守一定的逻辑规则。划分有以下四条逻辑规则。

1. 划分必须是相应相称的。所谓相应相称是指母项的外延和子项的外延总和相等。

因为，划分的目的在于明确概念的外延，如果母项的外延不等于子项的外延的总和，则会出现或者母项的外延"大于"子项的外延总和，或者母项的外延"小于"子项的外延总和。前者犯了"划分过窄"或"子项不完全"的逻辑错误，后者犯了"划分过宽"或"子项过多"的逻辑错误，无论前者或后者都没有明确概念的外延。例如我国《刑事诉讼法》第108条中规定：

"当事人"是指被害人、自诉人、犯罪嫌疑人、被告人、附带民事诉讼的原告人和被告人。

"法定代理人"是指被代理人的父母、养父母、监护人和负有保护责任的机关、团体的代表。

"诉讼参与人"是指当事人、法定代理人、诉讼代理人、辩护人、证人、鉴定人和翻译人员。

"诉讼代理人"是指公诉案件的被害人及其法定代理人或者近亲属、自诉案件的自诉人及其法定代理人委托代为参加诉讼的人和附带民事诉讼的当事人及其法定代理人委托代为参加诉讼的人。

"近亲属"是指夫、妻、父、母、子、女、同胞兄弟姊妹。

《刑法》第91条规定："本法所称公共财产，是指下列财产：（一）国有财产；（二）劳动群众集体所有的财产；（三）用于扶贫和其他公益事业的社会捐助或专项基金的财产。在国家机关、国有公司、企业、集体企业和人民团体管理、使用或者运输中的私人财产，以公共财产论。"

《刑法》第92条规定："本法所称公民私人所有的财产，是指下列财产：（一）公民的合法收入、储蓄、房屋和其他生活资料；（二）依法归个人、家庭所有的生产资料；（三）个体户和私营企业的合法财产；（四）依法归个人所有的股份、股票、债券和其他财产。"

以上法律规定是通过逻辑划分的方法，明确了"当事人""法定代理人""诉讼参与人""近亲属""国有财产"和"公民私人所有财产"等概念的外延。如果说"诉讼参与人"是指当事人和被害人，就犯了"划分过窄"或"子项不完全"的逻辑错误。如果说"近亲属"是指夫、妻、父、母、子、女、同胞兄弟姊妹、祖父母、外祖父母等，就犯了"划分过宽"或"子项过多"的逻辑错误。

2. 划分后的子项应当排斥。划分是由属概念分为一些种概念，种概念之间的逻辑关系或者是对立关系，或者是矛盾关系，而不能是属种关系、交叉关系、同一关系。如果划分后的子项是相容关系，那么，各个子项之间的外延界线就不明确，也就失去了划分的意义。例如，"法人是指具有民事主体资格的企业、事业单位、国家机关、社会团体、学校、工厂、公司或其他组织"。在这里，"事业单位"和"学校"，"企业"和"工厂""公司"是属种关系，这些概念的外延没有互相排斥，应该把"学校""工厂""公司"这几个概念删去,才符合子项应当排斥的逻辑规则。

3. 每一次划分只能按照同一个标准进行。因为,概念具有抽象性、概括性,同时,概念的内涵具有多样性,因此,在不同标准下对同一概念可划分出不同的子项。前面提到的"法律"这一概念,按不同标准可划分不同的子项,但是,每一种划分只有一个标准。"成文法"和"不成文法"是按"是否经由国家立法程序制定并公布施行"为标准的,而"国内法"和"国际法"是按"是否在一国范围内施行"为标准的。如果把"法律"这一概念划分为:"成文法、不成文法、国内法",就犯了"多标准"的逻辑错误。

4. 划分应当逐级地进行。所谓逐级进行是指当母项划分成子项时,子项应该是母项的邻近的种概念。当连续划分时,每次划分后的子项,也应是母项的邻近的种概念,不能跳跃式划分,目的在于保证被划分概念外延的精确。例如,我国刑法将刑罚种类分为主刑和附加刑,然后再将主刑与附加刑分别予以划分。如主刑又可分为管制、拘役、有期徒刑、无期徒刑和死刑。通过这样的逐级划分,达到了明确概念的目的。

以上分别说明了什么是划分、划分的类型以及划分的逻辑规则等问题。此外,关于划分还有几点要注意的问题:

1. 不能把"划分"和"分解"相混淆。前者反映客观事物的属种关系,后者反映客观事物的整体与部分的关系。

2. 划分是有极限的。当概念划分到单独概念时,不能再就单独概念进行划分。

3. 二分法是将母项分为两个子项,两个子项之间的逻辑关系是矛盾关系。多分法是将母项分为三个以上,其子项之间的逻辑关系是对立关系。

以上介绍了明确概念的逻辑方法。明确概念在司法实践中有重要作用,比如就签订经济合同而言,概念不明确往往会导致合同无效,或者使签订合同双方发生争执。不妨看以下两个例子。

例①:某公司和合作方签订一份买卖销售合同,在条文中把"及"和"即"这两个不同的联系词混用。原意是"如一方违约,应付给另一方违约金及赔偿金"。但在合同正式文本中将"及"字写成"即"。后来合作方违约,只付给某公司"违约金",不付"赔偿金"。"及"在逻辑上是"合取""并且""和"的意思,而"即"则是"等同""等于"的意思。某公司因合作方违约提起诉讼,法院只能根据合同内容判决,只判决违约的合作方付给"违约金",不必付给"赔偿金",某公司在这起诉讼中要求付给"赔偿金"未得到确认。

例②:在经济合同中,质量、规格、价格,交货期限、地点、方式等概念,如果不具体进行定性、定量和时间、空间的规定,往往会造成意想不到的损失。某水产公司曾与另一单位签订了一份水产供销合同,经双方协商一致,在合同中规定:"价格随行就市,需方到货付款。"供方在半月内将货运往需方,但在结账时发生争议。因为,在此期间内,供方地区该水产品每吨涨价1200元,而需方每吨只涨价700元。供需双方都要求按各自地区价格付货款,由于双方争执,延误时间,因而使水产品腐烂变质。就是这个"随行就市"不具体、模棱两可的概念给供方造成上百万元的经济损失。

第七节 法律概念的特征

一、法律概念的含义

法律概念是指人们在法学研究和实践的过程中，对各种具有法律意义的事物、状态、行为进行概括而形成的专门术语。例如"犯罪""表见代理""抵押""商业贿赂""著作权"等都是法律概念。法律概念通过简洁的语言将各类具有法律意义的事物、状态、行为具象化，方便我们思考问题、交流探讨、进行法律实践等。

概念与法律概念是属种关系，法律概念包含于概念。法律概念的内涵大于概念，外延小于概念。例如，"背书"的法律概念为持票人为将票据权利转让给他人或者将一定的票据权利授予他人行使，而在票据背面或者粘单上记载有关事项并签章的行为。经过背书的票据，付款人不能付款时，背书人要承担付款责任。"背书"的另一概念为背诵念过的书。这也是我们在生活中对"背书"通常的理解。另外"背书"还发展出了第三个概念，即用来表示为某人或某事允诺保证，借此提高事物的可信度。例如，某公司被某权威媒体评选为国家品牌，可以形容为某权威媒体为该公司背书。

通过上述例子不难看出，法律概念与我们通常理解的概念有所不同，甚至可能存在较大差异。所以应该充分认识概念与法律概念的联系和区别，在不同场合恰当地使用。

二、法律概念的特征

对于法律概念的特征，学术界尚未形成统一意见。有观点认为，法律概念是，描述性与规定性的统一、确定性与不确定性的统一。[①] 还有观点认为，法律概念具有规范性、开放性、实践性、衍生性四个特征。[②] 笔者认为，归纳法律概念的特征应该着眼于法律实践和法学研究。由此观之，规定性和开放性是法律概念最主要的特征。

1. 法律概念的规定性

所谓规定性，是指法律概念的产生是人们根据理论和实践的需要人为规定的。法律概念的产生方式大致分为创造、移植、革新和继承四种。从实践的角度看，一旦立法者通过法律条文的方式确定了法律概念，法律适用者就需要追求实践与立法者的立法价值保持一致，即在法律明文规定的框架下进行司法、执法或其他活动。

法律概念的规定性使得国家内部的法律保持稳定，使得国民对其行为以及后果具有明确的预期，不因法律概念的频繁变动陷入未知风险。

2. 法律概念的开放性

法律概念的产生是人们根据理论和实践的需要人为规定的，这与自然科学通过实验、公式推导总结出的概念不同。所以法律概念受社会环境、理论研究进展、立法技术等因素影响，其范围并非完全明晰的，甚至处于变化之中。我们通过解释的方法对法律概念中模糊和变化的部分进行划分和限定，这种解释就是法律概念开放性的体现。

---

① 郝建设主编：《法律逻辑学》，第38页，中国民主法制出版社，2006年7月第1版。
② 陈金钊、熊明辉主编：《法律逻辑学》，第72—74页，中国人民大学出版社，2015年8月第2版。

例如《反不正当竞争法》第12条第二款规定："经营者不得利用技术手段，通过影响用户选择或者其他方式，实施下列妨碍、破坏其他经营者合法提供的网络产品或者服务正常运行的行为：（一）未经其他经营者同意，在其合法提供的网络产品或者服务中，插入链接、强制进行目标跳转；（二）误导、欺骗、强迫用户修改、关闭、卸载其他经营者合法提供的网络产品或者服务；（三）恶意对其他经营者合法提供的网络产品或者服务实施不兼容；（四）其他妨碍、破坏其他经营者合法提供的网络产品或者服务正常运行的行为。"该条款规定了"互联网不正当竞争行为"的法律概念，其中第（一）、（二）、（三）项使用了列举的方法，第（四）项使用概括的方法。对于第（四）项的概括规定，由于其内涵和外延的模糊性，需要结合具体案件，通过文义解释、体系解释、目的解释等解释方法区分。这正是法律概念开放性的体现。

又如《反不正当竞争法》第2条第1款规定，经营者生产经营活动中，应当遵循自愿、平等、公平、诚信的原则，遵守法律和商业道德。该条文中的"公平"、"诚信"、"商业道德"等作为法律概念存在一定模糊性，在司法实践中，需要法官根据案件情况进行解释并论证。

法律概念的开放性，是法学作为社会科学应有的特征，也是法官行使自由裁量权的重要基础。

练习题

一、单项选择题

1. 刑法中"主刑"与"拘役"是（　　）。
①同一关系　　　②矛盾关系　　　③反对关系　　　④属种关系
2. "诬告罪"与"杀人罪"之间是（　　）。
①交叉关系　　　②矛盾关系　　　③反对关系　　　④同一关系
3. 在"警察是国家机器"和"张三是警察"这两个判断中，"警察"这个概念（　　）。
①都是集合概念　　　　　　　②都是非集合概念
③前者是集合概念后者是非集合概念　④前者是非集合概念后者是集合概念
4. 将"成文法"概括为"法律"，限制为"刑法"则（　　）。
①概括正确，限制正确　　　　②概括错误，限制错误
③概括正确，限制错误　　　　④概括错误，限制正确。
5. 将"杀人罪就是故意非法剥夺他人生命的行为"作为定义，则（　　）。
①是正确定义　　　　　　　　②犯"定义过宽"的错误
③犯"定义过窄"的错误　　　　④犯"同语反复"的错误

二、多项选择题

1. "不违法"这个概念是（　　）。
①单独概念　　②普遍概念　　③实体概念　　④属性概念　　⑤负概念
2. 下列概念中，既是普遍概念，又是集合概念的有（　　）。
①犯罪集团　　②法律词汇　　③抢劫团伙　　④共青团员　　⑤律师

3. 从概念外延间的关系看，下列概念中，不具有属种关系的有（　　　　）。
①法院与法庭　　　②犯罪集团与主犯　　　③联合国与中国
④故意犯罪与盗窃罪　　⑤贪污罪与杀人罪
4. 与"盗窃犯"这一概念构成交叉关系的概念有（　　　　）。
①诈骗犯　　②伤害罪　　③罪犯　　④抢劫犯　　⑤杀人犯
5. "故意犯罪"与"过失犯罪"这两个概念之间是（　　　　）。
①全同关系　　②全异关系　　③反对关系　　④矛盾关系　　⑤属种关系

三、判断正误并说明理由
1. "诈骗集团"是一个单独集合概念。
2. "贪污罪"与"抢劫罪"两个概念之间的外延关系不是交叉关系。
3. "联合国"与"英国"这两个概念之间的关系是属种关系。
4. 将"盗窃犯"这个概念概括为"犯罪行为"，限制为"惯窃犯"，则概括错误而限制正确。
5. "这个村子里的房屋多半是砖房和泥房，也有楼房"，这句话作为划分是正确的。

四、简答题
1. 什么是概念？概念的逻辑特征是什么？
2. 概念有哪些种类？各种类的含义及其主要特征是什么？
3. 什么是概念的内涵与外延之间的反比关系？举例说明。
4. 概念之间的逻辑关系有哪些？各自的逻辑特征是什么？
5. 举例说明什么是概念的限制和概括？
6. 什么是定义？它有哪些逻辑规则？
7. 什么是划分？它有哪些逻辑规则？

五、实例分析题
1. 设下列句子为定义，请指出它是否符合逻辑要求？
（1）刑法是国家的重要法律。
（2）法院是行使审判权的国家机关。
（3）公民是指具有某国国籍的人。
（4）权利能力是指当事人享有民事权利的资格。
2. 下列划分是否正确？为什么？
（1）逻辑可以分为普通逻辑、数理逻辑、辩证逻辑和形式逻辑。
（2）法律分为成文法、不成文法、实体法和程序法。
（3）死亡分为正常死亡、非正常死亡和意外事故。
（4）近亲属有夫、妻、父、母、子、女。
3. 给下列概念作一次限制和概括：
（1）刑法。
（2）概念。
（3）中华人民共和国公民。
（4）杀人罪。
（5）亚洲国家。

4. 请在下列各图中填入相应的概念。

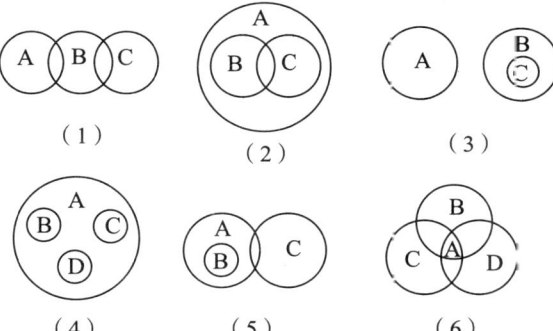

（1） （2） （3）

（4） （5） （6）

第三章　判断论（上）

教学目的和要求：

判断作为一种思维形式，既是对概念的展开，又是构成推理的必要条件。推理是在判断的基础上进行的，没有判断就无所谓推理，因此，判断在法律逻辑学中具有重要的位置。判断是对客观事物的情况有所断定的思维形式，反映了人们对于客观对象的认识。任何一个具体的判断，都是一定的内容和一定的逻辑形式的统一。就逻辑形式而言，判断可以按一定的标准分为不同的类型。本章内容主要有性质判断、关系判断、模态判断和规范判断。重点掌握几种不同类型的性质判断和它们之间的逻辑关系，性质判断主谓项的周延性问题及其负判断，熟悉并熟练运用性质判断的对当关系原理。了解关系判断和模态判断的特征，学习并掌握法律规范判断的类型以及它们之间的关系，应用其相关知识进行实例分析。

教学要点：
判断的逻辑特征
性质判断的类型
性质判断的周延性
性质判断的逻辑关系
性质判断的负判断
法律规范判断之间的逻辑关系

第一节　概　述

一、判断的概念

判断是对客观事物（对象）的性质和关系有所断定的思维形式。

人们在长期实践的过程中，在感性认识基础上，形成了很多反映事物本质属性的概念，概念只孤立地反映对象"是什么"。例如，"放火""杀人""犯罪""爆炸""惩处"等概念，孤立地看并不能表达完整的思想，只有把概念有机地联系起来，才能表达一定的思想，才能回答对象"怎么样"。例如：

"放火是犯罪行为。"
"犯罪是要受到惩处的。"
"放火、决水、爆炸、投毒或者以其他危险方法致人重伤、死亡或者使公私财产遭受重大损失的，处十年以上有期徒刑、无期徒刑或者死刑。"

"过失犯前款罪的,处三年以上七年以下有期徒刑;情节较轻的,处三年以下有期徒刑或拘役。"(《刑法》第115条)

以上形式就断定了"放火"行为的性质及其处罚原则。

二、判断的逻辑特征

判断是一种思维形式,它反映了人们对于客观对象的认识,人的认识又是通过判断来表达的。判断有以下两个逻辑特征:

1. 判断是有所断定的。所谓断定是对客观事物的性质或关系或者有所肯定,或者予以否定。如果语句既不肯定也不否定,不是判断。例如:"死者是自杀","死者不是他杀",这两个思维形式是判断。但是,如果说:"死者是怎么死的?"这里仅提出问题,未回答问题,不能视为判断。

2. 判断是有真或有假。所谓有真或有假,是指判断是否符合客观实际的问题,如果断定是符合实际的,则为真实的判断;反之,如果断定不符合实际,则为虚假的判断。因为,断定是一种认识,是一种主观的东西,被断定的事物则是客观存在,"断定"和"被断定"是两回事,不能混为一谈。断定的正确与否涉及人们的认识能力、知识水平以及思想方法等问题。在实践中,往往对于同一现象、同一对象、同一情况,不同的人可能作出不同的断定,因而会产生分歧。至于谁断定正确,谁断定不正确,这只能以客观事实为标准,从而辨明谁是谁非。例如:

① "凡作案者是有作案的时间。"
② "凡故意犯罪者是有作案的动机。"
③ "凡证人的证言都是真实的。"
④ "凡被告人都是有罪的人。"

以上四个实例中,①和②判断是符合实际的,因为,任何案犯总是在一定的时间、空间作案,故意犯罪总是有其犯罪的主观动机和目的。至于③和④判断就不符合实际了,因为,有些证人的证言不是真实的,有些被告人不是有罪的人。

总之,任何一个判断有两个逻辑特征:一是有所断定,二是或真或假。

三、判断的逻辑类型

任何一个具体的判断,总是一定的内容和一定的逻辑形式的统一,如果撇开具体的内容,就逻辑形式而言,按一定的标准可分为不同的类型。判断的种类可见下表:

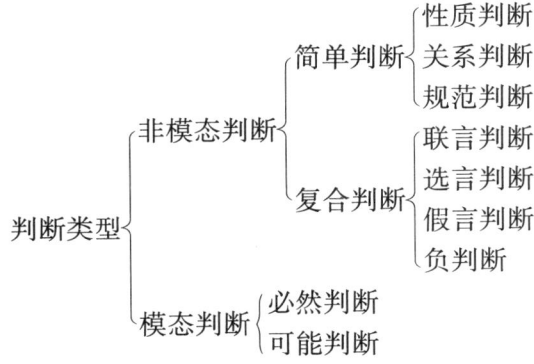

四、判断和句子的关系

判断与句子之间存在着既有联系又有区别的关系。其联系在于：任何一种形式的判断都是以一定形式的句子表示的，判断一定是有句型的。但是，句子未必就是判断。例如：

① "人民代表大会制度是我国的根本政治制度。"
② "香港特别行政区是中华人民共和国不可分离的部分。"
③ "澳门特别行政区是中华人民共和国不可分离的部分。"
④ "全国人民代表大会代表是最高国家权力机关组成人员，地方各级人民代表大会代表是地方各级国家权力机关组成人员。"
⑤ "什么是紧急避险？"
⑥ "什么是防卫过当？"
⑦ "难道能容忍犯罪行为吗？"
⑧ "该犯作案情节确实令人发指呀！"

以上例证中，①、②、③、④是直陈句，断定了客观事物具有某种性质，这样的句子是判断。⑤、⑥两句是一般疑问句，未对事物作出断定，因而不能作为判断看待。⑦是反诘句，是一种特殊疑问句，它以疑问方式提出问题，实质上是有所断定的，其肯定形式是否定的含义，否定形式是肯定的含义，即⑦句中的含义是"不能容忍"，这里是有所断定的，因此，反诘句可以表示判断。⑧是感叹句，说话人借用形容词"令人发指"，表示了对犯人的憎恨，这实际上断定了罪犯作案手段的残忍。概括地说，凡能表示判断逻辑特征的句子，都可视为判断。判断和句子毕竟是两种形式，它们的区别在于：第一，判断是思维形式之一，是逻辑学研究的对象；句子是语言形式之一，是语言学研究的对象。第二，同一个判断可由不同形式的语句表达，这不仅表现在不同民族，以不同语言形式来表达某一个判断，而且就同一民族语言来讲，可以用不同语句表示某一判断。例如：

"一切犯罪都具备犯罪构成的四个要件。"
"并非有些犯罪不具备犯罪构成的四个要件。"
"难道说犯罪可以不具备犯罪构成的四个要件吗？"
"犯罪不可能不具备犯罪构成的四个要件。"
"如果不具备犯罪构成的四个要件，就不是犯罪。"
"不具备犯罪构成的四个要件的犯罪是不存在的。"

五、逻辑学与法律逻辑学如何研究判断

在逻辑学领域，任何一个具体的判断都是反映一种思想认识，它是一定的内容和一定的判断形式的有机结合。判断的具体内容是由各门科学知识和实践知识所提供的，也就是说，判断内容的真或假，是由科学知识和实践知识来判明的。判断的形式是撇开具体判断内容的一种抽象的逻辑结构，它以符号和公示的形式来表示。逻辑学只研究判断形式的种类、特点及其逻辑意义上的真假对错关系，以及各种判断形式之间的等值或转换关系等。上述的种类、特点、等值、关系是人们在长期思维过程中总结和概括出来

的，是对各类型具体判断的抽象。研究并掌握以上诸理论知识可以指导我们正确思维。

法律逻辑学是逻辑学的一个分支，法律逻辑学领域研究的判断被我们称为"法律判断"，法律判断是特定主体在适用法律时，对特定法律事实、法律行为、法律关系具有的法律意义作出认定。法律判断多出现在司法和执法领域。如法院作出的判决、裁定；行政机关作出的处罚决定、行政复议决定、行政许可等。法律判断与逻辑学研究的判断总体上是一致的，但也存在一定区别。两者的区别主要体现在两个方面，其一，法律判断只研究法律领域的内容，其外延小于判断。其二，界定内容真假的标准不同。换言之，对于判断而言，其内容的真或假，是由科学知识和实践知识来判明的。而对于法律判断而言，其内容的真或假，常常以现存法律规范作为标准。在法律规范不明晰或者法律规范之间产生冲突时，再通过法律原则、法律解释等方法对法律判断的真假予以判明。

例如，在套路贷案件中，贷款机构 A 通过银行转账借给公民甲 20 万元，随后贷款机构的工作人员陪同甲将 20 万元全部取出，并拿走其中 10 万元现金。A 与甲签订两份借款合同，两份合同约定的借款额分别为 10 万元、20 万元，合同均由 A 持有。从该案件中不难看出，甲的实际借款额为 10 万元。但由于 A 通过银行留下了 20 万元的转账记录以及借款合同作为证据，而甲将钱取出以后把 10 万元现金返还给 A 难以留下有效凭证进行证明。当 A 向甲主张 20 万元借款时，甲在举证能力上将处于不利地位。我们在对 A 和甲之间的借款关系作出认定时，判断和法律判断的标准不同，将出现相反的结果。甲的借款金额为 10 万元。若以客观事实为标准，该判断为真。若以法律规范为标准，该法律判断即为假。因为根据民事诉讼法有关举证责任以及证明标准的认定，A 能够举出 20 万元的借款合同以及 20 万元的银行转账凭证，甲难以举出相应的证据证明实际借款额为 10 万元，法官根据法律规定判断借款金额为 20 万元是合理的。

又如，大炮是枪支。如果以科学知识或者实践知识来认定该判断，该判断为假。因为在我们的常识中，大炮是口径大的射击武器，而枪支的口径要小很多。《兵器工业科学技术词典》也以口径区分枪和炮：口径大于等于 20mm 的射击武器为炮，反之则为枪。但从法律规范、法律原则和法律解释的角度看，"大炮是枪支"这一法律判断为真。原因有二，其一，最高人民检察院法律政策研究室［2004］高检研发第 18 号司法解释认为，对于非法制造、买卖、运输、储存以火药为动力发射弹药的大口径武器的行为，以非法制造、买卖、运输、储存枪支罪追究刑事责任。故以司法解释为依据，大炮是枪支。其二，即便不依据该司法解释，根据刑法的当然解释方法，口径更小，危险性更小的枪支尚且需要规制，口径大、危险性更高的大炮更应当受到规制，故仍可以将大炮解释为枪支。

虽然判断与法律判断存在一定差异，但其思维方式、等值或转换关系等都是一致的。因此，在学习判断这部分内容时，重点要放在符号、公式及其关系上。

第二节　性质判断

一、性质判断的概念

性质判断又称直言判断，它是一种简单判断，它是直接断定客观事物（或对象）具有某种属性或者不具有某种属性的判断。例如：

"死者是他杀。"

"正当防卫是不负刑事责任的。"

"伪证是伪造的证据。"

"合同是确定民事主体之间权利义务关系的行为。"

"立案是诉讼活动的开始。"

"犯罪动机是推动犯罪分子实施犯罪行为的内心起因。"

"败诉是民事诉讼中一方当事人得到法院不利于自己的判决。"

性质判断的逻辑结构：

任何一个性质判断由以下四个要素组成。

1. 主项。它是表示被断定的客观事物（或对象）的概念。上述例子中的"死者""正当防卫""伪证""合同""立案""犯罪动机""败诉"等，是性质判断的主项，逻辑教材中主项的通用符号是"S"（"S"是拉丁文 Subjectum 的第一个字母）。

2. 谓项。它是表示被断定客观事物（或对象）的属性的概念。上述例子中的"他杀""不负刑事责任""伪造的证据"等，是性质判断的谓项，逻辑教材中谓项的通用符号是"P"（"P"是拉丁文 Praedicatum 的第一个字母）。

3. 联项。它是"主项"和"谓项"的媒介，是语言中的"联接词"，逻辑教材中通常用"是"或"不是"表示。联项又简称为性质判断的"质"。

4. 量项。它是表示"主项"的数量、范围。量项分为全称量项、特称量项、单称量项三种。全称量项一般在主项前冠以"一切""所有""凡"等全称量词。特称量项一般在主项前冠以"有些""一些""某些"等特称量词。单称量项表示特定主项，其外延只有一个，不附加全称量项、特称量项。全称量项是断定一类事物的全体；特称量项只断定一类事物中的部分；单称量项只断定独一无二的一个对象。

二、性质判断的类型

性质判断根据不同的标准分为不同的类型。

1. 性质判断依据主项的量可分为：全称判断、特称判断、单称判断三类。

（1）全称判断是断定一类事物具有或不具有某种属性的判断。例如：

"所有犯罪的物证是侦破案件的根据。"

"生前伤是指人体处在生活状态（生态时）所发生的损伤。"

"自杀不是非暴力死亡。"

"勒死不是扼死（掐死）。"

（2）特称判断是断定一类事物中部分对象具有或不具有某种属性的判断。例如：

"有的死亡是暴力致死。"

"有的死亡不是非暴力致死。"

"有的伤害是故意行为。"

"有的伤害不是过失行为。"

（3）单称判断是断定某一特定事物具有或不具有某种属性的判断。例如：

"某人是犯了故意伤害致死罪。"

"该合同是无效合同。"
"某被告人不具备重大责任事故罪的主体条件。"
"这份遗嘱不合法定要件。"

2. 性质判断根据联项的质为标准，可分为肯定判断和否定判断。

（1）肯定判断是断定客观事物具有某种属性的判断。例如：

"扣押是公安、司法机关依法留置与案件有关的物件的一种强制性措施。"
"诉讼中止是因某种特殊情况暂时中断正在进行的诉讼程序。"
"诉讼客体是诉讼活动所要解决的事项。"
"现行法是一国正在施行、正在发生法律效力的法律。"

（2）否定判断是断定客观事物不具有某种属性的判断。例如：

"犯罪未遂不是犯罪中止。"
"紧急避险行为不负刑事责任。"
"死刑缓期两年执行不是一个独立的刑种。"
"司法拘留不是刑事拘留。"

3. 性质判断依据量项和联项结合为标准分为：单称肯定判断、单称否定判断、特称肯定判断、特称否定判断、全称肯定判断、全称否定判断六种。

（1）单称肯定判断是断定某一特定事物（或对象）具有某种属性的判断。例如：

"这具碎尸的被害者是女性。"
"这只发夹是被害者生前用的。"

（2）单称否定判断是断定某一特定事物（或对象）不具有某种属性的判断。例如：

"某被告人不是故意杀人。"
"这处伤痕不是钝器所致的。"

（3）特称肯定判断是断定某一类事物中部分对象具有某种属性的判断。例如：

"有些被告人是无罪的人。"
"有些伤害是重伤害行为。"

（4）特称否定判断是断定某一类事物中部分对象不具有某种属性的判断。例如：

"有些遗嘱不是有效的遗嘱。"
"有些经济合同不是合法的合同。"

（5）全称肯定判断是断定一类事物（或对象）具有某种属性的判断。例如：

"醉酒的人犯罪是应当负刑事责任的。"
"已满十六岁的人犯罪是应当负刑事责任的。"

（6）全称否定判断是断定一类事物（或对象）不具有某种属性的判断。例如：

"劳动教养不是劳动改造。"
"法定代理不是指定代理。"

三、关于性质判断应该注意的问题

1. 各类性质判断有相应的逻辑公式。

单称肯定判断公式为：某个 S 是 P。

单称否定判断公式为：某个 S 不是 P。

特称肯定判断公式为：有些 S 是 P。
特称否定判断公式为：有些 S 不是 P。
全称肯定判断公式为：所有 S 是 P。
全称否定判断公式为：所有 S 不是 P。

2. 关于性质判断的量项问题。全称性质判断一般在主项前冠以全称量词，如："所有""一切""凡"等，但是，有时也不冠以全称量词，但依旧把它看作全称性质判断。

特称性质判断一定冠以特称量词，如："有的""有些""某些"等。应该注意的是，特称性质判断没有相反的意思，即特称肯定判断正确，并不表示特称否定判断也正确。这应该从认识论的角度思考，即认识是从个别对象开始，继而部分对象，最后到全体对象。"有些 S 是 P"仅仅回答 S 类中部分 S 有 P 属性，并未确定 S 类中其余部分是否具有 P 的属性，因此，得不出"有些 S 不是 P"。反之，当作出"有些 S 不是 P"的判断后，并不意味着"有些 S 是 P"。

3. 关于六类性质判断归并的符号。六类性质判断归并为四个逻辑符号，即：A、E、I、O 四个判断。A 和 I 是拉丁字 Afirmo 中的第一、二元音，Afirmo 意思是"肯定"。逻辑界用 A 表示全称肯定判断，I 表示特称肯定判断。E 和 O 是拉丁字 Nego 中的第一、二元音，Nego 意思是"否定"。逻辑界用 E 表示全称否定判断，O 表示特称否定判断。至于单称肯定判断则用 A 表示，单称否定判断则用 E 表示。因为单称判断只有一个外延，相当于断定全部对象，故按全称判断表示。

第三节 性质判断周延性问题

一、周延性问题的含义

所谓周延性问题是指在性质判断中，主项和谓项的外延被断定的情况。如果在性质判断中，主项或谓项的外延被全部断定了，那么，该主项或该谓项是"周延"的概念；反之，如果在性质判断中，主项或谓项的外延仅被部分断定了，那么，该主项或该谓项是"不周延"的概念。

由上述定义可见，周延性问题是就判断中对主项和谓项外延量的情况断定而言的。而断定是一种主观认识，一个判断中的主项或谓项是否周延，只能以该判断本身对其主项或谓项外延量的情况断定为准，而不能以主项和谓项所反映的对象在事实上存在的关系来确定。例如，尽管事实上所有的正当防卫是合法行为，但在"有些正当防卫是合法行为"这一判断中，由于受量项"有些"的限制，该判断并没有断定主项"正当防卫"的全部外延，因此，在逻辑上其主项"正当防卫"被看作是不周延的。

二、A、E、I、O 四类判断周延性情况

1. SAP（指全称肯定判断、单称肯定判断）是指 S 全部外延包含在 P 之中，至于 P 是全部还是部分外延与 S 有联系并未明确断定，但是，P 至少有部分外延与全部 S 有联系是可以确定的。逻辑学确认 S 是周延的概念。P 是不周延的概念。例如：

"一切走私行为是违法行为。"

"某人行为是违法行为。"

如下图：

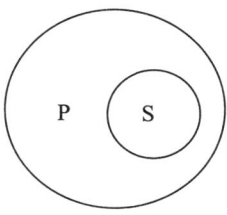

2. SEP（指全称否定判断、单称否定判断）是指 S 的全部外延被 P 的全部外延所排斥。换言之，P 的全部外延被 S 的全部外延所排斥。逻辑学确认 S 和 P 两个概念都周延。例如：

"对于累犯，不适用缓刑。"

"某犯人不适用缓刑。"

如下图：

3. SIP（指特称肯定判断）是指 S 类的部分外延被包含在 P 外延之中，至于 P 是全部还是部分外延与 S 有联系并未明确断定，但是，P 至少有部分外延与部分 S 有联系是可以确定的。逻辑学确认 S 和 P 两个概念都不周延。例如：

"有些过失犯罪是要判刑的。"

如下图：

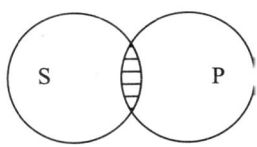

4. SOP（指特称否定判断）是指 S 类的部分外延被 P 的全部外延所排斥。逻辑学确认 S 是不周延的概念。P 是周延的概念。例如：

"有的被告人不是有罪的人。"

如下图：

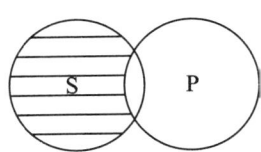

三、A、E、I、O周延性表格

判断类型		逻辑公式	符号	主项	谓项
全称单称	肯定判断	SAP	A	周延	不周延
全称单称	否定判断	SEP	E	周延	周延
特称肯定判断		SIP	I	不周延	不周延
特称否定判断		SOP	O	不周延	周延

四、关于周延性知识应该注意的问题

1. 周延性问题是以概念的外延为基础的，但是，仅就某一个概念来说，不存在周延与否的问题，只有当两个概念构成性质判断时，才有外延被断定为肯定或否定的问题以及外延被断定多少的问题。

2. I和O两个判断中S与P的周延性情况不完全相同，I中说的是S与P两个概念部分外延发生交叉；O中说的是P的全部外延与部分S没有联系。切勿将I和O混为一谈。

第四节　性质判断的逻辑关系

本书所讲的性质判断的逻辑关系包含：对当关系、性质判断与其负判断关系、性质判断的负判断与其等值判断关系。

一、对当关系的概念

所谓对当关系是指同一素材的性质判断之间的真假（对错）关系。同一素材是指A、E、I、O四种类型的性质判断中，主项是同一的，谓项是同一的。真假（对错）关系是指假定确认某一判断真（或假），根据逻辑规则，推断出其余三个判断或真、或假、或真假不定的情况。为了解释这种逻辑关系，在逻辑学中有个"逻辑方阵"图，如图：

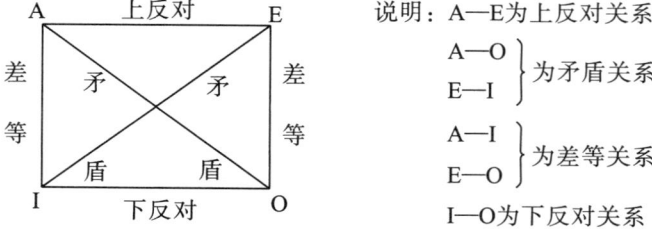

说明：A—E为上反对关系

A—O ⎫
E—I ⎭ 为矛盾关系

A—I ⎫
E—O ⎭ 为差等关系

I—O为下反对关系

在解释上述各种逻辑关系之前，再重申两个概念：一是"量"，这是指性质判断的量项。"量"有个对或错的问题。如果"量"用得恰当，谓之量对；如果"量"用得不恰当，谓之量错。二是"质"，这是指性质判断的联项。"质"有个真或假的问题。如果

"质"用得准确，谓之质真；如果"质"用得不准确，谓之质假。例如：

① "所有伤害行为都是故意的行为。"
② "所有放火行为都不是故意的行为。"
③ "有的伤害行为是故意的行为。"
④ "所有放火行为都是故意的行为。"

以上四例中，例①是错在量上，例②是错在质上，例③和例④是正确的，无论在"量"或"质"上都是正确的断定。

二、对当关系的逻辑分析

1. 反对关系（又称"大反对关系""上反对关系"），即指 A 和 E 判断的关系。其逻辑规则是：

（1）当已知 A 判断（或 E 判断）真时，则 E 判断（或 A 判断）必假。

（2）当已知 A 判断（或 E 判断）假时，则 E 判断（或 A 判断）真假不定。例如：

① "所有放火行为是故意行为。"（A）
② "所有放火行为不是故意行为。"（E）
③ "所有法院干部是共产党员。"（A）
④ "所有法院干部不是共产党员。"（E）
⑤ "盗窃行为是过失行为。"（A）
⑥ "盗窃行为不是过失行为。"（E）

以上六个判断中，①和②、③和④、⑤和⑥各为一组。当①真时，②必假；当③、⑤假时，④、⑥未必都真，事实上④假，⑥真。由此可得出结论：A 和 E 不能同真，但可同假；由真可以推假，由假未必推真。此外，逻辑学还提示我们，如果已知判断假在"质"上，那么，另一判断则真；如果已知判断假在"量"上，那么，另一判断也假。

2. 差等关系（又称"蕴涵关系""从属关系""主从关系"），即指 A 和 I、E 和 O 的关系。其逻辑规则是：

（1）当已知 A 判断真，则 I 判断必真（E 和 O 同理）。

（2）当已知 A 判断假，则 I 判断真假不定（E 和 O 同理）。

（3）当已知 I 判断假，则 A 判断必假（O 与 E 同理）。

（4）当已知 I 判断真，则 A 判断真假不定（O 与 E 同理）。例如：

① "所有抢夺罪是故意犯罪。"（A 真）
② "有的抢夺罪是故意犯罪。"（I 真）

为什么当 A 真时，I 必真呢？因为一类事物具有某种属性，那么，该类中的一部分对象也必然具有某种属性。又例如：

① "所有伤害行为都是故意行为。"（A 假）
② "有的伤害行为是故意行为。"（I 真）
③ "一切正当防卫是要负刑事责任的。"（A 假）
④ "有的正当防卫是要负刑事责任的。"（I 假）

在以上四例中，已知①和③假，而②和④则有真有假，又谓之不定。如果撇开具体法学知识，那么，当A判断假时，则I判断的真假是不能定的。而且，从逻辑学上看，如果当A假在"质"上，则I必假；如果A假在"量"上，则I为真。以上是从上位判断（A或E）的真或假，推断下位判断（I或O）真假不定的情况。

下面讲当I（或O）真或假时，A（或E）的真假如何。当下位判断假时，上位判断必假。因为，对部分对象的断定既然错了，那么，再扩展为全部对象的断定自然也是错的。然而，当下位判断真时，上位判断则真假不定。因为，下位判断的真有两种情况，一是真在"质"上，一是真在"量"上。如果下位判断真在"质"上，那么上位判断也真在"质"上。如果下位判断真在"量"上，那么上位判断则假在"量"上。如果不能确定下位判断是真在"质"或"量"的哪一方面，那么，上位判断的真假是不定的。由此得出结论：从上位判断真，可推下位判断真；从下位判断假，可推上位判断假；从上位判断假，可推下位判断真假不定；从下位判断真，可推上位判断真假不定。

因此，A和I、E和O既可以同真，也可以同假。

3. 矛盾关系，即指A与O、E与I的关系。其逻辑规则是：

(1) 当已知A判断（或E判断）真时，则O判断（或I判断）必假。

(2) 当已知A判断（或E判断）假时，则O判断（或I判断）必真。

(3) 当已知O判断（或I判断）真时，则A判断（或E判断）必假。

(4) 当已知O判断（或I判断）假时，则A判断（或E判断）必真。例如：

① "所有犯罪行为是违法行为。"（A真）

② "有的犯罪行为不是违法行为。"（O假）

③ "所有指纹都是弓形纹。"（A假）

④ "有的指纹不是弓形纹。"（O真）

以上①和②、③和④分别是矛盾关系，在矛盾关系的判断中，总是一真一假。理由在于：当A真时，E则假（根据大反对关系原理）；当A真时，则I也真（根据差等关系原理）。所以，当E假时，则I真。此外，又可从"质"的真假来说明：当I假（因"质"上错），则A必假（差等关系中下位判断错在质上，则上位判断必错）；当A假在"质"上，则E真在"质"上。因此，当I假时，E必定真。由此得出结论：A与O、E与I矛盾关系的判断之间，二者必有一真，二者必有一假；由真可以推假，由假可以推真；两者不能同真，两者不能同假。

4. 下反对关系（又称"小反对关系"），即指I和O的关系。其逻辑规则是：

(1) 当已知I判断（或O判断）假，则O判断（或I判断）真。

(2) 当已知I判断（或O判断）真，则O判断（或I判断）真假不定。例如：

① "有的凶杀案件是碎尸杀人案件。"（I真）

② "有的凶杀案件不是碎尸杀人案件。"（O真）

③ "有的经济合同是合法有效的合同。"（I真）

④ "有的经济合同不是合法有效的合同。"（O假）

⑤ "有的抢夺罪是过失犯罪。"（I假）

⑥ "有的抢夺罪不是过失犯罪。"（O真）

上述例中，当I真时，O真假不定，可能真可能假，这涉及判断的"质"和"量"的问题。但是，当I假时，O必定真。理由如下：当I假时，E则真（根据矛盾关系原理）；当E真时，则O也真（根据差等关系原理），因此，当I假时，O必真；当I真时，O的真假不定。如果I真在"质"上，则E假在"质"上（根据矛盾关系原理），当E假在质上，则O也假在"质"上（根据差等关系原理），因此，当I真在"质"上，则O假。如果I真在"量"上，则E假在"量"上（根据矛盾关系原理），当E假在"量"上，则O真在"量"上（根据差等关系原理），因此，当I真在量上时，则O也真。由此可得出结论：I和O下反对关系之间，二者可能同真，二者不能同假，由假可以推真，由真未必推假。

小结：

1. A—E之间，由真推假，由假推不定。两者不能同真，两者可能同假。

2. I—O之间，由假可推真，由真推不定。两者不能同假，两者可能同真。

3. A—O、E—I之间，由真可推假，由假可推真。两者必有一真，两者必有一假，不能同真、不能同假。

4. A—I、E—O之间，由上位判断真，可推下位判断真；由下位判断假，可推上位判断假。由上位判断假，推下位判断真假不定；由下位判断真，推上位判断真假不定。

推知\已知真	A	E	I	O	推知\已知假
A	真$_1$	假$_2$	真$_3$	假$_4$	O
E	假$_5$	真$_6$	假$_7$	真$_8$	I
I	不定$_9$	假$_{10}$	真$_{11}$	不定$_{12}$	E
O	假$_{13}$	不定$_{14}$	不定$_{15}$	真$_{16}$	A

说明：①当已知A真，看第1格，然后，看2、3、4格，就可知其余判断的真、假情况。

②当已知A假，看第13格，然后看14、15、16格，就可知其余判断的真、假情况。

③当已知E真，看第6格，然后看5、7、8格，就可知其余判断的真、假情况。

④当已知E假，看第10格，然后看9、11、12格，就可知其余判断的真、假情况。

⑤当已知I真，看第11格，然后看9、10、12格，就可知其余判断的真、假情况。

⑥当已知I假，看第7格，然后看5、6、8格，就可知其余判断的真、假情况。

⑦当已知O真，看第16格，然后看13、14、15格，就可知其余判断真、假情况。

⑧当已知O假，看第4格，然后看1、2、3格，就可知其余判断的真、假情况。

三、对当关系在应用中应注意的问题

1. 在分析同一素材A、E、I、O四种性质判断的真假关系时，如果给定条件只确认某一判断真（或假），求证其余三个判断真或假时，应该以一般的逻辑关系为准，不能以具体内容（背景知识）为准。例如，有人提出"有的犯罪是违法行为"，这个判断是真的，为什么"所有犯罪是违法行为"不定呢？这就是用背景知识衡量判断的真假了。我们讲的是逻辑关系真假，即I真，A不定。这种逻辑关系是撇开内容的抽象关系。

2. 分析对当关系时，可按下列步骤进行：

（1）先找出与给定判断有矛盾关系的判断，并确定其真或假。例如，给定 A 真，先找出 O，并指出 O 假。

（2）由上位判断真，推出下位判断真；由下位判断假，推出上位判断假。例如，由 A（或 E）真，推出 I（或 O）真；由 O（或 I）假，推出 E（或 A）假。

（3）由 A（或 E）真，推出 E（或 A）假；由 I（或 O）假，推出 O（或 I）真。

（4）最后确认不定关系。即 A（或 E）假，则 E（或 A）真假不定；I（或 O）真，则 O（或 I）真假不定；I（或 O）真，则 A（或 E）真假不定。

3. A 和 E 是上反对关系，这仅是指全称肯定判断和全称否定判断而言。至于单称肯定判断和单称否定判断之间，则是矛盾关系，而不是上反对关系。

4. 对当关系的逻辑知识，在"证明"与"反驳"过程中具有重要意义。例如，可借已知为真的 A（E）判断，证明 I（O）判断是真的，可用已知为真的 I（O）判断，证明 A（E）判断是假的。

最后，性质判断之间的逻辑关系也可引申到其他判断。例如，"李某是盗窃犯"和"李某不是盗窃犯"这两个判断之间具有不能同真，也不能同假的关系，那么二者之间就是矛盾关系。而"张某是自杀"和"张某是他杀"这两个判断之间具有不能同真，但可同假的关系，那么二者之间就是上反对关系。

四、性质判断的负判断

所谓负判断是否定一个判断的判断。也可说：负判断是对一个判断的否定。负判断属于复合判断，不是简单判断，按理应放在复合判断系列中讲，本书为了便于读者学习，便将负判断和有关的原判断联系起来说明。

所谓性质判断的负判断是对性质判断的否定。其特点在于：

1. 性质判断的负判断是对某个性质判断加以全部否定，要在原性质判断的前面或后面加上否定词。例如：

原判断："所有证人的证言都是真实的。"（A）

负判断："并非所有证人的证言都是真实的。"（A）

2. 性质判断的负判断与其原判断之间是矛盾关系。即原判断若真（或假），则负判断必假（或必真）。

3. 性质判断的负判断不等于简单的否定判断。E 和 O 是简单的否定判断，即使 E 和 O 也有负判断。请看下表：

性质判断公式	负判断公式
SAP	$\overline{SAP}$
SEP	$\overline{SEP}$
SIP	$\overline{SIP}$
SOP	$\overline{SOP}$

（说明："$\overline{SAP}$"读作"并非 SAP"，"−"是否定词符号，有的教材表示为"−SAP"。）

五、性质判断负判断的等值判断

所谓等值判断是指两个判断的真假性质相等，有着逻辑上的推导关系。性质判断的负判断其等值判断是什么呢？具体分析如下：

1. SAP 的负判断是 $\overline{SAP}$，两者是矛盾关系。而根据对当关系原理，SAP 和 SOP 也是矛盾关系。因此，$\overline{SAP}$ 和 SOP 是等值判断。例如，"并非所有证人的证言都是真实的。"该判断的等值判断是："有些证人的证言不是真实的。"

2. SEP 的负判断是 $\overline{SEP}$，两者是矛盾关系。又根据对当关系原理，SEP 与 SIP 也是矛盾关系。因此，$\overline{SEP}$ 和 SIP 是等值判断。例如"并非所有犯罪都不是故意的。"该判断的等值判断是："有的犯罪是故意的。"

同上理，$\overline{SIP}$ 等值于 SEP，而 $\overline{SOP}$ 等值于 SAP。等值的逻辑符号为"↔"，或"≡"。
关于性质判断，其负判断、负判断的等值判断情况见下表：

原判断	负判断	负判断的等值判断公式
SAP	$\overline{SAP}$	SOP
SEP	$\overline{SEP}$	SIP
SIP	$\overline{SIP}$	SEP
SOP	$\overline{SOP}$	SAP

练习题

一、单项选择题

1. "我们班的每一个男同学都是团员。"这一性质判断的主项是（   ）。
①男同学   ②我们班的男同学
③每一个男同学   ④我们班的每一个男同学

2. 根据对当关系原理，若 SIP 真，则（   ）。
①SAP 真   ②SEP 假   ③SOP 真   ④SAP 假

3. 当 SAP 和 SIP 都为假时，S 与 P 的外延关系只能是（   ）。
①全同关系   ②全异关系   ③属种关系   ④交叉关系

4. "出席这次会议的都不是年轻人"和"出席这次会议的不都是年轻人"这两个判断之间是（   ）。
①上反对关系   ②下反对关系   ③矛盾关系   ④差等关系

5. "并非有的盗窃罪是过失犯罪"这个负判断等值于（   ）。
①所有的盗窃罪都是过失犯罪
②所有的盗窃罪都不是过失犯罪
③有的盗窃罪是过失犯罪
④有的盗窃罪不是过失犯罪

二、多项选择题

1. "抢劫罪不是过失犯罪"这一判断是（　　　　）。
①肯定判断　　②否定判断　　③全称判断　　④特称判断　　⑤性质判断

2. 下列判断中，主项周延、谓项不周延的是（　　　　）。
①我们班大部分人是团员　②这些问题是可以解决的　③在座的一部分人是教师　④这些人都是警察　⑤这个人是律师

3. 要反驳"犯罪都是故意的"这一判断，可以用以下判断（　　　　）。
①并非有些犯罪不是故意的　　②有些犯罪是故意的　　③有些犯罪不是故意的　④并非犯罪都是故意的　　⑤并非犯罪都不是故意的

4. 已知"并非刑事被告人都是犯罪分子"这一判断真，根据对当关系，可以推出（　　　　）。
①"刑事被告人都是犯罪分子"假　　②"刑事被告人都不是犯罪分子"真
③"有些刑事被告人是犯罪分子"真　　④"有些刑事被告人不是犯罪分子"真
⑤"刑事被告人都不是犯罪分子"真假不定

5. 有5群犯人，其中每群中至少有一个犯人是男性，据此有5种不同的判断，其中不能确定真假的判断有（　　　　）。
①5群犯人都是男性　　②5群犯人至少有5个男性　　③同群的人不都是男性
④每群犯人都有男性　　⑤每群犯人都有女性

三、判断正误并说明理由

1. "在座的多数是共产党员"这一判断的主项是周延的，而谓项是不周延的。
2. "有的被告是有罪的"，这一判断当然断定了"有的被告是无罪的"。
3. "张三是自杀"和"张三是他杀"这两个判断之间是矛盾关系。
4. "所有的人是大学生"是不对的，因为事实上"有的人是大学生"。
5. 由"犯罪都是故意的"假，能够推出"犯罪都不是故意的"真。

四、简答题

1. 什么是判断？判断有何特征？
2. 什么是性质判断？它有几种类型？
3. 举例说明四种性质判断主谓项的周延性情况。
4. 什么是性质判断的对当关系？
5. 举例说明 A、E、I、O 四种判断之间是什么关系？

五、实例分析题

1. 分析下列判断的结构，并写出其逻辑形式。
(1) 没有任何矛盾是不能解决的。
(2) 这些问题是可以讨论的。
(3) 在座的有共产党员。
(4) 不是所有的人都懂英语。
(5) 此人不可靠。

2. 已知下列判断为真，根据对当关系原理指出相同素材其他三个判断的真假。
(1) 有些犯罪是违法。

(2) 有些学生不是学法律的。
(3) 正当防卫不是违法行为。
(4) 抢劫罪是故意犯罪。

3. 根据对当关系，回答下列问题：

(1) 要反驳"这个犯罪集团中有些成员不是累犯"，能否压"这个犯罪集团中有些成员是累犯"这个判断？为什么？

(2) "发言的人都不是教师"和"发言的人不都是教师"之间是哪一种逻辑关系？为什么？

(3) 已知"没有任何一种知识不是天赋的"为假，能否断定"没有任何一种知识是天赋的"真，能否断定"有的知识不是天赋的"真。为什么？

第四章 判断论（中）

教学目的和要求：

本章主要介绍关系判断、模态判断和规范判断。关系判断是简单判断的一种，是断定事物与事物之间关系的判断。关系判断的重点在于不同事物之间的关系，因此需要研究和了解这些关系的一般逻辑特性，即关系的逻辑性质。模态判断是断定事物情况可能性或必然性的判断或者说就是包含有模态词的判断。模态判断有各种不同的种类，对于包含有"必然""可能"一类模态词的判断，要求一般了解它们之间的简单的推演关系。至于规范判断又可称为规范模态判断，是指反映人们行为规范的判断或者说是包含有"必须""允许""禁止"一类模态词的判断。在法律条文中包含有大量的规范判断，因此需要注重学习并掌握规范判断的基本类型，研究各种规范判断之间的推演关系。

教学要点：

关系的对称性

关系的传递性

规范判断的种类

规范判断之间的对当关系

第一节 关系判断

一、关系判断的概念

所谓关系判断是指断定事物（或对象）与事物（或对象）之间存在的某种逻辑关系的简单判断。

逻辑关系是以客观事物、客观现象的关系为基础的。客观事物和现象是繁杂多样的，任何事物或现象都不是孤立存在的，总是与其他事物或现象存在一定的联系或关系。科学的任务在于揭示其中的本质的、内在的、必然的联系，也就是要揭示规律性。就法律现象而言，存在着很多法律制度、法律行为、法律事实等，由此又产生很多法律关系。以民事法律关系而言，就有借贷关系、租赁关系、继承关系、夫妻关系等等；以诉讼关系而言，有原告人与被告人关系，以及民事诉讼中第三人和原告人、被告人关系等；就刑事侦查而言，存在着人与人、人与物、人与事、事与事、物与物、事与物、时间与空间等关系。上面提到的是一些具体的法律关系，逻辑学并不研究这些具体法律关系如何，那是由法学来研究的。逻辑学是把具体的法律关系，抽象概括出逻辑关系，研究其中的特点。例如：

"某盗窃集团中有的成员认识某商店职工。"
"被告人认识该店经理。"
逻辑学只研究"认识"属于什么关系的问题。

关系判断是由"关系""关系项""量项"三部分组成的。

1. "关系"是指被断定事物（或对象）之间所存在的联系的概念。上例中"认识"就是关系概念。逻辑符号是：R。

2. "关系项"是指反映被断定事物（或对象）的概念。上例中"被告人""该店经理""某盗窃集团的成员""某商店职工"等。逻辑符号是：a，b，c……

3. "量项"是指被断定事物（或对象）的外延数量。上例中"有的"、"所有"等量词就是量项。

关系判断的逻辑公式是：aRb。

二、关系判断的类型

关系判断按被断定对象的数量分为两个关系项与三个以上关系项两大类。分类表如下：

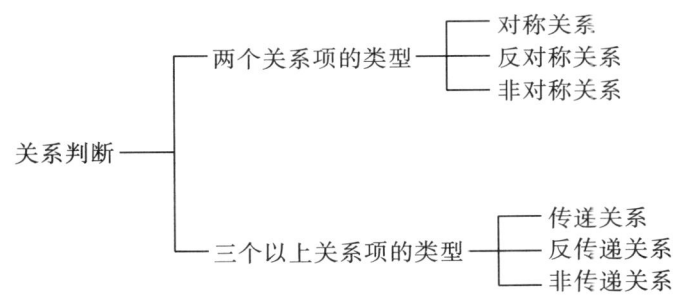

1. 对称关系。所谓对称关系是指当 aRb 真，则 bRa 也真，R 在此是对称关系。公式为（aRb）∧（bRa）。例如，"血缘关系""婚姻关系""同案犯关系""邻居关系"等。当我们承认"某甲和某乙有血缘关系"是真的时，反过来说，"某乙和某甲有血缘关系"也是真的。

2. 反对称关系。所谓反对称关系是指当 aRb 真，则 bRa 一定假。公式为：b$\overline{R}$a，$\overline{R}$在这里是反对称关系。例如，"早于""迟于""大于""小于""重于""轻于""在……之东""在……之西"等表示时间、空间、方位、度量的关系。如果说"某甲比某乙先到现场"是真的，反过来又说"某乙比某甲先到现场"一定是假的。

3. 非对称关系。所谓非对称关系是指当 aRb 真，则 bRa 真假不定，R 在此是非对称关系。例如，"认识""了解""知道""看到""信任""控告""怀疑"等。当我们确认"某甲了解某乙"这一判断是真的，反过来说，"某乙了解某甲"这一判断的真或假是不确定的，某甲虽了解某乙，但某乙可能了解某甲，也可能不了解某甲。

以上说的是两个或两类事物（对象）之间的逻辑关系。下面介绍三个（三类）或三个以上事物（对象）之间的逻辑关系。

1. 传递关系。所谓传递关系是指当 aRb 真，并且 bRc 也真，aRc 必真，R 在此是传递关系。公式为：[（aRb）∧（bRc）→（aRc）]。例如，"相同""相等""同时""早于""晚于"等。当我们说"甲比乙先到现场,乙又比丙先到现场"是真的判断时,那么,就可以断定"甲比丙先到现场"这一判断也是真的。

2. 反传递关系。所谓反传递关系是指当 aRb 真,并且 bRc 也真,而 aRc 必假。例如,"父子关系""母女关系""重 3 公斤""早 1 小时""高 2 厘米"等。当我们确认"甲和乙是父子关系,乙和丙是父子关系"是真的判断时,如果又说"甲和丙也是父子关系"这个判断一定假。

3. 非传递关系。所谓非传递关系是指当 aRb 真,并且 bRc 也真,而 aRc 真假不定。例如,"朋友""认识""了解""教唆""指使"等。当我们确认"甲教唆乙犯罪,并且乙又教唆丙犯罪"这一断定是真的时,对于"甲教唆丙犯罪"这一判断的真或假,却无法确定,推不出必然性的结论,在这里"教唆"是非传递关系。

需要指出的是,关系判断和性质判断都是简单判断,但两者有明显的区别。性质判断断定的是对象的性质,而关系判断断定的是对象与对象之间的关系。对象的性质和对象之间的关系显然不同。因此,关系判断不能作为性质判断来对待,两者有不同的逻辑特征。例如:

① "张三和李四是同案犯。"
② "张三和李四是盗窃犯。"

这两个判断的语言表达形式很相似,但例①是关系判断,例②却是由性质判断组成的复合判断。理由是例②可分为"张三是盗窃犯",并且"李四是盗窃犯"这样两个性质判断,断定的是张三和李四都具有"盗窃犯"的性质。但例①却不能分为"张三是同案犯","李四是同案犯"这样两个判断。因为"同案犯"在例①中是一个表示关系的概念,而这个关系总是存在于两个对象之间,一个对象是无所谓"同案"关系的。

在实践中,弄清某一种关系在某一特定论域中究竟为何种关系很重要。例如,只要我们弄清了在"人"这个论域中,"同案犯关系"是对称关系,我们就可以由"甲与乙是同案犯"推出"乙与甲是同案犯"。如果我们弄清了"控告"是一种非传递关系,就不会由"甲控告乙,并且乙控告丙"去推出"甲控告丙"。

第二节 模态判断

一、模态判断的概念

所谓模态判断是指断定事物(或对象)情况的可能性和必然性的判断。例如:

2013 年 6 月 8 日,佛罗里达州最大的杰克逊维尔市的一家名叫霍利休息室的酒吧外面的停车场上,一对前往教堂的夫妇在这里发现了一具被殴打过的穿着时髦的女郎尸体,紧挨着死尸右臂放着一个 LV 包包。包里的证件说明了此人名叫弗兰夏,年龄 28 岁,是一名保险公司的金牌业务员,很有些名气,也很受人欢迎。警察起初认为死者可能死于抢劫,可是当到达现场发现死者身上并没有明显的争斗痕迹,便不再这么认为。侦探发现在死者的小腿有压过的轮胎印迹,于是怀疑死者生前或死后可能被车从身上碾过,于是开始查找这辆车,在该市以外二十英里处发现了一辆这样的小车。可是怎样证明这辆小车就是从弗兰夏身上碾过的那辆呢,警察经过几个小时的检查,在卡车的轮胎凹中发现了一根细长的红色发丝,还有可以作为证据的血迹,在实验室经过检查,确认这是死者的头发。

在该案例中,警察和侦探作出的以下判断属于模态判断:

"死者可能死于抢劫。"

"死者不可能死于抢劫。"

"死者生前或死后可能被车从身上碾过。"

模态判断的基本特征在于:有模态词"可能""必然"(必定)。模态词有时在判断联项之前:"死者可能死于抢劫";有时在主项之前:"可能死者是因抢劫致死";有时在谓项之后:"死者被他人抢劫后杀害是可能的"。公式为:可能 P,可能$\overline{P}$,必然 P,必须$\overline{P}$等。

二、模态判断的类型

根据不同标准,模态判断分为不同类型。

1. 根据判断是反映认识程度或客观情况,分为主观模态判断和客观模态判断。所谓主观模态判断是指人们对客观情况认识的程度、深度而言的判断。由于人们的知识水平、认识能力不同,对同样的事物或情况所得出的结论未必一致,有的人得出可能性断定,有的人却得出必然性断定。所谓客观模态判断是指人们揭示客观事物发生、变化和发展过程中的多种可能性的途径或唯一必然性趋势的判断。

2. 根据判断的逻辑形式分为:可能 P,可能$\overline{P}$,必然 P,必然$\overline{P}$四类。

(1) 可能肯定判断是指断定事物可能具有某种属性的判断。公式为:可能 P(P 代表事物及其情况)。例如:"某甲可能提供案件的线索。"

(2) 可能否定判断是指断定事物可能不具有某种属性的判断。公式为:可能不 P。例如:"某甲可能不会作案。"

(3) 必然肯定判断是指断定事物必然具有某种属性的判断。公式为:必然 P。例如:"犯罪分子必然会在现场留下作案的痕迹。"

(4) 必然否定判断是指断定事物必然不具有某种属性的判断。公式为:必然不 P。例如:"受审查客体必定不是被寻找客体。"

三、模态判断的逻辑关系

同一素材的模态判断,和同一素材的性质判断一样,存在着真假对错的逻辑关系。模态判断的逻辑关系也有其逻辑方阵图。图示如下:

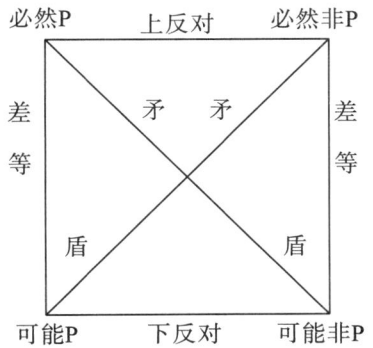

模态判断之间逻辑关系的规则如下：

1. 上反对关系（必然 P 与必然非 P）的逻辑规则是：两者必有一假，可能两者都假；由真可以推假，由假推则真假不定。
2. 下反对关系（可能 P 与可能非 P）的逻辑规则是：两者必有一真，可能两者都真，由假可以推真，由真推则真假不定。
3. 矛盾关系（必然 P 与可能非 P，必然非 P 与可能 P）的逻辑规则是：两者必有一真，两者必有一假；由真可以推假，由假可以推真。
4. 差等关系（必然 P 与可能 P，必然非 P 与可能非 P）的逻辑规则是：由必然 P（或必然非 P）真，推出可能 P（或可能非 P）真；由可能 P（或可能非 P）假，推出必然 P（或必然非 P）假；由必然 P（或必然非 P）假，推出可能 P（或可能非 P）真假不定；由可能 P（或可能非 P）真，推出必然 P（或必然非 P）真假不定。

四、模态判断的负判断及其等值判断

所谓模态判断的负判断是否定模态判断的判断。例如：

① "凶手必然有作案时间。"（必然 P）
② "并非凶手必然有作案时间。"（并非必然 P）
③ "凶手可能没有作案时间。"（可能不 P）

例①是必然肯定判断，例②是例①的负判断。例①和例②是矛盾关系。当例①真，例②则假。例①和例③也是矛盾关系。当例①真，例③则假。因此，例②和例③是等值关系。由此可以得出以下结论，请见表：

原判断	负判断	负判断的等值判断
必然 P	并非必然 P	可能非 P
必然非 P	并非必然非 P	可能 P
可能 P	并非可能 P	必然非 P
可能非 P	并非可能非 P	必然 P

应该注意的是，可能 P 与可能非 P 是不等值的，并且可能 P 真并不意味可能非 P 一定真。如果从定性、定量角度来思考，"可能 P" 是强调可能性大于 $1/2$；"可能非 P" 是强调不可能性大于 $1/2$。

第三节　规范判断

一、规范判断的概念

所谓规范是指人们言行的标准、规则、法式。规范包括：道德规范、技术规范、语言规范、法律规范等等。

所谓法律规范是指由国家制定或认可，体现统治阶级意志，以国家强制力保证实施的行为规则。法律规范有逻辑三要素，即假定、处理和制裁。假定——指明法律规范所适用的条件；处理——指明行为规则的本身，也就是规定允许人们（可以）怎么做，应当（必须）如何做，禁止（不准）怎样做的条文；制裁——指明违反法律规范所产生的法律后果（又谓之法律责任）。法律规范是统治阶级从其阶级的利益出发，将现实社会关系中人们的行为抽象概括为一般的行为规则，具有典型性、相对稳定性、反复适用性的特征。

规范判断是指陈述人们行为规则的判断。这种判断包含"必须""应当""禁止"（不得）"允许"（或"容许"或"可以"）等规范性词项。

法律规范判断是指法律所规定的人们行为规则的判断。例如：

"父母必须抚养教育未成年子女。"

"子女有赡养扶助父母的义务。"

"禁止包办、买卖婚姻。"

"禁止干涉婚姻自由的行为。"

"继父母与继子女之间，不得虐待或歧视。"

"注册商标需要改变文字、图形的，应当重新提出注册申请。"

"经济合同，除即时清结者外，应当采用书面形式。"

"接受定金的一方不履行合同的，应当双倍返还定金。"

"有过错的一方应当赔偿对方因此所受的损失。"

"当事人一方或双方对仲裁不服的，可以在收到仲裁决定书之日起十五天内，向人民法院起诉。"

"允许外国公司同中国公司共同办合营企业。"

以上例子中，就有"必须""有……义务""禁止""不得""应当""可以""允许"等表示规范性的词项。法律逻辑要研究这些规范判断的逻辑分类及其逻辑关系。

二、法律规范判断的类型

法律规范判断以规定人们行为的程度、方式分为：必须规范判断、禁止规范判断、允许规范判断三类。

1. 所谓必须规范判断是指法律规定人们必须履行某种行为的判断，又称为义务性判断。例如：

"我国公民应当遵守宪法和法律。"

"遗嘱应当对缺乏劳动能力又没有生活来源的继承人保留必要的遗产份额。"

"成立公司必须经过批准，并办理登记注册手续。"

"监护人应当履行监护职责。"

"公民、法人由于过错侵害国家的、集体的财产，侵害他人财产、人身的，应当承担民事责任。"

"成年子女有赡养扶助父母的义务。"

"遗嘱必须表示遗嘱人的真实意思，受胁迫、欺骗所立的遗嘱无效。"

"我国公民有依法纳税的义务。"

以上均为必须规范判断，其中规范词项是通过"应当""必须""有……义务"等语词来表示的。

必须规范判断公式为：必须 P。

2. 所谓禁止规范判断是指法律规定人们禁止实行某种行为的判断。例如：

"严厉禁止卖淫、嫖宿暗娼以及介绍或者容留卖淫、嫖宿暗娼。"

"严厉禁止违反政府规定种植罂粟等毒品原植物。"

"严厉禁止赌博或者为赌博提供条件。"

"严厉禁止制作、复制、出售、出租或者传播淫书、淫画、淫秽录像或者其他淫秽物品。"

"任何人不得侵吞或者争抢他人的遗产。"

"自书、代书、录音、口头遗嘱，不得撤销、变更公证遗嘱。"

"继承人、受遗赠人不能作为遗嘱见证人。"

"禁止破坏婚姻自由，禁止虐待老人、妇女和儿童。"

以上均为禁止规范判断，其中判断词项是通过"禁止""不得""不可""不准""不能"等语词表示的。

禁止规范判断公式：禁止 P。

3. 所谓允许规范判断是指法律规定允许履行某种行为的判断。允许履行是指可以履行某种行为，但不是必须履行某种行为。例如：

"公民可以与扶养人签订遗赠扶养协议。"

"公民可以与集体所有制组织签订遗赠扶养协议。"

"遗嘱人可以撤销、变更自己所立的遗嘱。"

"公民可以依法立遗嘱处分个人财产，并可以指定遗嘱执行人。"

"公民可以立遗嘱将个人财产赠给国家、集体或者法定继承人以外的人。"

"专利代理人可以接受聘请，担任专利顾问。"

"律师可以担任法律顾问。"

"又聋又哑的人或者盲人犯罪，可以从轻、减轻或者免除处罚。"

"对于未遂犯，可以比照既遂犯从轻或者减轻处罚。"

"公民有宗教信仰自由。"

"公民有言论、出版、集会、结社、游行、示威的自由。"

"公民对于国家机关和国家工作人员，有提出批评和建议的权利。"

"公诉人在法庭上宣读起诉书后，被告人、被害人可以就起诉书指控的犯罪进行陈述，公诉人可以讯问被告人。"

"被害人、附带民事诉讼的原告人和辩护人、诉讼代理人，经审判长许可，可以向被告人发问。审判人员可以讯问被告人。"

"被告人的辩护人和近亲属，经被告人同意，可以提出上诉。"

以上均为允许规范判断，其中规范词项是通过"允许""容许""准予""可以""有……自由""有……权利"等语词表示的。

三、法律规范判断之间的逻辑关系

同一素材的法律规范判断，和同一素材的性质判断一样，存在着真假对错的逻辑关系。法律规范判断之间的逻辑关系也可以用逻辑方阵图表示。图示如下：

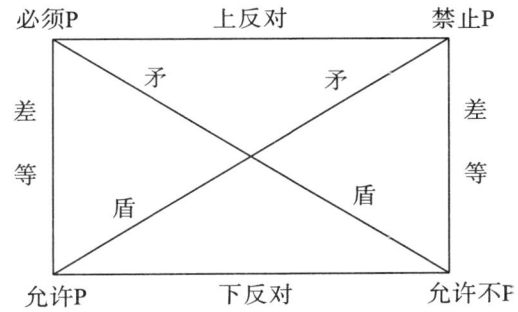

法律规范判断之间逻辑关系的规则如下：

1. 上反对关系（必须 P 与禁止 P）的逻辑规则是：两者必有一假，可能两者都假；由真可以推假，由假推则真假不定。

2. 下反对关系（允许 P 与允许不 P）的逻辑规则是：两者必有一真，可能两者都真；由假可以推真，由真推则真假不定。

3. 矛盾关系（禁止 P 与允许 P，必须 P 与允许不 P）的逻辑规则是：两者必有一真，两者必有一假；由真可以推假，由假可以推真。

4. 差等关系（必须 P 与允许 P，禁止 P 与允许不 P）的逻辑规则是：由必须 P（或禁止 P）真，推出允许 P（或允许不 P）真；由允许 P（或允许不 P）假，推出必须 P（或禁止 P）假；由必须 P（或禁止 P）假，推出允许 P（或允许不 P）真假不定；由允许 P（或允许不 P）真，推出必须 P（或禁止 P）真假不定。

四、法律规范判断的负判断及其等值判断

所谓法律规范判断的负判断是指法律规范判断的否定判断。等值判断是指真假值相等的判断，既包括原判断的等值判断，又包括负判断的等值判断。下面以我国婚姻法关于结婚的法定年龄为例，试说明原判断、负判断、等值判断的形式。

① "男方不得早于二十二岁。"（禁止 P，真）
② "男方必须不早于二十二岁。"（必须不 P，真）
③ "男方不允许早于二十二岁。"（不允许 P，真）
④ "并非男方不得早于二十二岁。"（并非禁止 P，假）
⑤ "男方允许早于二十二岁。"（允许 P，假）

以上①和②、③是等值判断，④和⑤是等值判断，①和④、⑤是矛盾关系判断，④是①的负判断。上述各种关系可用下表说明：

法律规范判断原型	判断原型的等值判断	判断原型的负判断	负判断的等值判断
必须 P	不允许不 P	并非必须 P	允许不 P
禁止 P	不允许 P	并非禁止 P	允许 P
允许 P	不禁止 P	并非允许 P	禁止 P
允许不 P	不必须 P	并非允许不 P	必须 P

练习题

一、单项选择题

1. "张华和李方是同乡"这一判断是（　　）。
   ①性质判断　　　②关系判断　　　③联言判断　　　④复合判断
2. "某甲教唆某乙"，其中"教唆"是（　　）。
   ①对称关系、传递关系　　　　　　②非对称关系、反传递关系
   ③反对称关系、非传递关系　　　　④非对称关系、非传递关系
3. 由"某甲必然是凶手"假，可推出（　　）。
   ①某甲必然不是凶手真　　　　　　②某甲可能不是凶手真
   ③某甲必然不是凶手假　　　　　　④某甲可能不是凶手假
4. 已知 aRb 真，bRc 真，aRc 也真，R 就是（　　）。
   ①非对称关系　　②传递关系　　　③反传递关系　　　④非传递关系
5. "禁止非法拘禁他人"和"允许非法拘禁他人"这两个判断之间是（　　）。
   ①上反对关系　　②下反对关系　　③矛盾关系　　　　④差等关系

二、简答题

1. 什么是关系判断？其逻辑结构式如何？所讲的关系判断各有何逻辑特征？
2. 何为模态判断？简单模态判断分哪几种？
3. 规范判断的基本定义是什么？其主要类型有哪些？

三、实例分析题

1. 某甲因杀害了同单位某女被指控犯有杀人罪。在讯问中，某甲就其杀人动机与办案人员有一段对话。

    问：你为什么杀她？
    答：因为我爱她。
    问：她爱你吗？
    答：我很爱她，她也应该爱我！
    问：既然你很爱她，为什么又要杀她？
    答：因为她不爱我。

    请用关系判断的知识，指出甲犯了什么逻辑错误？

2. "甲犯常与乙犯接触，关系密切，但乙犯同甲犯可不常接触，关系不怎么密切呀！"这句话是否存在逻辑错误？为什么？
3. 甲说："李某可能是罪犯。"乙说："那你是认为李某不可能不是罪犯了。"请问，乙对甲的话理解是否正确？为什么？
4. 下列判断属于哪一种关系判断？
   （1）张三和李四是同乡。
   （2）某甲和某乙是同案犯。
   （3）李某认识王某。
   （4）甲比乙大两岁。

5. 指出下列各组模态判断之间的逻辑关系。

(1) $\begin{cases} 凶手必然没有作案时间 \\ 凶手必然有作案时间 \end{cases}$

(2) $\begin{cases} 某甲可能会作案 \\ 某甲必然不会作案 \end{cases}$

(3) $\begin{cases} 张三可能是凶手 \\ 张三可能不是凶手 \end{cases}$

(4) $\begin{cases} 某人可能得到假释 \\ 某人必然会得到假释 \end{cases}$

第五章 判断论（下）

教学目的和要求：
本章主要讲述复合判断，它是由两个或两个以上的简单判断通过一定的逻辑联系词联结而成的。复合判断因构成它的肢判断之间的逻辑关系不同而形成不同的复合判断形式，分为联言判断、选言判断、假言判断和负判断等几种基本形式。任何判断都有真假，复合判断也不例外。由于复合判断是由肢判断构成的，因此，复合判断的真假取决于组成该复合判断的肢判断的真假。要求重点掌握各种复合判断的逻辑特征，善于识别自然语言所表达的复合判断形式，学习并掌握各种复合判断的真假标准，熟悉各种复合判断的负判断及其等值判断的逻辑公式。了解真值表的作用并掌握其制作过程，善于将自然语言表达的复合判断，准确地用逻辑公式来表达，并熟练地进行复合判断形式之间的转换。

教学要点：
联言判断的真假标准
相容选言判断和不相容选言判断
充分条件假言判断
必要条件假言判断
真值表
复合判断的负判断及其等值判断

第一节 联言判断

一、联言判断的概念

所谓联言判断是指断定若干事物或情况同时存在的复合判断。复合判断是由简单的性质判断组成的。例如：

"刑法不仅保护公有财产，而且也保护公民私人所有的财产。"

这个例子断定了刑法的两种功能，并且这个例子是由"刑法是保护公有财产"和"刑法是保护公民私人所有的财产"这两个简单的性质判断组成。

二、联言判断的特征

1. 联言判断由几个肢判断组成，又叫联言肢。一般用英文字母表示，如：p，q，r，s……

2. 联言判断由特定的逻辑联系词,将肢判断联系起来。汉语一般表示为:"……和……""……并且……""不但……而且""既……又……""……也……"等。联系词的逻辑符号是"∧",称为"合取"。

3. 联言判断公式为:p∧q。例如:我国《宪法》第42条规定:"中华人民共和国公民有劳动的权利和义务。"可解释成:"中华人民共和国公民有劳动的权利"(p)和"中华人民共和国公民有劳动的义务"(q),如果用公式表示,则为:p∧q。

三、联言判断的类型

联言判断依据不同的标准分为不同的类型。

若以联言判断所陈述的内容为标准,可分为:并列型、递进型、转折型三种。

所谓并列型是指组成联言判断的联言肢是并列关系,如果联言肢颠倒、交换位置,其意义是不变的。例如:

①"某人既是盗窃犯又是教唆犯。"
②"某人既是教唆犯又是盗窃犯。"

这样的联言判断,其中联言肢颠倒、交换位置后,①和②联言判断的意义是一致的。

所谓递进型是指联言判断中的联言肢是有层次性的,前一个联言肢是后一个联言肢的基础,后一个联言肢是前一个联言肢的进一层,后者较之前者更为重要、更为严重。例如:

"某人不仅不赡养年老的父母,而且还虐待其父母。"

这样的联言判断,其中联言肢不能颠倒,后者较之前者更为严重,是前者进一步朝坏的方面发展。前者不包含后者,但是,后者却包含了前者。

所谓转折型是指联言判断中的联言肢虽属于并存关系,但是,着眼点在于强调后者。例如,《刑法》第16条规定:"行为在客观上虽然造成了损害结果,但是,不是出于故意或者过失,而是由于不能抗拒或者不能预见的原因所引起的,不是犯罪。"这条就是联言判断,既强调行为在客观上造成损害结果是犯罪的重要条件之一,又指出在特定条件下,虽然有损害结果产生,但不是犯罪行为,着重强调了后者。在法律用语中的转折型联言判断,又称之为"但书"。

若以联言判断的逻辑结构为标准,可分为:同主异谓、同谓异主、异主异谓三种类型。

所谓同主异谓型是指联言判断中主项相同而谓项不同,它所反映的是一事物具有多种属性。例如:

"捏造事实诽谤他人,情节严重的行为不仅是违法的,而且是犯罪的。"

所谓同谓异主型是指联言判断中的肢判断谓项相同而主项不同。它反映的是不同事物具有共同的属性。例如:

"已满16岁的人犯罪和醉酒的人犯罪,都应当负刑事责任。"

所谓异主异谓型是指联言判断中的肢判断主项和谓项都不相同。它反映的是有联系的事物的不同性质。例如:

"在这件共同犯罪案件中,甲是主犯,而乙是从犯。"

四、联言判断真假的标准

一个联言判断的真或假可以从两方面衡量,一方面从其内容来分析,只有当其符合实际就是真的,反之则是假的;另一方面是从其逻辑的结构来分析,只有当联言肢都真时,这样的联言判断才真,否则就是假的。为了从抽象的逻辑结构方面说明联言判断的真假,请看下面真假值表:

p	q	p∧q	$\overline{p \wedge q}$
+	+	+	−
+	−	−	+
−	+	−	+
−	−	−	+

(注:p和q分别表示联言判断的肢判断,"+"号表示"真","−"号表示"假",p∧q表示联言判断,$\overline{p \wedge q}$表示联言判断的负判断。)

从上表不难看出,只有当联言肢都真的时候,这样肢判断所构成的联言判断才是真的;如果有一个肢判断假,或者两个肢判断都假,那么,由此肢判断所构成的联言判断则假。

五、联言判断的负判断及其等值判断

所谓联言判断的负判断是指否定联言判断的判断。联言判断和其负判断的关系是矛盾关系,如果联言判断真,则其负判断假;如果联言判断假,则其负判断真。

例①:"公民依法享有民事权利(p),并且承担民事义务(q)。"(联言判断,真值,公式:p∧q)

例②:"并非公民依法享有民事权利(p),并且承担民事义务(q)。"(联言负判断,假值,公式:$\overline{p \wedge q}$)关于联言判断与其负判断真假值情况可见上页表。

所谓联言负判断的等值判断是指和该负判断真假值相等的判断。如果该负判断真,则其等值判断也真;反之,如果该负判断假,则其等值判断也假。根据前面联言判断真假值表不难得出这样的结论,即联言肢有一个假,或者两个都假的时候,所构成的联言判断是假的,而构成的负判断则是真的。由此又可得出以下结论:联言判断的负判断等值于联言肢否定的选言判断。公式为:$\overline{p \wedge q} \leftrightarrow (\overline{p} \vee \overline{q})$。

公式比较见下表:

联言判断	其负判断	负判断的等值判断
p∧q	$\overline{p \wedge q}$	$\overline{(p \wedge q)} \leftrightarrow [(\overline{p} \wedge q) \vee (p \wedge \overline{q}) \vee (\overline{p} \wedge \overline{q})]$

六、联言判断应该注意的问题

1. 要注意划清联言判断与关系判断的区别,不妨先看两个例子:

① "某甲和某乙是同案犯。"(关系判断)

②"某甲和某乙是盗窃犯。"(联言判断)

这两个判断的区别在哪里?根本区别在于例①不能分解为两个简单判断,不能说"某甲是同案犯""某乙是同案犯"。如果这么说,其意未尽,自然会引起别人提出"和谁同案"?因为"同案"是关系项,单就一个对象而言不存在"同案",只有两个犯罪对象才可能产生是否"同案"的问题。而例②可以分解为两个性质判断,即"某甲是盗窃犯""某乙是盗窃犯"。这两个判断分别断定了甲和乙是犯了盗窃罪,意思是明确的,没有歧义。

2. 在法律条文中,联言判断的逻辑联项不仅仅局限于常用的语词,如"和""不但……而且""但是"等,此外,还有独特的语词表示方式,如"……法律没有规定的……""……法律有规定的才……"等,这些语词前后的内容是并存的,是同时为真的。只不过前者为一般规定,后者为特殊规定而已。例如,我国《公司法》第217条规定:"外商投资的有限责任公司和股份有限公司适用本法;有关外商投资的法律另有规定的,适用其规定。"在这里,"法律另有规定"是转折型,后面的内容是对前者的补充,是对一般法与特殊法的选择适用作出的规定。

3. 要正确理解法律条文中联言判断的关系。例如,我国《刑法》第14条规定:"明知自己的行为会发生危害社会的结果,并且希望或者放任这种结果发生,因而构成犯罪的,是故意犯罪。"这个条文是对故意犯罪下定义,而按逻辑分析则有两种故意犯罪,而每种故意犯罪都是联言判断。具体分析如下:

(1)"明知自己的行为会发生危害社会的结果(p),并且希望这种结果发生(q),因而构成犯罪的(s),是故意犯罪(y)。"公式为:$(p \land q \land s) \rightarrow y$。

(2)"明知自己的行为会发生危害社会的结果(p),并且放任这种结果发生(t),因而构成犯罪的(s),是故意犯罪(y)。"公式为:$(p \land t \land s) \rightarrow y$。

上述两个联言判断的公式归并为:$[p \land (q \lor t) \land s] \leftrightarrow y$。

第二节 选言判断

一、选言判断的概念

所谓选言判断是指断定若干事物情况中,至少有一种情况是真实存在的复合判断。例如:

①"某甲要么是故意犯罪,要么是过失犯罪。"

②"某甲或者是盗窃犯,或者是杀人犯,或者是放火犯。"

在例①中至少一个真,也只能一个真,既不能同时真,也不能是同时假。因为,既然确认了犯罪事实,从主观方面来说,某甲不是过失就是故意。而例②则不然,当被告人被指控犯有盗窃、杀人、放火罪行后,经审理有确凿事实(人证、物证等)证明被告人犯了盗窃、杀人、放火的罪行,应按数罪并罚处理。因此,某甲既是盗窃犯又是杀人犯还是放火犯。例②中不仅有一个真,并且同时都真。例①和例②均为选言判断,它们的共同点在于至少有一种情况真,至于例①和例②的区别将在选言判断的类型中分析。

二、选言判断的特征

1. 选言判断由几个肢判断组成，又叫选言肢。一般用英文字母表示，如：p，q，r，s……

2. 选言判断由特定的逻辑联系词将肢判断联系起来。如："或者""要么……要么……""也许……也许……""不是……就是……"等。联系词的逻辑符号是"∨"，称之为"析取"。

3. 选言判断的公式为：p∨q。

例①：我国《刑法》第 17 条规定："已满十四周岁不满十八周岁的人犯罪，应当从轻或者减轻处罚。"公式为：p→（r∨s）。

例②：我国《刑法》第 19 条规定：又聋又哑的人（p）或者盲人（q）犯罪，可以从轻（s）、减轻（t）或者免除处罚（y）。公式为：（p∨q）→（s∨t∨y）。

例③：我国《民事诉讼法》第 22 条规定：下列民事诉讼，由原告住所地人民法院管辖（S）；原告住所地与经常居住地不一致的，由原告经常居住地人民法院管辖（T）：

(1) 对不在中华人民共和国领域内居住的人提起的有关身份关系的诉讼（P_1）；

(2) 对下落不明或者宣告失踪的人提起的有关身份关系的诉讼（P_2）；

(3) 对被劳动教养的人提起的诉讼（P_3）；

(4) 对被监禁的人提起的诉讼（P_4）。

用公式表示为：（S∨T）管辖（P_1∨P_2∨P_3∨P_4）。

三、选言判断的类型

选言判断以选言肢是否同时都真为标准，分为下面两类：

1. 相容的选言判断。所谓相容的选言判断是指在选言判断中，其选言肢至少有一个是真实的，也可能几个选言肢同时都是真实的。换言之，选言肢之间不是相互排斥的矛盾关系，而是可以并存的相容关系。例如，我国《民事诉讼法》第 23 条规定："因合同纠纷提起的诉讼，由被告住所地或者合同履行地人民法院管辖。"这里断定了凡是因合同纠纷引发的诉讼，被告住所地和合同履行地人民法院都具有管辖权，而不是其中一个法院有管辖权。又例如，我国《消费者权益保护法》第 52 条规定："经营者提供商品或者服务，造成消费者财产损害的，应当依照法律规定或者当事人约定承担修理、重作、更换、退货、补足商品数量、退还货款和服务费用或者赔偿损失等民事责任。"上述法律条文中规定经营者承担民事责任的方式是多样的，但是，并非只能让经营者通过一种方式承担责任，消费者可以同时主张几种方式要求经营者承担责任。

相容的选言判断公式为：p∨q。

2. 不相容的选言判断。所谓不相容的选言判断是指在选言判断中，其选言肢只有一个是真实的，不可能同时为真。换言之，选言肢之间是相互排斥的矛盾关系，两者不能同真，也不能同假，不能并存。例如，我国《刑法》第 22 条第 2 款规定："对于预备犯，可以比照既遂犯从轻、减轻处罚或者免除处罚。"《刑法》第 23 条第 2 款规定："对于未遂犯，可以比照既遂犯从轻或者减轻处罚。"上述两个法律条文中规定的处罚方式，适用时只能选用一种，不能同时并处，即要么从轻，要么减轻，要么免除处罚，三者是有严格界限的,有质的区别,是不相容的。

不相容的选言判断公式为:p $\dot\vee$ q。

四、选言判断真假的标准

从逻辑角度讲,不同类型的选言判断真假情况不同。就相容的选言判断而言,至少要有一个选言肢是真的,并且各选言肢可以同时为真。这样的相容选言判断才是真的;反之,若一个选言肢也不真,则为假的选言判断。就不相容的选言判断来说,只能是一个选言肢是真的,既不能同时为真,也不能同时为假,这样的不相容的选言判断才是真的;反之,如果选言肢都是假的,或者选言肢都是真的,对于不相容的选言判断来讲,则是假的选言判断。为了说明上述道理,可参见下面真假值表:

p	q	p∨q	$\overline{p\vee q}$	p $\dot\vee$ q	$\overline{p\dot\vee q}$
+	+	+	−	−	+
+	−	+	−	+	−
−	+	+	−	+	−
−	−	−	+	−	+

(注:p和q表示选言判断的肢判断。"+"表示真,"−"表示假,$\overline{p\vee q}$表示相容选言判断的负判断,读作"并非p或q"。$\overline{p\dot\vee q}$表示不相容选言判断的负判断,读作"并非要么p要么q"。)

五、选言判断的负判断及其等值判断

所谓选言判断的负判断是指否定选言判断的判断。选言判断和其负判断的关系是矛盾关系,如果选言判断真,则其负判断假;反之,如果选言判断假,则其负判断真(见上表)。

例①:"某甲是故意犯罪(p),或过失犯罪(q)。"[不相容选言判断,公式为p $\dot\vee$ q,真值。]

例②:"并非某甲是故意犯罪(p),或过失犯罪(q)。"(例①的负判断,公式为$\overline{p\dot\vee q}$,假值。)

例③:"某乙或是盗窃犯(p),或是强奸犯(q)。"(相容选言判断,公式为p∨q,真值。)

例④:"并非某乙是盗窃犯(p),或是强奸犯(q)。"[例③的负判断,公式为($\overline{p\vee q}$),假值。]

所谓选言判断的负判断的等值判断是指和该负判断真假值相等的判断。如果选言判断的负判断真,则其等值判断也真;反之,如果选言判断的负判断假,则其等值判断也假。根据前面选言判断的等值表,可得出以下结论:

1. 相容选言判断的负判断等值于选言肢否定的联言判断。公式为:($\overline{p\vee q}$) ↔ ($\overline{p}\wedge\overline{q}$)。

2. 不相容选言判断的负判断等值于选言肢否定的联言判断，或者选言肢肯定的联言判断。公式为：$\overline{(p \vee q)} \leftrightarrow [(\overline{p} \wedge \overline{q}) \vee (p \wedge q)]$。

六、选言判断应该注意的问题

1. 要区别两种选言判断的真假值。

2. 要注意法律条文中选言判断与联言判断的界限，尽管有时逻辑联系词相同，但未必是同一类型判断，有时用顿号把肢判断隔开也未必是同一类型判断。例如：

①我国《刑法》第20条规定："为了使国家、公共利益、本人或者他人的人身、财产和其他权利免受正在进行的不法侵害，而采取的制止不法侵害的行为，对不法侵害人造成损害的，属于正当防卫，不负刑事责任。"在这一条文中，有个"和"字，这里的"和"不是"合取"的意思，而是"析取"的意思。

②我国《刑法》第64条规定："犯罪分子违法所得的一切财物，应当予以追缴或者责令退赔；对被害人的合法财产，应当及时返还；违禁品和供犯罪所用的本人财物，应当予以没收。没收的财物和罚金，一律上缴国库，不得挪用和自行处理。"在这一条文中，有三个"和"字，这里的"和"不是"析取"的意思，而是"合取"的意思。

因此，分析法律条文是属于联言判断，还是属于选言判断，要做细致的逻辑分析，不能仅从联系词来简单认定其判断类型。

3. 实践中运用选言判断时，必须认真注意选言肢的穷尽问题。应当力求使选言判断的选言肢穷尽有关情况的一切可能性，从而才能使选言判断的真实性得到保证。

第三节　假言判断

一、假言判断的概念

所谓假言判断是指断定事物之间存在某种条件关系的复合判断。例如我国《刑法》第17条规定：

"已满十六周岁的人犯罪，应当负刑事责任。"

"已满十四周岁不满十六周岁的人，犯故意杀人、故意伤害致人重伤或者死亡、强奸、抢劫、贩卖毒品、放火、爆炸、投毒罪的，应当负刑事责任。"

"已满十四周岁不满十八周岁的人犯罪，应当从轻或者减轻处罚。"

"因不满十六周岁不予刑事处罚的，责令他的家长或者监护人加以管教；在必要的时候，也可以由政府收容教养。"

这一条文中，共有四款。每款都是一个假言判断。

二、假言判断的特征

1. 假言判断是由两个简单性质判断组成，前一个肢判断是后一个肢判断存在的条件。肢判断用英文字母 p、q 表示。

2. 假言判断由特定的逻辑联系词将肢判断有机地联系起来。如汉语表示为："如果……那么……""一旦……就……""只有……才……""当且仅当……""一定是……"等。联系词的逻辑符号为"→",称之为"蕴涵"。

3. 假言判断公式为:$p \rightarrow q$。

三、假言判断的类型

假言判断依据肢判断的关系,分为充分条件假言判断、必要条件假言判断、充分必要条件假言判断三种。

1. 所谓充分条件假言判断是指假言判断中的前一个肢判断(又称"前件")是后一个肢判断(又称"后件")存在的条件之一。这种判断反映了客观事物之间多种原因之一、诸种条件之一、多种因素之一等关系,即各个因素可分别引起某一个结果的关系。

简言之,反映了"多因一果"的关系,如下所示:

$p_1 \rightarrow q$

$p_2 \rightarrow q$

……

$p_n \rightarrow q$

解释:p_1可以产生 q,p_2也可以产生 q……

充分条件假言判断的逻辑关系如下:

(1) 有前件 p,一定有后件 q;

(2) 无后件 q,一定无前件 p;

(3) 有后件 q,不一定有前件 p;

(4) 无前件 p,不一定无后件 q。

例如,在我国刑法总则中,对于犯罪分子根据其犯罪情节轻重、犯罪分子的年龄,以及共同犯罪中的作用大小等等情况,在处罚时有"从轻处罚","从重处罚","从轻、减轻处罚","减轻、免除处罚","从轻、减轻或者免除处罚"等规定。假如把上述法律规定作为假言判断的后件,那么,其前件则是多样的,只要有符合上述法律规定的条件之一,就可适用上述规定。例如:

①如果罪犯已满十四周岁不满十八周岁,那么应当从轻或者减轻处罚(参见《刑法》第 17 条)。

②如果是未遂犯,那么可以比照既遂犯从轻或者减轻处罚(参见《刑法》第 23 条)。

③如果被教唆的人没有犯被教唆的罪,那么对于教唆犯,可以从轻或者减轻处罚。(参见《刑法》第 29 条)。

以上三个例子说明,任何一个例子中的前件如果存在,就可导致"从轻或者减轻处罚"的结果;但是,不能由于某人受到"从轻或者减轻处罚"的结果,必然推导出该罪犯一定是"未遂犯"。

充分条件假言判断的逻辑公式为:$p \rightarrow q$。

2. 所谓必要条件假言判断是指假言判断中的前件是后件存在的必不可少的条件。它反映了客观事物之间多种原因、诸种因素、多种条件共同作用,引起某一个结果的关系。换言之,它反映了客观事物之间"复因一果"的关系,如下所示:

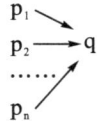

解释：$p_1 \cdots p_n$ 都存在，才产生 q。其中，任何一个 p 对 q 来说是不可缺少的。

必要条件假言判断的逻辑关系如下：

(1) 无前件 p，一定无后件 q；

(2) 有后件 q，一定有前件 p；

(3) 有前件 p，不一定有后件 q；

(4) 无后件 q，不一定无前件 p。

例如，我国《公司法》第 23 条对有限责任公司设立的条件做了明文规定："（一）股东符合法定人数；（二）有符合公司章程规定的全体股东认缴的出资额；（三）股东共同制定公司章程；（四）有公司名称，建立符合有限责任公司要求的组织机构；（五）有公司住所。"这一法律条文规定了有限责任公司设立的必要条件，缺少其中任何一个条件，有限责任公司就不能成立；只有具备五个条件，有限责任公司才能成立。为了强调其中某一个条件，就可用必要条件假言判断形式表示。表示的方法有二："只有具有住所的组织，才算是有限责任公司。""不具有住所的组织，一定不算是有限责任公司。"

又如，我国《票据法》第 22 条规定："汇票必须记载下列事项：（一）表明'汇票'的字样；（二）无条件支付的委托；（三）确定的金额；（四）付款人名称；（五）收款人名称；（六）出票日期；（七）出票人签章。汇票上未记载前款规定事项之一的，汇票无效。"当事人可以参照各类汇票的格式文本出具汇票。这一法律条文规定了汇票合法有效的必要条件，其中任何一个条件对于合法有效的汇票，都是不可缺少的。如果缺少其中任何一个条件，就会导致汇票无效。在司法实践中，为了强调其中某一条件，可用以下必要条件假言判断表达："只有当汇票记载了确定的金额，才算是有效的合法的汇票。""不记载确定金额的汇票，不是有效的合法的汇票。"

必要条件假言判断的逻辑公式为：$p \leftarrow q$。

3. 所谓充分必要条件假言判断是指假言判断中的前件是后件存在的唯一条件，而后件又是前件的唯一结果。它反映了客观事物之间直接的因果关系，即"一因一果"的关系、互为因果的关系。公式为：$p \leftrightarrow q$。

解释：p 可以产生 q，反之，无 p 必无 q。

充分必要条件假言判断的逻辑关系如下：

(1) 有前件 p，一定有后件 q；

(2) 无前件 p，一定无后件 q；

(3) 有后件 q，一定有前件 p；

(4) 无后件 q，一定无前件 p。

例如，当我们分析某人是否具备犯罪构成的主观要件时，可以用充分必要条件假言判断来说明，即"如果某人存在犯罪主观方面的条件，那他就会实施危害社会的行为及其危害结果的心理状态。"又如，当我们分析某人是否构成故意杀人罪或过失致人死亡罪时，也可用充分必要条件假言判断来说明。"只有并且仅仅只有故意非法剥夺他人生命的行为，才算是故意杀人罪。""只有并且仅仅只有过失剥夺他人生命的行为，才构成过失致人死亡罪。"

充分必要条件假言判断的逻辑公式为：p↔q。

四、假言判断的真假标准

从逻辑角度讲，假言判断的真假标准不仅在于是否有逻辑联系词，而着重在于前后件的推断关系，是否符合各类型假言判断的前件和后件的特定的逻辑关系，根据三种假言判断前件和后件的逻辑关系，可以综合为下表：

p	q	p→q	p←q	p↔q
+	+	+	+	+
+	−	−	+	−
−	+	+	−	−
−	−	+	+	+

五、假言判断的负判断及其等值判断

所谓假言判断的负判断是指否定假言判断的判断。假言判断和其负判断在真假值上存在矛盾关系。如果假言判断真，则其负判断假；反之，如果假言判断假，则其负判断真。

所谓假言判断负判断的等值判断是指和假言判断负判断真假值相等的联言判断，请参看下表：

类型	原公式	负判断公式	负判断等值方式
充分条件	p→q	$\overline{p→q}$	p∧$\bar{q}$
必要条件	p←q	$\overline{p←q}$	$\bar{p}$∧q
充分必要条件	p↔q	$\overline{p↔q}$	(p∧$\bar{q}$) ∨ ($\bar{p}$∧q)

下面是充分条件假言判断的三个例子：

① "如果是未遂犯，那么，可以比照既遂犯从轻或者减轻处罚。"（p→q）真。
② "并非如果是未遂犯，那么，可以比照既遂犯从轻或者减轻处罚。"（$\overline{p→q}$）假。
③ "是未遂犯，但是不可以比照既遂犯从轻或者减轻处罚。"（p∧$\bar{q}$）假。

下面是必要条件假言判断的三个例子：

① "只有依法成立，才能取得法人资格。"（p←q）真。
② "并非只有依法成立，才能取得法人资格。"（$\overline{p←q}$）假。
③ "不依法成立，却取得法人资格。"（$\bar{p}$∧q）假。

下面是充分必要条件假言判断的四个例子：

① "只有并且仅仅只有过失剥夺他人生命的行为，才构成过失杀人罪。"（p↔q）真。

② "并非只有并且仅仅只有过失剥夺他人生命的行为，才构成过失杀人罪。"（$\overline{p↔q}$）假。

③ "过失剥夺他人生命的行为,但不构成过失杀人罪。"(p∧$\bar{q}$)假。

④ "不是过失剥夺他人生命的行为,但却构成过失杀人罪。"($\bar{p}$∧q)假。

六、假言判断应该注意的问题

1. 要分清三种不同类型假言判断中前件和后件的逻辑关系,掌握各种逻辑公式。

2. 正确领会法律条文中对于不同类型假言判断所适用的语词表现形式,因为,在法律条文中除了用简单的逻辑联系词表明假言判断前件和后件的逻辑关系外,更多的则用其他形式表示,因此,要进行科学分析。

例如,我国《民事诉讼法》第 200 条规定:"当事人的申请符合下列情形之一的,人民法院应当再审:(一)有新的证据,足以推翻原判决、裁定的;(二)原判决、裁定认定的基本事实缺乏证据证明的;(三)原判决、裁定认定事实的主要证据是伪造的;(四)原判决、裁定认定事实的主要证据未经质证的;(五)对审理案件需要的主要证据,当事人因客观原因不能自行收集,书面申请人民法院调查收集,人民法院未调查收集的;(六)原判决、裁定适用法律确有错误的;(七)审判组织的组成不合法或者依法应当回避的审判人员没有回避的;(八)无诉讼行为能力人未经法定代理人代为诉讼或者应当参加诉讼的当事人,因不能归责于本人或者其诉讼代理人的事由,未参加诉讼的;(九)违反法律规定,剥夺当事人辩论权利的;(十)未经传票传唤,缺席判决的;(十一)原判决、裁定遗漏或者超出诉讼请求的;(十二)据以作出原判决、裁定的法律文书被撤销或者变更的;(十三)审判人员审理该案件时有贪污受贿,徇私舞弊,枉法裁判行为的。"

又如《民事诉讼法》第 209 条第 1 款规定:"有下列情形之一的,当事人可以向人民检察院申请检察建议或者抗诉:(一)人民法院驳回再审申请的;(二)人民法院逾期未对再审申请作出裁定的;(三)再审判决、裁定有明显错误的。"

再如《民事诉讼法》第 256 条第 1 款规定:"有下列情形之一的,人民法院应当裁定中止执行:(一)申请人表示可以延期执行的;(二)案外人对执行标的提出确有理由的异议的;(三)作为一方当事人的公民死亡,需要等待继承人继承权利或者承担义务的;(四)作为一方当事人的法人或者其他组织终止,尚未确定权利义务承受人的;(五)人民法院认为应当中止执行的其他情形。"

以上例子中,各具体情况是假言判断的前件,而原则规定是假言判断后件,不过在这里是顺序颠倒。上述例子反映了充分条件关系,其特定的表示方式,以"有下列情形之一的","有下列行为之一的","下列人员不能"等等语句表示。

至于必要条件的假言判断,在法律条文中往往用"应具备以下主要条款","应具备下列条件"等等语句,表示条文中一般规定与具体条件的逻辑关系。

例如,我国《民事诉讼法》第 119 条规定:"起诉必须符合下列条件:(一)原告是与本案有直接利害关系的公民、法人和其他组织;(二)有明确的被告;(三)有具体的诉讼请求和事实、理由;(四)属于人民法院受理民事诉讼的范围和受诉人民法院管辖的。"

我国《公司法》第 73 条规定:"设立股份有限公司,应当具备下列条件:(一)发起人符合法定人数;(二)有符合公司章程规定的全体发起人认购的股本总额或者募集的实收股本总额;(三)股份发行、筹办事项符合法律规定;(四)发起人制订公司章程，采用募集方式设立的经创立大会通过；（五）有公司名称，建立符合股份有限公司要求的组织机构；（六）有公司住所。"

以上的法律条文，分别规定了"民事起诉"的必要条件，"设立股份有限公司"的必要条件，这些条件缺一不可。

第四节 多重复合判断

一、多重复合判断的概念

所谓多重复合判断是指在一个复合判断中，包含了几个复合判断。例如：

①我国《刑法》第16条规定：行为在客观上虽然造成了损害结果（P），但是不是出于故意（Q）或者过失（M），而是由于不能抗拒（N）或者不能预见（O）的原因所引起的，不认为是犯罪（y）。

其公式为：$[P \wedge (Q \vee M) \wedge (N \vee O)] \leftrightarrow y$。

②我国《刑法》第263条规定：以暴力（P）、胁迫（G）或者其他方法（S）抢劫公私财物的（O），处三年以上（M）十年以下（N）有期徒刑，并处罚金（R）；有下列情形之一的，处十年以上有期徒刑（A）、无期徒刑（B）或者死刑（C），并处罚金（D）或者没收财产（E）：

(1) 入户抢劫的（H_1）；
(2) 在公共交通工具上抢劫的（H_2）；
(3) 抢劫银行或者其他金融机构的（H_3）；
(4) 多次抢劫或者抢劫数额巨大的（H_4）；
(5) 抢劫致人重伤、死亡的（H_5）；
(6) 冒充军警人员抢劫的（H_6）；
(7) 持枪抢劫的（H_7）；
(8) 抢劫军用物资或者抢险、救灾、救济物资的（H_8）。

（注：①条文中的英文字母是作者加的，为了便于下面写公式用；②以"有下列情形之一的"为界，在此之前用一公式表示，在此之后用另一公式表示。）

公式一：$[(P \vee G \vee S) \wedge O] \rightarrow [(M \vee N) \wedge R]$。

公式二：$[H_1 \vee H_2 \vee H_3 \vee H_4 \vee H_5 \vee H_6 \vee H_7 \vee H_8] \rightarrow [(A \vee B \vee C) \wedge (D \vee E)]$。

我国《刑法》第314条规定：隐藏（A）、转移（B）、变卖（C）、故意毁损（D）已被司法机关查封（E）、扣押（F）、冻结的财产（G），情节严重的（H），处三年以下有期徒刑（M）、拘役（N）或者罚金（O）。

公式：$[(A \vee B \vee C \vee D) \wedge (E \vee F \vee G) \wedge H] \rightarrow [M \vee N \vee O]$。

以上例子表明，在法律条文中，往往是以多重复合判断形式表示法律的内容。

二、如何分析多重复合判断

上述例子的公式中，有数学符号大、中、小括号，按数学方法应先从小括号开始，向中括号、大括号扩展开演算。但是，逻辑分析则从大括号开始，再向中括号、小括号逐步缩小范围分析，例题如下：
$\overline{[(p\lor q)\to r]\to[(S\land O)\to(y\lor H)]}$（负判断）

解题要求：①复合判断不能是负判断；
②简单判断可以是负判断。

解析：①把原题看作是一个充分条件假言判断的负判断。
$[(p\lor q)\to r]$＝前件，$[(S\land O)\to(y\lor H)]$＝后件。
② $[(p\lor q)\to r]\land\overline{[(S\land O)\to(y\lor H)]}$（原题的等值判断）
③ $[(p\lor q)\to r]\land[(S\land O)\land\overline{(y\lor H)}]$（对②中后件的解析）。
④ $[(p\lor q)\to r]\land[(S\land O)\to(\bar{y}\land\bar{H})]$（对③中负选言判断的解析）。

第五节　真值表

一、真值表的概念

"真"和"假"叫作判断的逻辑值，简称真值。判定复合判断真值情况的图表，叫真值表。

任何一个判断总是非真必假或非假必真的，即每一个判断总是在真、假二值中确切地取一值，但不能既取真值，又取假值。

简单判断的真值取决于其断定内容是否与客观实际相符合，也就是它所断定的主、谓项之间的关系，是否同这两个概念在客观方面之间的关系相一致。而复合判断因其断定的是各肢判断之间的关系，因而复合判断的真值取决于它所包含的各肢判断的真值组合。当然，从归根到底的意义上说，复合判断的真值还是取决于其断定的内容是否与实际相符合。

真值表以抽象的图表的方法，精确地表明每一种类型的复合判断的真或假，是如何依赖于其肢判断之间的真值组合的；除此之外，对于任何给定的两个复合判断形式，都可以通过制作一张真值表，以判明两者是否等值。

二、真值表的制作方法

现举一例，来说明真值表的制作步骤。
例如，用真值表方法判定下列①、②两个判断是否等值。
① "李某或者是盗窃犯，或者是诈骗犯。"
② "如果李某不是盗窃犯，就是诈骗犯。"

以上是两个具体判断，要用真值表判定二者是否等值，首先要确定二者的逻辑形式，进行符号化归。相同肢判断用相同符号表示，不相同的肢判断用不同符号表示。以下给出上例的解题步骤，是解答同类真值表方法的一般程序。

第一步：符号化归。
用 p 表示"李某是盗窃犯"，q 表示"李某是诈骗犯"；$\bar{p}$ 表示"李某不是盗窃犯"。
第一个判断的逻辑形式是 p 或者 q（$p\lor q$）。
第二个判断的逻辑形式是如果$\bar{p}$，那么 q（$\bar{p}\to q$）。

第二步：制作真值表。

根据复合判断形式的构成，由简而繁地列出这两个复合判断的各个组成部分。并依次求得各列公式的真值，从而完成如下真值表：

p	q	$\bar{p}$	p∨q	$\bar{p}$→q
+	+	−	+	+
+	−	−	+	+
−	+	+	+	+
−	−	+	−	−

第三步：根据真值表作出判定结论。

根据复合判断形式所列的各行真值情况得出判定结论。若二者的真值行行对应相同，就等值；若不同就不等值。

由真值表可见，①、②两个判断的真值完全相同，故两判断是等值的。

练习题

一、单项选择题

1．"或者A，或者B"这一真的相容选言判断的逻辑特征是（　　）。
①A和B必有一真，但不必同真　　②A和B必有一假，但不必同假
③A和B必有一真，但可同真　　④A真或B真

2．"不入虎穴，焉得虎子"。其中前者是后者的（　　）。
①充分条件　　②必要条件　　③充分必要条件　　④以上条件都不是

3．设p、q为假，这样，同"p或者q"相等值的判断是（　　）。
①p并且q　　②如果p，那么q　　③只有p，才q　　④当且仅当p，才q

4．已知"如果李某具有作案时间，那么就是本案作案人"为假，下述判断中为真的是（　　）。
①李某具有作案时间，是本案作案人
②李某具有作案时间，但不是本案作案人
③李某不具有作案时间，是本案作案人
④李某不具有作案时间，不是本案作案人

5．"并非某甲和某乙都是抢劫犯"。这句话是说（　　）。
①甲和乙都是抢劫犯　　②甲和乙都不是抢劫犯
③甲是抢劫犯，乙不是抢劫犯　　④或者甲不是抢劫犯，或者乙不是抢劫犯

二、多项选择

1．"并非李某和王某都是作案人"。与这一判断不等值的有（　　）。
①李某和王某都是作案人　　②李某和王某都不是作案人
③李某是作案人，王某不是作案人　　④李某不是作案人，王某是作案人
⑤或者李某不是作案人，或者王某不是作案人

2. 设 "p" "q" 为真，同 "p 并且 q" 相等值的判断是（　　　）。
① "p 或者 q"　　② "如果 p，那么 q"　　③ "只有 p，才 q"　　④ "并非 p 并且 q"
⑤ "并非 p 或者 q"

3. "不是所有的大学生都精通两门外语"。与这一判断不等值的是（　　　）。
① "有些大学生精通两门外语"　　　② "有些大学生不精通两门外语"
③ "所有大学生不精通两门外语"　　④ "并非有些大学生精通两门外语"
⑤ "并非有些大学生不精通两门外语"

4. "p 或者 q" 这一判断与 "如果非 p，那么 q" 这两个判断之间的关系是（　　　）。
①不同真，可同假的关系　　②不同假，可同真的关系　　③可同真，可同假的关系
④矛盾关系　　⑤等值关系

5. 当 p 真 q 假时，则（　　　）。
① "p 并且 q" 真　　② "p 或者 q" 真　　③ "只有 p，才 q" 真　　④ "如果 p，那么 q" 真　　⑤ "p 并且 q" 假

三、判断分析

1. "王某和张某的行为都是违法的"。这是一个联言判断。
2. "并非某甲或者某乙是作案人"。这句话是说 "某甲和某乙都不是作案人"。
3. 已知 "如果张某具有作案时间，那么就是本案作案人"。这种说法是不对的，我们可以确定的是 "张某没有作案时间，也不是本案作案人"。
4. "小王或者是审判员，或者是书记员。" 与 "如果小王不是审判员，小王就是书记员。" 这两个判断是等值的。
5. "并非只有李某贪污，才会犯罪"。这句话是说 "李某没有贪污，也没有犯罪"。

四、简答题

1. 什么是联言判断？它有何逻辑特征？如何鉴别联言判断的真假？
2. 何谓选言判断？其分类情况如何？
3. 假言判断的内涵和外延是什么？各种假言判断的逻辑特征是什么？
4. 什么叫负判断？根据所学知识指出它与直言否定判断有何区别？
5. 断定一个联言判断假，能否断定所有的肢判断都假？为什么？
6. 相容选言判断与不相容选言判断有什么区别？
7. 如何正确理解充分条件、必要条件假言判断为假的逻辑特征？

五、实例分析题

1. 下列各判断是否正确？说明理由。
(1) $\overline{p \wedge q}$ 等值于 $\overline{p} \vee \overline{q}$。
(2) $\overline{p \rightarrow q}$ 等值于 $p \wedge \overline{q}$。
(3) $\overline{p \vee q}$ 等值于 $p \vee \overline{q}$。
(4) $\overline{p \wedge \overline{q}}$ 不等值于 $p \vee \overline{q}$。

2. 试用真值表方法，判定下列各组判断是否等值。
(1) ｛他违法，但没犯罪。
　　　或者他不违法，或者他不犯罪。

(2) $\begin{cases}并非该行为或是违法或是犯罪。\\ 该行为不但违法，而且已构成犯罪。\end{cases}$

(3) $\begin{cases}某人只有贪污，才会犯罪。\\ 某人并没有犯罪，他肯定没有贪污。\end{cases}$

(4) $\begin{cases}犯罪者用刀杀人，刀上必有血迹。\\ 刀上有血迹，可见犯罪者用刀杀人。\end{cases}$

3. 指出下列负判断及其等值判断的类型，并说明其是否正确以及理由。

(1) 并非所有被告人都是罪犯，所以，有些被告人不是罪犯。

(2) 并非只有无固定职业，才会犯盗窃罪，所以，没有固定职业也会犯盗窃罪。

(3) 并非所有杀人罪都不是过失犯罪，所以，有些杀人罪不是过失犯罪。

(4) 并非李某既是教师，又是律师，所以李某既不是教师，也不是律师。

(5) 并非只有司法干部，才需要学法，所以，不是司法干部也需要学法。

(6) 并非张某或犯盗窃罪，或犯抢劫罪，所以，张某既未犯盗窃罪，也未犯抢劫罪。

(7) 并非如果经被害人同意而剥夺其生命的行为，就是合法行为，所以，尽管经被害人同意而剥夺其生命的行为也是违法行为。

(8) 并非有些伤害他人的行为是合法行为，所以，有些伤害他人的行为不是合法行为。

(9) 并非所有正当防卫都不过当，所以，有些正当防卫过当。

(10) 并非李某有作案时间，就是本案作案人，所以，李某虽有作案时间，但不是本案作案人。

第六章 推理论（上）

教学目的和要求：

推理是根据已知的判断推出一个未知的新判断的思维形式。通常把已知的判断称为前提、理由或根据，而把推出的判断称为结论。在思维过程中，要进行正确的推理，必须同时具备两个条件，一是前提必须真实，即前提判断所断定的内容要符合客观实际；二是推理形式正确，即应当符合逻辑要求。这两个方面的要求分别属于思维内容和思维形式，形式逻辑主要研究推理的形式，即如何保证推理形式的正确性，怎样避免产生错误的推理。推理的形式是多种多样的，按照不同的标准可以分为不同的类型。本章主要介绍直接推理和关系推理，重点了解性质判断的对当关系推理，学会推导 A、E、I、O 四种类型的性质判断之间的真假对错关系；掌握性质判断变形推理的几种方法并能够进行简单的运用；对关系推理的类型和作用作一般的了解。

教学要点：

判断变形推理
换质法
换位法

第一节 概 述

一、推理的概念

所谓推理是由一个或几个已知的判断，依据一定的逻辑形式和规则，推导出另一个新判断的思维形式。

例①：一切案犯都有作案的时间（A）；
　　　某人没有作案的时间（B）；
　　　因此，某人不是案犯（C）。

例②：一切案犯都有作案的时间（A）；
　　　某甲有作案的时间（B）；
　　　因此，某甲是案犯（C）。

上面两个例子中，（A）和（B）在逻辑学中谓之前提，（C）谓之结论。根据推理的类型分析，这两个例子均属于直言三段论。依据直言三段论逻辑规则来衡量，例①是符合逻辑规则的，因此结论是必然的，只要前提真实，结论也一定真实。但是例②却不符合逻辑规则，因此结论不是必然的，即使前提真实，结论也未必真实。具体地讲，即使"某甲有作案的时间",可能"某甲是案犯",也可能"某甲不是案犯",因为,"有作案的时间",仅是"案犯"的必不可少的条件,但不是唯一的条件,因此,得不出必然的结论。

法律逻辑中的推理总是内容和形式的统一。内容是关于案件的真实情况的判断,形式是指推理过程中所运用的推理的方式。正如恩格斯所指出的:"如果我们有正确的前提,并且把思维规律运用于这些前提,那么结果必定与现实相符,正如同解析几何的演算必定与几何作图相符一样,尽管两者是完全不同的方法。"①

由此得出以下结论:

1. 推理是由判断组成的,已知真实的判断谓之前提,推导出的新判断谓之结论。

以直言三段论推理为例,前提包括作为大前提的法律规定和作为小前提的案件事实(法律事实),结论即法官根据法律规定和案件事实对某一争议法律事实、法律行为、法律关系作出的新的法律判断。

2. 内容有效和推理形式有效须同时满足。

一个正确的、真实的结论产生,必须具备两个条件:第一,前提应当真实,即推理的内容应当有效;第二,推理应当符合逻辑要求,即推理的形式应当有效。

3. 与推理相比,法律推理既需要关注推理的形式、规则,还需要关注推理的内容。

第一,前提的真实是指以事实为依据,以法律为准绳。因此,推理过程中要事实确凿,运用法律准确,这通常由司法实践和法学来解决,法律逻辑较少涉及该部分。但在案件事实复杂、法律规定不明等情况下,仍需运用法律逻辑,基于特定的价值立场,认定事实或选择适用的法律。例如,北京市第一中级人民法院在 2013 年审理百度诉奇虎不正当抓取网页内容的案件中,② 由于没有明确的法律规则可以用来解决因 Robots 协议引发的纠纷,法官在审理时依据《反不正当竞争法》维护自由竞争的价值取向以及《中国互联网行业自律公约》的有关原则,提出了"协商－通知"规则,并以此规则作为裁判的依据。法官推理过程为:判断被告未遵守 Robots 协议的行为是否不当,应以"协商－通知"程序作为标准,违反该程序则视为行为不当→被告未遵守 Robots 协议的行为基本符合"协商－通知"程序的要件→被告未遵守 Robots 协议的行为并无不当。法官提出的"通知－协商"程序是没有法律依据的,裁判理由援引《反不正当竞争法》第二条作为法律保护自由竞争的依据,但此条未明确规定"通知－协商"程序,《中国互联网行业自律公约》也不属于法律。法官依据对法律原则、立法目的和精神,以及行业规则的理解,结合案件具体情况阐述创设了"通知－协商"程序,并以此为前提对当事人的行为进行评价。法官上述适用法律的过程,体现了法律逻辑对前提的影响。

第二,法律逻辑从正确推理的逻辑规则方面提供知识,具体讲是在推理形式、推理规则方面提供知识。该内容将作为本书的重点研究对象,后文会具体阐述。

---

① 《马克思恩格斯全集》第 20 卷,第 661 页,人民出版社,1971 年 3 月第 1 版。
② 详见（2013）一中民初字第 2668 号民事判决书。

4. 关于推理中前提真假、形式对错与结论可靠与否的关系，可见下表：

推理前提	推理形式	推理结论
真	对	必真
真	错	真假不定
假	对	真假不定
假	错	真假不定

二、推理的类型

推理的形式是多样的，按照不同的标准可以分为不同的类型。各类逻辑学教材对推理划分不尽然一致，常见的有以下几种分类。

第一，按照推理前提和结论之间逻辑关系性质的不同，分为必然性推理和或然性推理。必然性推理是从前提真推出结论一定真的推理，包括演绎推理和完全归纳推理；或然性推理是从前提真推出的结论不一定真的推理，包括不完全归纳推理、类比推理和回溯推理。

第二，按照思维进程的方向不同，可以把推理分为演绎推理、归纳推理和类比推理。演绎推理是从一般的前提推出个别的结论的推理；归纳推理是从个别前提推出一般的结论的推理；类比推理则是从特殊到特殊的推理。

第三，按照推理的前提是简单判断还是复合判断，可以把推理分为直接推理和间接推理。所谓直接推理是由一个已知判断为前提，按照一定的逻辑规则，推出一个新判断（结论）的推理形式，主要包括对当关系推理和判断变形推理；所谓间接推理是由两个或两个以上的已知判断为前提，推出一个新判断（结论）的推理形式，包括演绎推理、归纳推理、类比推理和回溯推理。如下图所示：

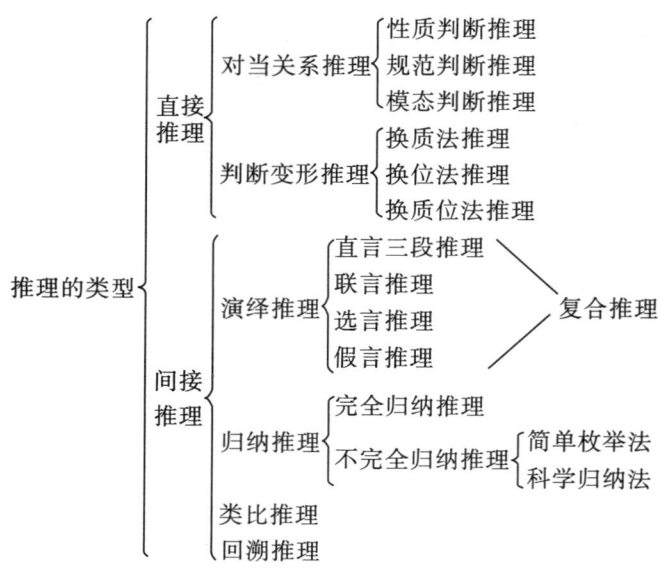

第二节 直接推理

一、直接推理的概念

所谓直接推理是指由一个已知判断为前提，按照一定的逻辑规则，推出一个新判断（结论）的推理形式。

例如：以"公民的民事权利能力一律平等"这一法律条文为前提，可推出以下结论。

结论一：公民的民事权利能力不是不一律平等。

结论二：有的公民的民事权利能力不是一律平等。

结论三：有的公民的民事权利能力是一律平等。

结论一是按换质法推理推出的，是正确的；结论二和三是按对当关系推理推出的，其中结论二错，结论三对。

二、对当关系推理

所谓对当关系推理是指以已知的判断为前提，按照对当关系的逻辑特征，推出一个新判断的推理。这种推理包括：性质判断推理、规范判断推理、模态判断推理。关于对当关系推理在判断中已讲过（参见本书"性质判断的逻辑关系"这一节），这里只是概括性地将必然性逻辑推导关系加以归纳。

（一）性质判断的对当关系推理

1. 由全称判断真推出特称判断真。

①SAP 真→SIP 真；

②SEP 真→SOP 真。

2. 由特称判断假推出全称判断假。

①SIP 假→SAP 假；

②SOP 假→SEP 假。

3. 由一个判断真推出另一个判断假。

①SAP 真→SEP 假；

②SEP 真→SAP 假；

③SAP 真→SOP 假；

④SEP 真→SIP 假；

⑤SIP 真→SEP 假；

⑥SOP 真→SAP 假。

4. 由一个判断假推出另一判断真。

①SIP 假→SOP 真；

②SOP 假→SIP 真；

③SAP 假→SOP 真；

④SEP 假→SIP 真；

⑤SIP 假→SEP 真；

⑥SOP 假→SAP 真。

（二）规范判断的对当关系推理

1. 由一个判断真推出另一个判断真。

①必然 P 真→允许 P 真；

②禁止 P 真→允许不 P 真。

2. 由一个判断假推出另一判断假。

①允许 P 假→必须 P 假；

②允许不 P 假→禁止 P 假。

3. 由一个判断真推出另一判断假。

①必须 P 真→禁止 P 假；

②禁止 P 真→必须 P 假；

③必须 P 真→允许不 P 假；

④禁止 P 真→允许 P 假；

⑤允许 P 真→禁止 P 假；

⑥允许不 P 真→必须 P 假。

4. 由一个判断假推出另一判断真。

①允许 P 假→允许不 P 真；

②允许不 P 假→允许 P 真；

③必须 P 假→允许不 P 真；

④禁止 P 假→允许 P 真；

⑤允许 P 假→禁止 P 真；

⑥允许不 P 假→必须 P 真。

（三）模态判断的对当关系推理

1. 由一个判断真推出另一判断真。

①必须 P 真→可能 P 真；

②必须不 P 真→可能不 P 真。

2. 由一个判断假推出另一判断假。

①可能 P 假→必然 P 假；

②可能不 P 假→必然不 P 假。

3. 由一个判断真推出另一判断假。

①必然 P 真→必然不 P 假；

②必然不 P 真→必然 P 假；

③必然 P 真→可能不 P 假；

④必然不 P 真→可能不 P 假；

⑤可能 P 真→必然不 P 假；

⑥可能不 P 真→必然 P 假。

4. 由一个判断假推出另一判断真。

①可能 P 假→可能不 P 真；

②可能不P假→可能P真；
③必然P假→可能不P真；
④必然不P假→可能P真；
⑤可能P假→必然不P真；
⑥可能不P假→必然P真。

三、判断变形推理

所谓判断变形推理是指对一个性质判断，依据一定逻辑规则改变为一个等值的新判断的推理形式。原判断为前提，新判断为结论。

1. 换质法推理。所谓换质法推理是指将原判断的联系词改变，而产生一个新判断的推理。

逻辑规则有三：

(1) 原判断和新判断的主项与谓项的位置不变；

(2) 改变原判断的联系词（由肯定变否定或由否定变肯定）；

(3) 将原判断的谓项改变成矛盾关系的概念。

下面具体分析性质判断的换质法。

(1) SAP→SE$\overline{P}$

例①：刑事侦查的主体是特定的（SAP）。
　　　刑事侦查的主体不是非特定的（SE$\overline{P}$）。

例②：刑事侦查的对象是特定的（SAP）。
　　　刑事侦查的对象不是一般的（SE$\overline{P}$）。

(2) SEP→SA$\overline{P}$

例①：过失犯罪不是有意识地犯罪（SEP）。
　　　过失犯罪是无意识地犯罪（SA$\overline{P}$）。

例②：射入口不是射出口（SEP）。
　　　射入口是非射出口（SA$\overline{P}$）。

(3) SIP→SO$\overline{P}$

例①：有的窒息死是缢死（SIP）。
　　　有的窒息死不是非缢死（SO$\overline{P}$）。

例②：有的犯罪是直接故意犯罪（SIP）。
　　　有的犯罪不是间接故意犯罪（SO$\overline{P}$）。

(4) SOP→SI$\overline{P}$

例①：有的合同不是有效合同（SOP）。
　　　有的合同是无效合同（SI$\overline{P}$）。

2. 换位法推理。所谓换位法推理是指将原判断的主项和谓项的位置互易，而产生一个新判断的推理。

逻辑规则有三：

(1) 原判断和新判断的联系词不变；

(2) 将原判断中的主项和谓项的位置互相交换；

（3）原判断中不周延的概念在新判断中不应周延，至于原判断中周延的概念在新判断中不定。

下面具体分析性质判断的换位法。

(1) SAP→PIS

例④：犯罪行为是违法行为（SAP）。
　　　有的违法行为是犯罪行为（PIS）。

例②：预备犯是可以从轻处罚的（SAP）。
　　　有的可以从轻处罚的是预备犯（PIS）。

(2) SEP→PES

例①：订婚不是成立婚姻关系的必经程序（SEP）。
　　　成立婚姻关系的必经程序不是订婚（PES）。

例②：缢死不是勒死（SEP）。
　　　勒死不是缢死（PES）。

(3) SIP→PIS

例①：有的痕迹是工具的痕迹（SIP）。
　　　有的工具的痕迹是痕迹（PIS）。

例②：有的兼职律师是教师（SIP）。
　　　有的教师是兼职律师（PIS）。

（4）SOP 不能换位推理。因为，在 SOP 中，S 是不周延的概念，按照换位法推理的规则，如果 S 变成否定判断的谓项，就成为周延的概念，那就违反了上述（3）的规则；如果要保持 S 不周延，只能是肯定判断谓项，那就违反了上述（1）的规则，因此，SOP 不能进行换位法推理。

3. 换质位法推理。所谓换质位法推理是指将原判断先进行换质法推理，再将新判断进行换位法推理。

逻辑规则是：在换质法和换位法过程中，分别遵守各自推理的规则。

下面具体分析性质判断的换质位法。

(1) SAP $\xrightarrow{\text{换质}}$ S$\overline{\text{E}}$P $\xrightarrow{\text{换位}}$ $\overline{\text{P}}$ES

例①：社会主义宪法是为社会主义经济基础服务的。
　　　社会主义宪法不是不为社会主义经济基础服务的。
　　　不为社会主义经济基础服务的不是社会主义宪法。

例②：杀人罪在客观上表现为非法剥夺他人生命的行为。
　　　杀人罪在客观上表现为不是合法剥夺他人生命的行为。
　　　合法剥夺他人生命的行为不是杀人罪在客观上的表现。

(2) SEP $\xrightarrow{\text{换质}}$ SA$\overline{\text{P}}$ $\xrightarrow{\text{换位}}$ $\overline{\text{P}}$IS

例①：故意犯罪不是过失犯罪。
　　　故意犯罪是非过失犯罪。
　　　有些非过失犯罪是故意犯罪。

(3) SIP $\xrightarrow{\text{换质}}$ SO$\overline{\text{P}}$ $\xrightarrow{\text{换位}}$ ×

当 SIP 换质法后,则变为 SOP̄;而 SOP̄ 不能再进行换位法,因为,S 不周延,如果换位 S 就成为否定判断谓项(即变周延概念),就犯了概念"不当扩大"的逻辑错误。因此,SIP 不能进行换质位推理。

例如,"有的杀人犯是过失杀人犯",换质后:"有的杀人犯不是故意杀人犯",换位:"有的故意杀人犯不是杀人犯",这个结论显然不正确。从逻辑上分析是这样:原来前提中"杀人犯"的概念是不周延的,但是,经过换质位法推理,结论中的"杀人犯"概念却变成周延的概念。为了理解这一问题,可参见以下图示:

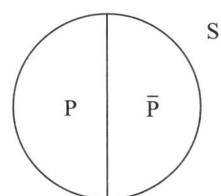

①前提 SIP 正确。
②换质后为 SOP̄ 正确。
③再换位后为 P̄OS 不正确,因为 P̄ 仍属于 S 类中。
(4) SOP $\xrightarrow{\text{换质}}$ SIP̄ $\xrightarrow{\text{换位}}$ P̄IS

例①:有的故意犯罪不是直接故意犯罪。
　　　有的故意犯罪是间接故意犯罪。
　　　有的间接故意犯罪是故意犯罪。
例②:有的过失犯罪不是疏忽大意的过失犯罪。
　　　有的过失犯罪是过于自信的过失犯罪。
　　　有的过于自信的过失犯罪是过失犯罪。

4. 判断变形推理的逻辑公式综合表如下:

原判断(前提)	换质法(结论)	换位法(结论)	换质位法(结论)
SAP	SEP̄	PIS	P̄ES
SEP	SAP̄	PES	P̄IS
SIP	SOP̄	PIS	不能
SOP	SIP̄	不能	P̄IS

5. 在判断变形推理中应注意以下的问题。
(1) 如果给一个性质判断,要求进行变形推理,那么,就应该按题意的要求,依据一定的推理规则进行。
(2) 如果给出两个性质判断,问是否等值或是否能由第一个性质判断,可以推出第二个性质判断。在解题时要对其中一个判断进行逻辑推演,再判定推演的结论是否与另一个判断等值。应该注意的是推演的过程既可以从换质法开始,也可以从换位法开始,而后则应该是换位法或换质法交替进行下去。具体方法是:"换质-换位-换质……"或者"换位-换质-换位……"。

例①：问 $\overline{SIP} \to POS$ 能否成立？

答：a. $\overline{SIP}$ 换质后为 $\overline{SOP}$，而 $\overline{SOP}$ 不能再换位。

b. $\overline{SIP}$ 换位后为 $PI\overline{S}$，$PI\overline{S}$ 再换质为 POS。

c. 结论：若用换质位法得不出结论，但是，若先换位再换质也可以推出结论。传统教材中没有换位质法的概念，本书作者认为可补充这一概念，其定义为先换位再换质的判断变形推理。

例②：问 SAP 能否推出 $\overline{SEP}$？

答：a. SAP $\xrightarrow{换质}$ $\overline{SEP}$ $\xrightarrow{换位}$ $\overline{PES}$ $\xrightarrow{换质}$ $PA\overline{S}$ $\xrightarrow{换位}$ $\overline{SIP}$ $\xrightarrow{换质}$ $\overline{SOP}$

b. SAP $\xrightarrow{换位}$ PIS $\xrightarrow{换质}$ $PO\overline{S}$ 不能再换位。

c. 结论：无论用 a 或 b 方式，都推不出 $\overline{SEP}$

本书只讲了判断变形推理的三种方法，按照传统逻辑还有一种戾换法，所谓戾换法是将换质位法或者换位质法连续进行下去。

第三节 关系推理

一、关系推理的概念

所谓关系推理是指以关系判断为前提或结论，并以关系判断的逻辑性质所进行的推理。

例①：以"张某和李某有亲属关系"为前提，可推出"李某与张某有亲属关系"的结论。

例②：根据"张某比王某先到现场"并且"王某比李某先到现场"这两个前提判断，可推出"张某比李某先到现场"的结论。

例①属于直接推理、简单推理，例②属于间接推理。

二、关系推理的类型

这里所讲的关系推理的类型仅限于间接关系推理，而且只讲必然性的关系推导，并不涉及不定性关系的推导。

1. 传递关系推理。当前提判断 aRb 真，并且 bRc 也真，则推出 aRc 真的结论，谓之传递关系推理。在此 R 为传递关系。例如，林肯在担任总统之前，曾担任过律师。他在担任亡友的儿子小阿姆斯特朗的辩护律师时，巧妙地运用逻辑知识，反驳了证人，揭露证人的证言纯系伪证。林肯在辩护过程中，不仅应用了二难推理，而且还运用了关系推理。下面是林肯询问证人的对话。

福尔逊："我在 10 月 18 日晚间亲眼看见小阿姆斯特朗用枪打死了被害者。"

林肯："你发誓说认清了小阿姆斯特朗？"

福尔逊："是的。"

林肯："你在草堆后，小阿姆斯特朗在大树下，两处相距二三十米远，你能认清吗？"

福尔逊："看得很清楚，因为那晚月光很亮。"

林肯："你肯定不是通过衣着方面认清的吗？"

福尔逊："不是的，我肯定认清了他的面孔，因为月光正照在他的脸上。"

林肯："你肯定时间是晚上 11 点钟吗？"

福尔逊："充分肯定。因为我回到屋里看了时钟，那时正是 11 点 1 刻。"

林肯："不能不告诉大家，这个证人是一个彻头彻尾的骗子。他一口咬定 10 月 18 日晚上 11 点在月光下认清了被告人的脸。请大家想一想，10 月 18 日那天，晚上 11 点钟时，月亮是早已下山了，哪里还有月光？退一步说，也许他时间记得不十分精确，时间稍有提前，但那时月光应从西往东照，草堆在东，大树在西，如果被告人的脸面向草堆，脸上是不能有月光的。证人怎么可能从二三十米以外的草堆处看清被告人的脸呢？"

林肯在法庭上为被告人所做的无罪辩护，是建立在事实和科学分析的基础上，审判官当庭宣布被告人——小阿姆斯特朗无罪释放。

林肯在这段庭审辩护过程中，从犯罪现场的方位有力驳斥了证人的证言。其逻辑推理如下：

月亮在大树西面；
大树在草堆西面；
所以，月亮在草堆西面。

根据推理可作进一步推理如下：

(1) 如果没有月光，那么证人什么也看不见，自然也看不见被告人。

(2) 如果有月光，那么，证人只能看见对面的人影，根本看不见被告人的面孔。

(3) 因此，证人的证言纯属谎言。

公式：

    aRb 真
    bRc 真

所以，aRc 真

又可表示为：(aRb∧bRc)→aRc。

2. 反传递关系推理。当前提判断 aRb 真，并且 bRc 也真，则推出 aRc 必假的结论，谓之反传递关系推理。在此 R 为反传递关系。

例如："张某比李某大两岁"，"李某比王某大两岁"，因此，"张某比王某大两岁"是假的。

公式：

    aRb
    bRc

所以，a$\overline{R}$c

又可表示为：(aRb∧bRc)→a$\overline{R}$c。

练习题

一、单项选择题

1. 以 SEP 为前提，运用直接推理知识，能必然推出（　　　）。

①$\overline{PES}$ ②$\overline{S}IP$ ③$\overline{S}OP$ ④$PE\overline{S}$

2. 以"有的律师是正直的人"为前提进行判断变形推理,能必然推出( )。
①非正直的人都不是律师
②有的非正直的人不是律师
③有的正直的人不是非律师
④有的非律师是非正直的人

3. 从 $\overline{S}A\overline{P}$ 真推出 $\overline{S}I\overline{P}$ 真,这是( )。
①换质法推理　　　　　　②换位法推理
③换质位法推理　　　　　④对当关系推理

4. 将"犯罪都是违法"先换质,后换位,得出的结论一定是( )。
①违法都是犯罪　　　　　②违法都不是犯罪
③有的违法是犯罪　　　　④不违法不是犯罪

5. 以 $SO\overline{P}$ 为前提进行判断变形推理,不能必然推出的是( )。
①SIP　　　②PIS　　　③PO$\overline{S}$　　　④$\overline{P}$OS

二、多项选择题

1. 以 SAP 为前提,运用直接推理知识,不能必然推出( )。
①PES　　②PIS　　③P0S　　④$\overline{P}$OS　　⑤$\overline{S}$OP

2. 以 SOP 进行判断变形推理,可以推出以下结论( )。
①S$\overline{IP}$　　②$\overline{P}$OS　　③POS　　④$\overline{P}$IS　　⑤$\overline{P}$O$\overline{S}$

3. 从"所有的犯罪行为都是违法行为",根据变形推理能必然推出( )。
①有的犯罪行为是违法行为　　②有的犯罪行为不是违法行为
③有的非犯罪行为是违法行为　　④有的非犯罪行为不是违法行为
⑤有的违法行为是犯罪行为

4. 以"有的大学生是诚实的人"为前提进行判断变形推理,不能必然推出的是( )。
①非诚实的人都不是大学生　　②有的非诚实的人不是大学生
③有的诚实的人不是非大学生　　④有的非大学生是非诚实的人
⑤有的诚实的人是大学生

5. 下列推理形式中,错误的有( )。
①PES→$\overline{S}$OP　　②PIS→$\overline{P}$0S　　③PAS→$\overline{S}$OP　　④POS→SOP　　⑤$\overline{S}$OP→$\overline{P}$OS

三、判断分析题

1. "没有一个 S 是 P"先换位,后换质,其结论一定是主项周延而谓项不周延的判断。

2. 从"有的律师不是党员"能必然推出"有的党员不是律师"。

3. $\overline{S}IP$ 为前提进行判断变形推理,能必然推出 $\overline{P}OS$。

4. 从"说谎的人是不老实的人"不能必然推出"不说谎的人是老实人"的结论。

5. 甲控告乙,所以,乙不会控告甲。

四、简答题

1. 推理的含义是什么?其逻辑结构情况如何?

2. 什么叫直接推理?其主要种类包括哪些?

3. 对当关系的直接推理的内容是什么？
4. 什么是直言判断变形推理？其主要种类是什么？
5. 换质法、换位法、换质位法的基本含义是什么？它们各有何逻辑要求？
6. 正确推理的基本条件是什么？
7. 特殊否定判断为什么不能进行换位推理？
8. 什么是关系推理？举例说明。

五、实例分析题

1. 对下列判断进行换质法推理。
（1）有些错误是可以避免的。
（2）所有正在上诉的一审判决都是未确定的判决。
（3）有些违法不是犯罪。
（4）凡是犯罪行为都是具有社会危害性的行为。
2. 对下列判断进行换位推理。
（1）被告人的上诉权不得以任何借口加以剥夺。
（2）所有国家工作人员不能不学法律知识。
（3）有些案情是比较简单的。
（4）有些犯罪不是惯犯。
3. 将下列判断进行换质位推理，请用公式代推。
（1）民事法律行为是一种合法行为。
（2）有些人不是法盲。
（3）司法工作人员都要学法。
（4）作案人不能没有作案时间。
4. 下列推理是什么类型？是否正确？为什么？
（1）甲是乙的朋友，乙是丙的朋友，所以，甲肯定是丙的朋友。
（2）经查证，发案时甲与乙在一起看电影。因此，甲和乙都没有作案时间。

第七章　推理论（中）

教学目的和要求：

本章主要包括直言三段论推理、联言推理、选言推理和假言推理等几种间接推理类型。三段论推理是借助于一个共同的概念，把已知的两个性质判断联结起来，并依据一定的逻辑规则从而推导出一个新判断的推理。在传统逻辑中，三段论构成了推理的核心，是最能表现演绎推理特征的一种推理形式，它的大前提通常是一般性的知识，推出的是一个关于特殊知识的结论判断。在开展司法侦查活动、审判工作和法庭辩论时，都离不开三段论的运用。本章要求熟悉掌握三段论推理的规则并学会综合运用各个规则分析实例；了解三段论的格和式并能用规则分析三段论的省略式。此外，联言推理、选言推理和假言推理以及二难推理都是以复合判断为前提构成的各种推理类型，它们有各自的推理形式，包括有效式和无效式，司法实践中也经常要应用上述推理形式。注意识别并掌握联言推理、选言推理和假言推理各自的有效推理形式，不仅能单独运用上述各种推理，而且能将各种推理结合起来进行综合运用。还要学习如何将自然语言转换为符号语言，熟悉各种推理的逻辑公式，能在前提和结论之间分析其推理过程。

教学要点：
三段论的规则
三段论省略式
联言推理有效式
相容选言推理有效式
不相容选言推理有效式
充分条件假言推理有效式
必要条件假言推理有效式
二难推理

第一节　直言三段论推理

一、直言三段论推理的概念

所谓直言三段论推理（下面简称三段论推理）是由三个性质判断组成的，它是借助一个共同的概念，把已知两个性质判断联结起来，并依据一定的逻辑规则，从而推出一个新判断的演绎推理。

例①：凡经过国家公证机关公证的法律行为的文书具有真实性、合法性；

这份遗嘱是经过国家公证机关公证的法律行为的文书；
所以，这份遗嘱具有真实性、合法性。

例②：凡案犯都有作案的时间；
某被告人没有作案的时间；
所以，某被告人不是案犯。

二、三段论的组成

三段论是由三个性质判断组成的，已知的两个判断谓之前提，推出的新判断谓之结论。

三段论中只有三个概念，结论中的主项称之"小词"，用字母 S 表示；结论中的谓项称之"大词"，用字母 P 表示；在前提中联系两个判断的共同概念，在结论中已不出现，此概念称之"中词"，用字母 M 表示。下面将上述两个例子抽象为符号表示如下：

例①：M 是 P　　　　　　　例②：P 是 M
　　　S 是 M　　　　　　　　　　S 不是 M
　　所以，S 是 P　　　　　　　所以，S 不是 P

此外，在三段论的前提中有大前提和小前提的区别，大前提是由中词和大词组成，小前提是由中词和小词组成。

三、三段论的公理

所谓公理是反映客观世界最简单、最一般的关系，是人们在实践中验证而总结出来的道理。公理具有简明性、客观性、不证自明性的特点。正如恩格斯所指出的："数学上的所谓公理，是数学需要用作自己的出发点的很少几个的思维规定。数学是数量的科学，它从数量这个概念出发。它以不充分的方式给这个概念下了定义，然后再把未包含在定义中的关于数量的其他基本规定性，当作公理从外部添加进去，这时，这些规定性就表现为未加证明的东西，并且自然而然地也就表现为数学上无法证明的东西。斯宾塞这句话说的是对的：我们所认为的这些公理的自明性是一代一代传下来的。这些公理只要不是纯粹的同义反复，就是可以辩证地证明的。"[①]

什么是三段论的公理？关于三段论的公理可以从不同角度，以不同方式表述。

表述方式之一：如果对某类事物加以肯定，那么，对该类中每个对象也必然肯定；反之，如果对某类事物加以否定，那么，对该类中每个对象也必然否定。

表述方式之二：如果某类事物包含在另一类事物之中，那么，该类事物中每个对象一定包含在另一类事物之中；反之，如果某类事物排斥于另一类事物之外，那么，该类事物中每个对象一定排斥在另一类事物之外。

表述方式之三：如果某类事物具有某种属性，那么，该类事物中每个对象也必然具有某种属性；反之，如果某类事物不具有某种属性，那么，该类事物中每个对象也一定不具有某种属性。

三段论公理的逻辑图示如下：

---

① 恩格斯：《自然辩证法》，第163页。人民出版社，1984年10月第1版。

三段论公理是三段论逻辑规则的基础,公理与规则的关系是抽象与具体的关系。

四、三段论的逻辑规则

1. 在三段论的两个前提判断中,只能有三个不同的概念。按理两个性质判断应该有四个概念,可是,在三段论的两个前提判断中,却有一个共同的概念,因此,实际上只有三个概念。如果是四个概念,在逻辑上就犯了"四概念"的错误,"四概念"是推不出任何必然性结论的。

例①:有的女同志是侦查员;
　　　有的共产党员是工程师;
　　　　　　?

例②:群众是真正的英雄;
　　　我是群众;
　　　　　?

上述两个例子都得不出必然性的结论,因为,没有共同的概念。例①缺少共同概念,例②也缺少共同概念,可能有人不理解,例②中两个"群众"概念实际上不一样,前者是集合概念,后者是普遍概念。

2. 在三段论的两个前提中,中词至少周延一次,不能一次也不周延,当然,可以周延两次。如果中词在前提中一次也不周延,就会犯"中词不周延"的逻辑错误,也就推不出必然性的结论。

例如:犯罪行为是违法行为;　　　P是M
　　　某人行为是违法行为;　　　S是M
　　　　　?　　　　　　　　　　?

图示:

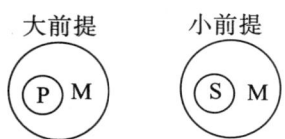

结论有以下几种可能性,但不是唯一必然性。

3. 前提中不周延的概念(指大词或小词)在结论中也不应该周延。如果违反这条逻辑规则,就会犯"大词不当扩大"或"小词不当周延"的逻辑错误。由不周延的概念变为周延的概念，实际上结论中的概念超出了前提中给定的范围，改变了前提中概念的范围，这也是混淆概念、偷换概念的表现。

例①：司法干部要学习法律知识；
　　　某人不是司法干部；
　　　所以，某人不要学习法律知识。

图示：

解释：图示表明，P 在前提中是不周延概念，但是在结论中，P 变成周延的概念，犯了"大词不当扩大"的逻辑错误。

例②：某人是有罪的；
　　　某人是被告人；
　　　所以，被告人是有罪的。

图示：

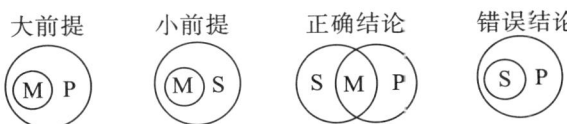

解释：图示表明，S 和 P 在前提中不周延，在结论中也不应该周延，正确结论应该是"有些被告人是有罪的"。然而，例②结论是"被告人是有罪的"，这里的小词扩大了范围，犯了"小词不当周延"的逻辑错误。

4. 如果两个前提判断是否定判断，那么，推不出必然性结论。因为，在前提中大词、小词和中词没有联系，那么，大词和小词之间则存在多种可能性，不存在唯一的必然关系。

图示：

结论有以下多种可能性：

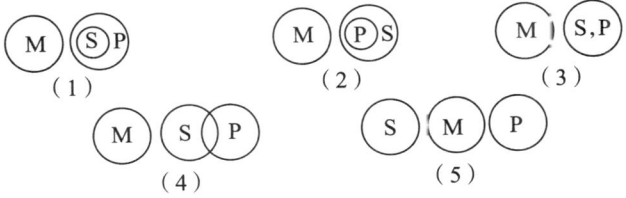

5. 如果前提判断中有一个是否定判断，另一个是肯定判断，那么，结论就是否定

判断。理由是：①否定判断表明 M 与 S（或 P）是排斥关系；②肯定判断表明 M 与 P（或 S）是相容关系。因此，S 与 P 之间就存在排斥关系。

例①：法人有自己的名称、组织机构和场所；
　　　某单位没有自己的名称、组织机构和场所；
　　　所以，某单位不是法人。

例②：凡证据是真实可靠的客观事实；
　　　有的证言不是真实可靠的客观事实；
　　　因此，有的证言不是证据。

图解①：

图解②：

6. 如果前提中两个判断都是特称判断，则推不出任何必然性结论。具体分析如下：

（1）两个前提判断为特称判断，不外乎有以下几种情况，即 I 和 I、I 和 O、O 和 O 三种情形。

（2）如果 O 和 O 为前提，实际上是两个否定判断，按第四条规则推不出结论。

（3）如果 I 和 I 为前提，实际上没有一个概念是周延的，中词也必定不周延，按第二条规则中词至少周延一次才能推理。因此，I 和 I 为前提推不出结论。

（4）如果 I 和 O 为前提，只有一个概念是周延的，即 O 的谓项。如果 O 的谓项是 M，则中词周延了，但是，大词和小词仍不周延。此外，根据第五条规则要求，结论应是否定判断，换言之，P 在结论中是周延的，但是 P 在前提中却不周延，这就违反了第三条规则。如果 O 的谓项是 P，则中词不周延，这又违反了第二条规则。因此，I 和 O 为前提推不出结论。

7. 如果前提中有一个特称判断，则结论为特称判断。具体分析如下：

（1）当 A 和 I 为前提时，结论一定是 I。因为，前提均为肯定判断，故结论为肯定判断。此外，在前提判断中，只有 A 判断的主项周延，唯一的周延概念必须给 M，剩下 S 和 P 均不周延，因此，结论中 S 和 P 也不应周延。所以，结论只能是 I 判断。

（2）当 A 和 O 为前提时，结论一定是 O。因为，前提中只有两个周延的概念，一个必须给中词（M），一个应当给大词（P），而小词（S）在前提中不周延，在结论中也不应当周延。又因前提中有 O 判断，故结论只能是 O 判断。

（3）当 E 和 I 为前提时，结论一定是 O。因为，前提中 E 判断为主项和谓项都周延，一个必须给中词（S），一个必须给大词（P），这样才能推理。至于小词（S）在前提中不周延，在结论中也不应当周延。又因前提中有 E 判断，故结论只能是 O 判断。

五、三段论规则中应注意的问题

1. 熟练掌握三段论规则，并能对各条规则加以证明。

2. 前述七条规则对每个正确三段论推理是不可少的，即任何一条规则都必须具备，如果违反任何一条规则，就推不出必然性结论。

3. 学会综合运用上述各条规则分析实例。能对实例指出是否符合三段论规则，如果不符合，就要指出违反了什么规则，犯了什么逻辑错误。

例①：以"并非所有 A 不是 B"和"并非所有 A 不是 C"为前提，用欧拉图说明能否得出必然结论？若能得出结论，为什么？若不能得出结论，为什么？

答：①将给定的前提由负判断改变为正判断，即"有 A 是 B"和"有 A 是 C"。

②这两个判断均为 I 判断，没有一个周延的概念，因此，中词也不周延。

③根据三段论规则，中词至少周延一次，由于前提中的中词不周延，犯了"中词不周延"的逻辑错误，因此，得不出结论。

④欧拉图示如下：

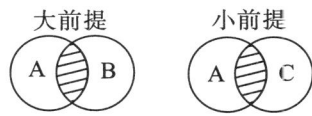

结论有五种可能性：

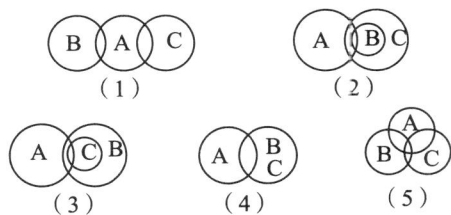

例②：以 PIM 为大前提、MAS 为小前提构成三段论。能否推出必然性结论？为什么？

答：①逻辑公式：PIM
$$\frac{MAS}{SIP}$$

②能推出结论，并且结论是 SIP。

③符合逻辑规则。因为，中词在小前提中周延；前提中有一特称判断；小词和大词在前提中均不周延；前提中没有否定判断，所以，结论必定是特称肯定判断，即 SIP。

例③：指出下面推理是否正确？为什么？

"任何犯罪分子都要受到法律制裁，某甲受到了法律制裁，所以某甲是犯罪分子。"

答：①逻辑公式：

　　任何犯罪分子都要受到法律制裁；
　　某甲受到了法制制裁；
　　所以，某甲是犯罪分子。

P 是 M
S 是 M
所以，S 是 P

大前提　小前提　结论

②从以上图形不难看出，在这个推理的前提中，中词是不周延的，推不出必然的结论，因此，这个推理是错误的。

六、三段论的格

所谓三段论的格是指在三段论中，由于中项的位置不同，因而构成不同的推理形式，也就形成不同的逻辑格。

逻辑格是人们在亿万次实践中，抽象概括出来的事物最普通的关系。

逻辑格有以下四种类型（即四格），各类型的格有其独特的逻辑规则，格的规则是以三段论的一般规则又结合中词的特定位置所确定的，格的规则较之三段论规则更为具体、更加精炼。以下具体分析格的形式及其规则。

第一格：中词 M 在大前提中作主项，在小前提中作谓项。它的逻辑形式是：

　　M—P（大前提）
　　S—M（小前提）
　　S—P（结论）

例①：凡怂恿、唆使、诱骗、劝说他人实行犯罪的人是教唆犯（大前提）；
某人怂恿、唆使、诱骗、劝说他人实行犯罪的人（小前提）；
所以，某人是教唆犯（结论）。

例②：凡自缢死亡者都是缢沟呈马蹄形，颈部组织内膜呈横行裂伤，颜面呈苍白色等特征（大前提）；
某人是自缢死亡者（小前提）；
因此，某人的缢沟呈马蹄形，颈部组织内膜呈横行裂伤，颜面呈苍白色等特征（结论）。

第一格的逻辑规则如下：
（1）小前提必须是肯定判断；
（2）大前提必须是全称判断。

下面用反证法来证明这两条逻辑规则。

证明①：如果小前提是否定判断，那么，结论应该是否定判断。如果结论是否定判断，意味着大词（P）是周延的概念。而大词（P）在大前提中又属于谓项，只有否定判断谓项才周延。可见，小前提若是否定判断，则结论必为否定判断；结论若是否定判断，则要求大前提为否定判断，如果前提都是否定判断，则推不出必然结论。所以，小前提不能是否定判断，只能是肯定判断。

证明②：如果小前提是肯定判断，则中词是不周延的。为了保证中词至少周延一次，只能在大前提中实现，而大前提中的中词是处于主项的位置，因此，大前提只有全称判断，才能使中词周延。

第二格：中词 M 在大前提和小前提中均处于谓项的位置。它的逻辑形式是：

    P—M（大前提）
    <u>S—M（小前提）</u>
    S—P（结论）

例①：任何犯罪行为都具备客观要件（大前提）；
   <u>被告人的行为不具备客观要件（小前提）；</u>
   所以，被告人的行为不是犯罪行为（结论）。

例②：现场的指纹印是弓形纹（大前提）；
   <u>嫌疑人的指纹印不是弓形纹（小前提）；</u>
   因此，嫌疑人的指纹印不是现场的指纹印（结论）。

第二格的逻辑规则如下：

(1) 前提中必有一个否定判断；
(2) 大前提必须是全称判断；
(3) 结论必须是否定判断。

规则证明如下：

证明①：第一条规则保证中词周延一次。

证明②：第二条规则保证大词周延。

证明③：第三条依据三段论的规则，前提有一否定判断，结论必定是否定判断。

第三格：中词 M 在大前提和小前提中均处于主项的位置。它的逻辑形式是：

    M—P（大前提）
    <u>M—S（小前提）</u>
    S—P（结论）

例①：委托代理是代理（大前提）；
   <u>有的委托代理是口头形式（小前提）；</u>
   所以，有的口头形式是代理（结论）。

例②：砷化物是属于毁坏性的毒物（大前提）；
   <u>砷化物是化学药品（小前提）；</u>
   所以，有的化学药品是毁坏性的毒物（结论）。

第三格的逻辑规则如下：

(1) 小前提必须是肯定判断；
(2) 结论必须是特称判断；
(3) 大前提或小前提应该是全称判断。

规则证明如下：

证明①：理由如同第一格的第一条规则的证明方式。

证明②：由于小前提必须肯定，那么，在结论中也不应当周延，因此，结论只能是特称判断。

证明③：保证中词至少周延一次。

第四格：中词 M 在大前提中是谓项，在小前提中是主项，它的逻辑形式是：

P—M（大前提）

M—S（小前提）

S—P（结论）

例①：承担刑事责任的行为是犯罪行为（大前提）；

犯罪行为是违法行为；

因此，有的违法行为是承担刑事责任的行为（结论）。

例②：抢劫罪是侵犯财产罪（大前提）；

侵犯财产罪要受到刑罚处罚（小前提）；

因此，有的要受到刑罚处罚的是抢劫罪（结论）。

第四格的逻辑规则如下：

(1) 如果前提中有一个否定判断，那么，大前提必须是全称判断；
(2) 如果大前提是肯定判断，那么，小前提必须是全称判断；
(3) 如果小前提是肯定判断，那么，结论必须是特称判断；
(4) 大前提或小前提都不能是特称否定判断；
(5) 结论不能是全称肯定判断。

规则证明如下：

证明①：如果前提中有一个否定判断，则结论为否定判断，结论中的谓项（P）就是周延的概念。而 P 在大前提中处于主项的位置，只有全称判断的主项和否定判断的谓项才周延，为了确保 P 在大前提中周延，因此，大前提必须是全称判断。

证明②：如果大前提是肯定判断，则中词（M）是不周延的。为了确保中词（M）至少周延一次，小前提必须是全称判断，因为，中词（M）在小前提中处于主项的位置。

证明③：如果小前提是肯定判断，则小词（S）是不周延的概念，根据前提中不周延的概念，在结论中也不应当周延的规则，因此，结论只能是特称判断。

证明④：如果大前提是特称否定判断，则结论为否定判断，大词（P）在结论中则周延。而大词（P）在大前提中是特称否定判断的主项，是一个不周延的概念。这样就犯了"大词不当扩大"的逻辑错误。因此，大前提不能是特称否定判断。

如果小前提是特称否定判断，则中词（M）是不周延的概念。为了确保中词（M）至少周延一次，只能在大前提中考虑，而中词（M）在大前提中是处于谓项的位置，换言之，大前提只有否定判断时，中词（M）才是周延的。这样，由于小前提是特称否定判断，导致大前提必须否定，两个否定判断为前提推不出结论。因此，小前提也不能是特称否定判断。

证明⑤：如果结论是全称肯定判断，则小词（S）在小前提中必须周延，而小词（S）只有是否定判断的谓项才周延，这就要求小前提是否定判断。如果小前提是否定判断，则结论是全称否定判断，而不是全称肯定判断。

如果结论是肯定判断，那么，两个前提判断必须是肯定判断，因而小词（S）是不周延的概念，结论中的小词（S）也不周延，只能是特称判断。

所以，第四格的结论不能是全称肯定判断，只能是特称判断。

七、三段论各格的意义

三段论的四个格，每个格在思维过程中的作用不同。

1. 第一格典型地体现了由已知的一般性前提，推导出特殊性结论的思维过程，是演绎推理的典型结构形式。这一格通常称作"审判格"或"亚里士多德格"。这一格的形式无论在侦查过程、审判过程（包括定罪、量刑）都常用到。

例①：某公安局刑侦处在侦破一碎尸案过程中，在确认被害人是谁时，就是运用了三段论第一格的推理形式。案情是这样的：某日中午，某市公安局接到报告，在该市某村西南河边发现一具泥浆模糊的碎尸，侦查员赶赴现场，经检验是一具无头、无手足、腹腔被挖空的人体躯干。又经过对尸体0.5公里范围内进行勘查搜索，还发现长发、肠子、牙齿齐全的下颌骨、一块腓骨和胫骨、两块人肉等碎尸骨。侦查员根据尸检、现场勘查，又运用专门科学知识（如医学、生理学、法医学等），还根据逻辑推论知识，进行了综合分析研究，终于推断出被害人是女性，约30岁左右，约1.54米高，生前生过小孩，死亡时间距发现时间为20天左右。侦查人员的这些推断，在侦查终结时都一一得到了证实。侦查员作了以下一些推论：

①尸体有阴道残壁与子宫颈等肌肉组织，所以，碎尸为女性尸体；
②根据碎尸的肱骨与骨长度，可推断死者身高约1.54米左右；
③从牙齿的磨损程度，可推断死者年龄在30岁左右；
④从子宫的形状、盆腔内的避孕环分析，可推断死者生前生过小孩；
⑤从碎尸的蛹壳和尸体腐败程度分析，被害人死亡时间距离发现时间约20天；
⑥根据现场的长发大部分无毛囊，以及残尸腐败程度可推断碎尸是在死后7天左右进行的。

以上的这些推断是以一般性的科学原理、一般性的经验知识为大前提，又以碎尸现场所获取的尸块、尸骨等进行科学分析，所作出的判断为小前提，从而推导出上述各种结论。

下面以推断①，进行逻辑分析：

阴道壁和子宫颈等肌肉组织是女性特征（大前提）；
<u>碎尸有阴道壁和子宫颈等肌肉组织（小前提）；</u>
所以，碎尸具有女性特征（结论）。

其他各个结论也是用此逻辑格式推导出来的。

例③：被告人邱某，男，木工，26岁。

1998年初邱某与彭某相识，并为彭家制作家具。彭因患白血病死去，邱与彭妻金某继续有往来，并有通奸关系。金欲将女儿（17岁）嫁给邱。同年6月，金的亲戚从香港来信，让其女申请赴港，金向邱表示要中断邱与其女的关系。同年7月，邱自感身体不适，到医院诊治，医院嘱其验血，邱害怕患上了白血病，不愿验血；邱又怀疑自己因与金通奸而染上了白血病，故对金怀恨在心。一天晚上，邱乘金母女睡觉时，用木柄小刀向金的女儿胸部、臂部、腿部连刺7刀，向金本人连刺9刀。金的女儿因抢救无效，当晚死亡；金本人经抢救、治疗终于脱险。邱犯也缉拿归案。

被告人对杀人行为在法庭调查时供认不讳。但是，被告人是否应负刑事责任，审判人员存在分歧意见。一种意见认为，被告人患有精神病，依法不应负刑事责任；一种意见认为，被告人在作案后，经诊断为精神分裂症，但他在杀人前和杀人过程中精神是正常的，应当负刑事责任。

法院合议庭最后确认，被告人应当负刑事责任，其推理论证如下：根据《刑法》第18条第2款规定："间歇性的精神病人在精神正常的时候犯罪，应当负刑事责任。"被告人在杀人前一直身体健康，言谈举止正常。此外，被告人有杀人动机，准备了杀人凶器，探寻了被害人起居情况，实施了杀人行为，作案后借机逃跑，以上事实说明被告人能理解、辨认和控制自己的行为。虽然被告人在案发后三个月被诊断为患了精神分裂症，但不足以说明被告人在作案时患了精神分裂症，所以，被告人对自己的犯罪行为应当负刑事责任。

法院认定被告人邱某犯故意杀人罪，应当负刑事责任是运用了三段论第一格的推理形式。

大前提是《刑法》第18条第2款的条文；

小前提是从被告人犯罪期间具体情节所得出的判断，即"被告人在杀人前和杀人期间精神是正常的"；

结论是"被告人应当负刑事责任。"

例③：某公立学校的食堂采购员，采用涂改单据手段，向财务处报销时，贪污公款20万元。又以客商需要换货名义，从仓库中提取价值10万元的货物，私自卖给他人，并侵吞了货款。该被告人一共贪污了30万元。案发后，法院判处被告人四年有期徒刑。法院在量刑时也是运用了三段论第一格的形式。

大前提是依据《刑法》第383条第（二）项规定："贪污数额巨大或者有其他严重情节的，处三年以上十年以下有期徒刑，并处罚金或者没收财产。"

小前提是"被告人贪污了30万元，根据有关司法解释，贪污数额巨大"。

结论是"判处被告人四年有期徒刑"。

2. 第二格又称作"区别格""反驳格"。它的前提中必须有一个否定判断，以保证中词周延一次。它的作用在于强调一类事物具有某种属性，而某一事物或某些事物不具有某种属性，因此，某一事物或某些事物不属于该类事物。这种推论的格式在侦查过程中、法庭辩论过程中经常用到。

例①：某天夜里，某县某乡的渡口船工被人杀死，当时侦查人员发现三个嫌疑人。一个李某、一个杨某、一个高某。这三个人都是30多岁，平时在作风上都不够检点，喜欢和妇女打打闹闹。但是，经过深入调查，发案当晚李某在家中与人赌钱，一直到深夜，很多人证明李某未离家外出，不具备作案时间。因此，李某当晚杀人的嫌疑可以排除。杨某经群众证明和医生查验，他患有夜盲症，晚上走路要人扶，因此，也不具备作案条件。唯独高某经常夜间到处串门，群众称他"夜书记"，他又是屠夫，身强力壮，心毒手狠。案发后，高某曾找人"证明"他在家睡觉，公开扬言这案子谁怀疑他，就干掉谁，又散布说死者是某村几个"小痞子"用刀杀死的。他曾调戏过死者的弟媳，还奸淫过三个七八岁的幼女。

公安部门在排除前两个嫌疑人时，运用了三段论的第二格形式。

Ⅰ { 大前提：凡杀人犯都是有作案的时间；
小前提：李某没有作案的时间；
结论：李某不是杀人犯。

Ⅱ { 大前提：凡夜间作案人都不是患有夜盲症的人；
小前提：杨某是患有夜盲症的人；
结论：所以，杨某不是夜间作案人。

例②：某被告人被某县检察机关指控为犯有危险物品肇事罪。理由是：被告人在乡镇企业帮助财会人员做账时，叫该化工厂厂长把蜂窝煤的炉子由院坝中搬到房屋的屋檐下，以便晚上煮饭、炒菜。该化工厂是生产油漆的，按理这类车间要距火源30米，但是，厂里关于安全生产的规章制度并未制定，而被告人又无这方面知识，甚至连厂长也缺乏这方面知识。当晚并未发生事故，直至第二天下午，该油漆车间发生爆炸，死伤6人，经济损失达数万元。这里不探讨油漆车间爆炸的直接原因，只讲被告能否成为重大责任事故罪的主体。辩护人运用了三段论第二格的形式，论证了被告人不属于重大责任事故罪的主体。

律师是这样辩护的：根据《刑法》第136条规定："违反爆炸性、易燃性、放射性、毒害性、腐蚀性物品的管理规定，在生产、储存、运输、使用中发生重大事故，造成严重后果的，处三年以下有期徒刑或者拘役；后果特别严重的，处三年以上七年以下有期徒刑。"这种犯罪的主体是与特定对象有关的，其主体主要是从事生产、储存、运输、使用危险物品的职工。非生产人员，如会计、党团工作人员或其他行政人员等一般不能成为这种犯罪的主体。而被告人既不是该单位职工，更不是该厂生产人员。所以，被告人不具备这种犯罪的主体条件，也就不能指控、断定他犯了这种罪行。

辩护人的这席发言，用公式表示如下：

推理①：
大前提：危险物品肇事罪的主体是从事生产、储存、运输、使用危险物品的职工。
小前提：被告人不是从事生产、储存、运输、使用危险物品的职工。
结论：因此，被告人不是危险物品肇事罪的主体。

推理②：
大前提：一切犯有危险物品肇事罪的人都是特定的主体；
小前提：被告人不属于特定的主体；
结论：所以，被告人不是犯有危险物品肇事罪的主体。

辩护律师在这里是运用了三段论的第二格形式，否定了被告人犯有危险物品肇事罪。

3. 第三格由于结论是特称判断，在思维过程中，有时为了反驳一个全称性、一般性的命题，举出例外的情况，这一格又称为"例证格"。如果从逻辑方阵角度讲，以特称肯定判断反驳全称否定判断，以特称否定判断反驳全称肯定判断。

例如，某被告人被指控为杀人犯，公诉人的理由是：被告人在与被害人斗殴过程中，用弹簧刀杀死了被害人。至于为什么斗殴？怎么斗殴？律师在查阅卷宗后，发现了被告人用刀的具体情节，即被害人伙同其弟弟、朋友三人，晚上到被告人家，叫被告人出来。被告人出来后，被害人的弟弟从后面拦腰抱住被告人，被害人手持一软鞭（证人证言类似弹簧锁），朝被告人头部打来，被告人说你再打过来，我手中有刀。被害人不听，仍冲向被告人，结果被害人左腹部被刀刺伤，因流血过多死亡。律师辩护时，根据情节，论证被告人是过失杀人，所运用的推理形式是三段论的第三格，具体如下：

  大前提：被告人是过失杀人；

  小前提：被告人是杀人犯；

  结论：有的杀人犯是过失杀人。

  这个结论就反驳了"杀人都是故意的"这一全称命题。

  4. 第四格又称做"无名格"，人们在思维过程中运用较少，目前来看实际意义也不大，在此从略。

八、三段论的式

  所谓三段论的式是指由于组成三段论的三个性质判断（前提和结论）的量项、联系项的不同，因而，构成不同形式的直言三段论。

  例如：要负刑事责任的行为是犯罪行为（A 判断）；

     犯罪行为是违法行为（A 判断）；

     所以，有的违法行为是要负刑事责任的行为（I 判断）。

  这个三段论在逻辑分析时，可指明属第四格的 AAI 式。

  根据 A、E、I、O 四种性质判断，每一格都由三个判断组成，按排列组合的原理，即每格都是 $4^3=64$ 个格式。四个格则为 $4^3 \times 4 = 256$ 式。但是，依据三段论规则来分析，每个格中 64 个式并非都合理、正确，有的式在某格内是不能成立的，是违反三段论规则的，这就是通常说的无效式。例如：AAA 式、AAE 式、AAI 式、AAO 式这四个式，其中 AAE 式和 AAO 式对四个格来讲，都是无效式。而 AAA 式对第一格来讲是有效式，对于二、三、四格来讲，则是无效式。AAI 式对第一、三、四格来说是有效式，但是对第二格来说，则是无效式。

  由此得出三段论各式的有效式如下：

第一格	第二格	第三格	第四格
AAA	AEE	AAI	AAI
AII	EAE	AII	AEE
EAE	EIO	EAO	EAO
EIO	AOO	EIO	EIO
（AAI）	（AEO）	IAI	IAI
（EAO）	（EAO）	OAO	（AEO）

  （注：表中带括号的五个式，逻辑学中称之为"弱式"，所谓弱式是指应得出全称结论，但按规则却推出特称结论。"弱式"本身没有逻辑错误，只是没有将原前提中的小词外延全部反映出来。"弱式"其实是强式派生出来的，如对当关系中若 A 真，则 I 必真，若 E 真，则 O 必真。）

九、三段论的省略式

  所谓三段论的省略式是一种不完整的三段论式，它或者省略了前提中的一个性质判断，或者仅省略了结论。

省略式在思维过程中经常出现，其意义在于表达思想时更为精炼。

例如，某律师在为被告人甲进行辩护时，被告人甲被指控犯了"重大责任事故罪"，律师在查阅案卷、会见被告人、调查证人基础上，又依据刑法关于重大责任事故罪的法律条文的规定作了答辩。律师在法庭辩护中说："被告人甲没有犯重大责任事故罪，因为，被告人甲不属于重大责任事故罪的主体。任何犯罪总是由主体、主观方面、客体、客观方面这四个要件构成的，缺一不可，既然犯罪主体条件不符合，自然不能构成犯罪。"律师在这段论述中，是运用了省略式三段论推理，省略了推理的大前提，即"重大责任事故罪的主体是犯重大责任事故罪的要件"。

又如，一位侦查员在判断一具上吊的女尸是自杀还是他杀时是这样认定的："这具女尸是被人毒死后，伪装上吊自杀的。理由有二：①自缢者一般都颜面苍白，结膜、颜面或颈部的皮肤有点状出血，舌尖挺出，尸体有淤点等尸斑征象，而这具尸体却没有这些征象。②尸体的底下部位出现尸斑呈樱红色，这是一氧化碳中毒的征象；而自缢所形成的尸斑，多在上下肢的下部。"这番话是两个三段论的省略式，理由之一是省略了结论"这具尸体不是自缢"。理由之二是省略了结论"这具尸体是一氧化碳中毒的征象"。

省略式有以下三种形式。

1. 省略大前提。例如："某甲不能作证人，因为，某甲在生理上、精神上有缺陷。"大前提是《刑事诉讼法》第 62 条第 2 款的规定："生理上、精神上有缺陷或者年幼，不能辨别是非、不能正确表达的人，不能作证人。"

2. 省略小前提。例如："本律师是受到国家法律保护的，任何单位、个人不得干涉；因为，依法执行职务的律师是受到国家法律保护的，任何单位、个人不得干涉。"

小前提是："本律师是依法执行职务的律师"。

3. 省略结论。例如："遗产是公民死亡时遗留的个人合法财产；这财产是遗产。"

结论是："这财产是公民死亡时遗留的个人合法财产"。

上述例子表明省略式可以简明有力地表达思想，然而，并非一切省略式都是正确的，有时因说话人缺乏逻辑知识，往往会在省略式中隐藏逻辑错误。为了鉴别某一省略式是否合乎三段论的逻辑规则，就需要将省略式恢复成完整的三段论式。在讲恢复省略式为完整的三段论式具体步骤之前，先看两个例子：

例①：英国侦探故事片《尼罗河上的惨案》有这么一个故事情节，旅游船上的管事为了表现自己聪明，他在旅客们上船后，对旅客们讲：夫人们、小姐们、先生们，你们不用报出自己姓名，我根据登记名单，叫人把你们送进客舱。随后，他冲着波洛说：先生你是贝斯纳医生（德国人、留小胡子）。波洛说，你永远当不了侦探。管事在这里有个省略式推理：

因为德国人喜欢留小胡子；

所以，你（指波洛也留小胡子）是德国人。

这个省略式恢复成完整的三段论如下：

德国人是喜欢留小胡子的；

<u>你喜欢留小胡子；</u>

所以，你是德国人。

例②：生活中常常出现以地域给他人贴标签的行为：

张某是四川人；

所以张某喜欢吃辣椒。

这个省略式恢复成完整的三段论如下：

四川人喜欢吃辣椒；

张某是四川人；

所以，张某喜欢吃辣椒。

这两个省略式当恢复成完整的三段论式后，不难看出，是错误的省略式，因为，这两个省略式都违背"中项至少周延一次"的逻辑规则，犯了"中项不周延"的逻辑错误，因此，推不出必然的结论。

省略式恢复成完整的三段论式，逻辑步骤如下：

1. 首先要确定被省略的判断是前提还是结论。一般说来，要根据已存在的两个判断之间的关系来定。如果已提供的两个判断之间存在"因为……所以……"这样的连结词，就表明省略式中已有一个前提判断、一个结论判断。前提判断在"因为"后面，"所以"后面是结论判断。而前提判断是属于大前提，或小前提，此时还不能确定。

2. 如果省略式中没有"所以"和它引导的判断，一般可认为只有两个前提判断，而省略了结论，恢复成完整三段论时，只要依规则可推出结论。

3. 根据上述两个步骤然后确认大项、中项、小项。如果是第一步骤的情况，则根据结论中主项和谓项，分别确定为"小项"和"大项"。再分析所提供的"前提"中具有什么概念，是"大项"则为大前提，是"小项"则为小前提。而前提中有的概念，在结论中没出现的那个概念，则为"中项"。进一步就用"中项"和结论中有的概念而前提中没有的概念，组成一个新判断，这就补充了被省略的前提判断。

十、应注意的问题

1. 三段论的逻辑联系词不仅限于"因为……所以……"，而且还有"综上所述，不难推出……""由于……那么……""由此可见……"等。而在"不难推出""那么""由此可见"后面的判断是结论性的。

2. 有时三段论的省略式是倒装句，即把结论放前面，而把前提放在后面。例如："……因为，……"

例如："某被告人是罪犯，因为，他有作案时间。"

根据前面讲的逻辑步骤，可做以下工作：

①首先，确认这个省略式的两个判断各属什么性质。

"他有作案时间"——前提。

"某被告人是罪犯"——结论。

②其次，确定结论中的主项和谓项。"某被告人"——主项（S），"罪犯"——谓项（P）。

③用结论中的S和P，与已知前提对照，找出共同的概念，从而确认已知前提是大前提还是小前提。该例对照结果，已知前提中有"他"，这和结论中"某被告人"是同一关系概念，说明已知前提为小前提，因为，有小项（S）。而另一概念——"有作案

时间"是属于中项（M）。

④用中项 M 和大项 P 组成一个新判断，可能有以下两种：

"罪犯有作案时间。"

"有作案时间是罪犯。"（不真实，错误的）

⑤恢复成完整三段论式：

罪犯有作案时间；

他有作案时间；

所以，他是罪犯。

对恢复后的完整三段论进行逻辑分析，可得以下几个结论：

a. 这是一个三段论的第二格；

b. 这是 AAA 式；

c. 这个三段论违反了"中词至少周延一次"的逻辑规则，因此，是第二格的无效式；

d. 这个省略式是错误的。

第二节 联言推理

一、联言推理的概念

所谓联言推理又称为合取推理，它是以联言判断的逻辑性质为根据，其前提或结论是联言判断的演绎推理。

例如，某法院对被告人甲的犯罪事实查清后，作出以下判决：

本院认为，被告人甲在任推销员期间利用职务之便，采取骗取、伪造、涂改单据、抵消账目等手段，将公共财物据为己有，数额较大，其行为已构成职务侵占罪，应予依法惩罚。被告人甲还利用职务之便，将已收款进行个人营利活动，数额较大，已构成挪用资金罪。

根据其罪行、情节和尚能认罪及退清全部赃款的表现，依照《中华人民共和国刑法》第271条和第272条的规定，判决如下：

（1）被告人甲犯职务侵占罪判处有期徒刑四年；犯挪用资金罪判处有期徒刑三年；决定执行有期徒刑六年。

（2）对已追回的赃款（包括债券）全部退还乙公司。

在这份判决书里，既确认被告人甲犯了职务侵占罪，又认定被告人甲犯了挪用资金罪，由此可进行联言推理：

被告人甲是犯了职务侵占罪；

被告人甲是犯了挪用资金罪；

因此，被告人甲既犯了职务侵占罪又犯了挪用资金罪。

二、联言推理的类型

1. 分解式。所谓分解式是指以已知真的联言判断为前提，从而推导出其中任何一个肢判断为真的结论。

联言推理分解式的结构形式为：

p 并且 q
所以，p（或 q）

也可以把这种推理形式表示为：(p∧q) → p (q)。

例如：

①盗窃罪是故意犯罪，抢劫罪也是故意犯罪；
所以，盗窃罪是故意犯罪。

②构成诬告陷害罪，不仅要有捏造犯罪事实的行为，而且还必须要有告发的行为；
所以，构成诬告陷害罪必须有告发的行为。

联言推理分解式的有效性是由联言判断与其联言肢的真假关系决定的。如果一个联言判断真，那么它的各个联言肢都真。而在分解式中，前提所肯定的是一个联言判断，结论所肯定的则是该联言判断中的一个肢判断。所以，当前提真时，结论必然为真。

2. 组合式（又称合成式）。所谓组合式是指以已知为真的联言判断的肢判断为前提，从而推导出一个真的联言判断的结论。

联言推理组合式的结构形式为：

　　p
　　q
所以，P 并且 q

也可以把这种推理形式表示为：(p，q) → (p∧q)。

例如：

①小王是大学生；
小王是运动员；
所以，小王既是大学生，又是运动员。

②遗嘱见证人不能是无行为能力人、限制行为能力人；
遗嘱见证人不能是继承人、受遗赠人；
遗嘱见证人不能是与继承人、受遗赠人有利害关系的人；
因此，遗嘱见证人不能是无行为能力人、限制行为能力人、继承人、受遗赠人以及与继承人、受遗赠人有利害关系的人。

联言推理组合式的有效性同样是由联言判断与其联言肢的真假关系决定的。如果各个联言肢都真，那么联言判断必然为真。在组合式中，前提所肯定的是各个肢判断，而结论所肯定的是由各个肢判断所构成的一个联言判断。因此，在组合式推理中，只要前提真，结论必然为真。

三、联言推理在司法工作中的应用

在司法工作中，无论是在刑事案件的侦查、提起公诉，或是在刑事诉讼、民事诉讼等诉讼活动中，经常要应用联言推理。

在刑事诉讼过程中，当确认被告人有罪或无罪时，常用合成式或分解式联言推理。例如，我国《刑法》第175条规定："以转贷牟利为目的，套取金融机构信贷资金高利转贷他人,违法所得数额较大的,处三年以下有期徒刑或者拘役,并处违法所得一倍以上五倍以下罚金;数额巨大的,处三年以上七年以下有期徒刑,并处违法所得一倍以上五倍以下罚金。

单位犯前款罪的,对单位判处罚金,并对其直接负责的主管人员和其他直接责任人员,处三年以下有期徒刑或者拘役。"

下面用符号表示法条内容,再用公式表达法条中的逻辑关系,这对于理解法条是有帮助的。

设定:A=以转贷牟利为目的;

B=套取金融机构信贷资金高利转贷他人;

C=违法所得数额较大的;

D=处三年以下有期徒刑或者拘役;

E=并处违法所得一倍以上五倍以下罚金;

F=数额巨大的;

G=处三年以上七年以下有期徒刑;

H=单位犯前款罪的;

O=对单位判处罚金;

P=其直接负责的主管人员和其他直接责任人员。

公式一:$(A \wedge B \wedge C) \to D \wedge E$

　　　　$\underline{某人 = (A \wedge B \wedge C)}$

　　　　所以某人应处 $(D \wedge E)$

公式二:$(A \wedge B \wedge F) \to (G \wedge E)$

　　　　$\underline{某人 = (A \wedge B \wedge F)}$

　　　　所以某人应处 $(G \wedge E)$

公式三:$(A \wedge B \wedge H) \to [O \wedge (P \to D)]$

　　　　$\underline{某单位 = (A \wedge B \wedge H)}$

　　　　所以 $[O \wedge (P \to D)]$

关于这部分还可参考本书的联言判断和选言判断的负判断的内容。

第三节 选言推理

一、选言推理的概念

所谓选言推理又称为析取推理,它是以选言判断为前提,并依据选言肢之间的逻辑关系,推导出直言判断或联言判断结论的演绎推理。

例①:某人的行为是犯罪还是不犯罪(大前提);

　　　$\underline{某人的行为是犯罪(小前提);}$

　　　所以,某人的行为不是不犯罪(结论)。

例②:被害人是自杀还是他杀还是意外事件造成的(大前提);

　　　$\underline{被害人是他杀造成的(小前提);}$

所以，被害人不是自杀也不是意外事件造成的（结论）。

二、选言推理的特征

1. 以选言判断为大前提。
2. 结论可能是直言判断，也可能是联言判断。
3. 前提与结论的联系是必然的，有蕴涵关系。
4. 作为大前提的选言判断，其选言肢至少有一个是真的。
5. 为保证结论的真实性，作为大前提的选言判断其选言肢应当穷尽。
6. 选言推理依据大前提的选言判断的性质，分为相容选言推理和不相容选言推理两类。

三、相容选言推理

相容选言推理是以相容选言判断为大前提，结论为直言判断或联言判断的选言推理。

例如：某甲或是犯贪污罪，或是犯挪用公款罪；
　　　某甲不是犯贪污罪；
　　　所以，某甲是犯挪用公款罪。

公式：

$$p \vee q$$
$$\overline{p}$$
所以，q

可写为：$[(p \vee q) \wedge \overline{p}] \rightarrow q$。

注意：相容选言推理只有一个有效式，即否定肯定式；而肯定否定式则推不出必然性结论，为无效式。以上例分析，不能通过肯定"某甲犯了挪用公款罪"，而推出"某甲没有犯贪污罪"。因为，某甲可能"既犯挪用公款罪，又犯贪污罪"从而数罪并罚。从选言肢分析，相容选言判断的选言肢可以同时为真，而不是只有一个真。

四、不相容选言推理

不相容选言推理是以不相容选言判断为大前提，其结论为直言判断或联言判断的选言推理。

例如：某甲的行为是犯罪还是非罪；
　　　某甲的行为不是犯罪；
　　　所以，某甲的行为是非罪。
　　　某甲的行为是犯罪还是非罪；
　　　某甲的行为是犯罪；
　　　所以，某甲的行为不是非罪。

公式：

$$p \dot{\vee} q$$

$$\frac{\overline{p}}{\text{所以，} q}$$

可写为：$[(p \dot{\vee} q) \wedge \overline{p}] \rightarrow q$。

$$\frac{p \dot{\vee} q}{\text{所以，} \overline{q}}$$

可写为：$[(p \dot{\vee} q) \wedge p] \rightarrow \overline{q}$。

注意：不相容选言推理有两个有效式，即否定肯定式和肯定否定式，因为，选言肢是排斥关系，不能并存，且选言肢中只有一个是真的。

五、正确运用选言推理的逻辑要求

1. 作为大前提的选言判断的选言肢必须穷尽一切可能，得出的结论才必然可靠。在运用选言推理时，无论是相容选言推理还是不相容选言推理，只有当选言前提的选言肢穷尽时，才能保证其中有为真的选言肢；反之，如果选言前提的选言肢没有穷尽，就不能保证其中有为真的选言肢，由此而推出的结论就不必然可靠。

例如：这场球赛或者甲队赢，或者乙队赢；

这场球赛甲队未赢；

所以，这场球赛是乙队赢。

显然，这个选言推理的前提因漏掉了"甲乙两队打成平局"这样一个选言肢，因此，由上述前提得出的结论不必然可靠，有可能是错误的。

2. 要注意作为大前提的选言判断中的各选言肢是否相容，从而选择正确的推理形式。各选言肢之间是否可以并存的问题，是运用选言推理必须掌握的重要问题，否则就要犯逻辑错误。相容选言推理的有效式只有否定肯定式，即通过否定选言前提中的一部分选言肢，结论便可肯定选言前提中剩下的选言肢；只有当选言前提中各选言肢互相排斥时，才能运用肯定否定式。即只有不相容选言推理有肯定否定式，否则，一定不能采用肯定否定式。

3. 选言推理在司法实践中的应用

在刑事案件的侦查过程中，侦查人员根据现场勘查以及通过调查、访问以后，对案件的性质、作案人的确认、案件发生的过程等进行分析时，经常要用到选言推理。例如，对于第一杀人现场的确认，对嫌疑对象的分析、确认，对案情的定性，对罪犯可能逃匿的方向等等。

在法院庭审阶段中，特别是在辩论过程中，公诉人和律师常用选言推理向对方提问。以论证自己观点的正确性。

在适用法律条文时，办案人员要结合案情的实际，选择特定的条款，以便作出合情、合理、公正的判决，这也离不开应用选言推理。

第四节 假言推理

一、假言推理的概念

所谓假言推理又称为条件关系的推理，它是以假言判断为前提，推出一个直言判断结论的推理。

例如：如果是罪犯，那么，他有作案时间；
　　　某甲是罪犯；
　　　所以，某甲有作案时间。

公式：p→q
　　　　p
　　　所以，q

二、假言推理的特征

1. 假言推理的前提是由两个简单的直言判断组成的假言判断。
2. 前一个直言判断为"前件"，后一个直言判断为"后件"。
3. "前件"以字母 p 表示，"后件"以字母 q 表示。
4. 符号"→"表示"如果……那么……"的逻辑关系。

三、假言推理的类型

假言推理依据不同的标准分为不同的类型。

1. 若以假言推理中前提是否都是假言判断为标准，则分为"非纯粹假言推理"和"纯粹假言推理"两种。如果在假言推理中，只有大前提是假言判断，而小前提为直言判断，那么，谓之"非纯粹假言推理"。如果在假言推理中，大前提和小前提均为假言判断，那么，谓之"纯粹假言推理"。前面的例证属"非纯粹假言推理"，下面例证为"纯粹假言推理"。

根据我国《刑法》第 236 条规定，可作出以下推论：
如果奸淫不满 14 周岁的幼女的，那么，要以强奸罪论并且从重处罚；
如果强奸妇女、奸淫幼女情节恶劣的，那么，要处 10 年以上有期徒刑、无期徒刑或者死刑；
某被告人奸淫幼女情节恶劣；
所以，某被告人至少要处 10 年以上有期徒刑。
（注：结论不排除可能对某被告人判处无期徒刑或死刑。）

2. 若以假言推理中假言判断的前件和后件的逻辑关系为标准，可分为充分条件假言推理、必要条件假言推理、充分必要条件假言推理三种。以下分别介绍这三种假言推理的定义、特征、公式、规则等问题。

四、充分条件假言推理

1. 定义。所谓充分条件假言推理是指以充分条件关系的假言判断为大前提，并以直言判断为小前提，推出必然性结论的演绎推理。

例如，我国《民事诉讼法》第57条规定："无诉讼行为能力人由他的监护人作为法定代理人代为诉讼。法定代理人之间互相推诿代理责任的，由人民法院指定其中一人代为诉讼。"依照此法条可做以下推论：

推论①：如果为无诉讼行为能力的人（p），则由他的法定代理人代为诉讼（q，大前提）；

某原告是无诉讼行为能力的人（p，小前提）；

所以，某原告由他的法定代理人代为诉讼（q，结论）。

推论②：如果法定代理人之间互相推诿代理责任的（p），则由人民法院指定其中一人代为诉讼（q，大前提）；

某原告的法定代理人之间互相推诿代理责任；

因此，由人民法院指定原告的法定代理人中的一人代为诉讼（q，结论）。

2. 公式：p→q

$$\frac{p}{\text{所以，} q}$$

（注：p=前件，q=后件，"→"＝"如果……那么……"）

3. 特征。充分条件假言推理除了上述的形式特点外，重要的在于前件对后件来说，是"有之则必然"的关系，而不是"无之则必不然"的关系。换言之，若有前件，定会有后件；若无前件，不一定无后件。前件的存在是后件存在的条件之一，但不是唯一的条件。前件和后件的关系反映了"多因一果"的关系。

4. 规则。(1) 前件对后件来讲，有之则必然，无之则未必不然；(2) 后件对前件而言，无之则必不然，有之则未必然。

5. 类型。根据上述规则，充分条件假言推理有两个有效式：

(1) 肯定前件式：若前提中肯定充分条件假言判断的前件，结论则肯定其后件。即有前件就一定有后件；前件真，后件一定真。其公式为：

$$\frac{p \to q}{\frac{p}{\text{所以，} q}}$$

也可以表示为：$[(p \to q) \land p] \to q$。

例如：如果尸体上出现黄粉虫虫卵，那么案发地一定在埃因霍温；

尸体上出现了黄粉虫虫卵；

案发地在埃因霍温。

(2) 否定后件式：若前提中否定充分条件假言判断的后件，结论则否定其前件。即没有后件就一定没有前件；后件假，前件一定假。其公式为：

$$\frac{p \to q}{\frac{\overline{q}}{\text{所以，} \overline{p}}}$$

也可以表示为：$[(p \to q) \land \overline{q}] \to \overline{p}$。

例如：如果杨某是杀人凶手，杨某就能够戴上染血的凶手手套；

杨某戴不上染血的凶手手套；
　　所以，杨某不是杀人凶手。
　　充分条件假言推理的肯定前件式和否定后件式都是逻辑上有效的推理形式。运用这两种推理形式，能由真的前提推出必然结论。
　　在运用充分条件假言推理时，不能采用以下两种形式，即否定前件式和肯定后件式，这两者都是错误的推理形式。即使前提真，也不能推出必然结论。例如：
　　①如果被告是故意犯罪，那么应受刑罚处罚；
　　　该被告不是故意犯罪；
　　　所以，该被告不应受刑罚处罚。
　　②如果死者是煤气中毒死亡的，那么尸斑呈鲜红色；
　　　该死者尸斑呈鲜红色；
　　　所以，该死者是煤气中毒死亡的。
　　推理①通过否定充分条件假言前提的前件，从而得出否定其后件的结论，该结论不是必然的，所以该推理错误。
　　推理②通过肯定充分条件假言前提的后件，从而得出其前件的结论，该结论也不必然成立，而是可真可假，所以，推理②也是错误的。

五、必要条件假言推理

　　1. 定义。所谓必要条件假言推理是指以必要条件关系的假言判断为大前提，并以直言判断为小前提，推出必然性结论的演绎推理。
　　例如，根据《刑法》第25条规定，可做以下推理。
　　推理之一：
　　只有二人以上犯罪，才能构成共同犯罪（大前提）；
　　这是一起共同犯罪（小前提）；
　　所以，这是一起二人以上犯罪（结论）。
　　推理之二：
　　只有二人以上犯罪，才能构成共同犯罪（大前提）；
　　此案不是二人以上犯罪（小前提）；
　　所以，此案不构成共同犯罪（结论）。
　　2. 公式：

$$p \leftarrow q$$
$$\underline{\quad q \quad}$$
$$所以，p$$

　　（注：p=前件，q=后件，"←"="只有……才……"）
　　3. 特征。必要条件假言推理除了上述的形式特点之外，重要的在于前件对后件来说，是"有之则未必然"的关系，而不是"有之则必然"的关系。换言之，若有前件，未必定有后件；若无前件，则必无后件。前件的存在是后件存在的综合条件之一，但不是唯一的条件，而是不可缺少的条件之一。前件和后件的关系反映了"复因一果"的关系。

4. 规则。(1) 前件对后件来讲，无之则必不然，有之则未必然；(2) 后件对前件而言，有之则必然，无之则未必不然。

5. 类型。根据上述规则，必要条件假言推理的有效式如下：

(1) 否定前件式：若前提中否定必要条件假言判断的前件，结论则否定必要条件假言判断的后件。即没有前件就一定没有后件；前件假，后件一定假。其公式为：

p←q
$\overline{p}$
所以，$\overline{q}$

也可表示为：[(p←q)∧$\overline{p}$]→$\overline{q}$。

例如：只有年满18周岁的公民，才有选举权和被选举权；
　　　李某没有年满18周岁；
　　　所以，李某没有选举权和被选举权。

(2) 肯定后件式：若前提中肯定必要条件假言判断的后件，结论则肯定必要条件假言判断的前件，即有后件，就一定有前件；后件真，前件一定真。其公式为：

p←q
　q
所以，p

也可表示为：[(p←q)∧q]→p。

例如：只有行为具有社会危害性，才是犯罪行为；
　　　李某的行为是犯罪行为；
　　　所以，李某的行为具有社会危害性。

必要条件假言推理的否定前件式和肯定后件式都是逻辑上有效的推理形式。它们都能保证由真前提必然地推出真结论。

在进行必要条件假言推理时，不能采用以下两种形式，即肯定前件式和否定后件式，这两者都是错误的推理形式。即使前提真，也不能推出必然结论。例如：

①只有具有杀人的故意，才会构成故意杀人罪；
　某甲具有杀人的故意；
　所以，某甲构成故意杀人罪。

②只有具备作案时间的人，才会是本案罪犯；
　王某不是本案罪犯；
　所以，王某不具备作案时间。

推理①通过肯定必要条件假言前提的前件，从而得出肯定其后件的结论。该结论不是必然的，所以该推理错误。

推理②通过否定必要条件假言推理的后件，从而得出否定前件的结论。该结论是可真可假，不是必然的，所以，推理②也是错误的。

六、充分必要条件假言推理

1. 定义。所谓充分必要条件假言推理是指以充分必要条件关系的假言判断为大前提，并以直言判断为小前提，推出必然性结论的演绎推理。

例如，我国《刑法》第24条规定："在犯罪过程中，自动放弃犯罪或者自动有效地防止犯罪结果发生的，是犯罪中止。

对于中止犯，没有造成损害的，应当免除处罚；造成损害的，应当减轻处罚。"

依据该法条可作出以下推论：

推论①：

如果在犯罪过程中，自动放弃犯罪或者自动有效地防止犯罪结果发生的，则属于犯罪行为的中止（大前提）；

某被告人在犯罪过程中，自动放弃犯罪（小前提）；

因此，某被告人属于中止犯（结论）。

推论②：

如果在犯罪过程中，自动放弃犯罪或者自动有效地防止犯罪结果发生的，则属于犯罪行为的中止（大前提）；

某被告人在犯罪过程中，没有自动放弃犯罪（小前提）；

因此，某被告人不属于中止犯（结论）。

推论③：

如果以暴力干涉他人婚姻自由的，就构成暴力干涉婚姻自由罪（大前提）；

某被告人已构成暴力干涉婚姻自由罪（小前提）；

所以，某被告人是以暴力干涉他人婚姻自由（结论）。

推论④：

如果以暴力干涉他人婚姻自由的，就构成暴力干涉婚姻自由罪（大前提）；

某被告人没有构成暴力干涉婚姻自由罪（小前提）；

所以，某被告人没有以暴力干涉他人婚姻自由（结论）。

2. 公式：

$$p \leftrightarrow q$$
$$\underline{p}$$
$$所以，q$$

（注：p=前件，q=后件，"↔"="当且仅当……就……"）

3. 特征。充分必要条件假言推理除了上述的形式特点外，重要的在于前件对后件来说，是"有之则必然""无之则必不然"的关系。换言之，若有前件，定会有后件；若无前件，定无后件。反之，后件对前件来讲也是如此。前件和后件之间存在着互为因果的关系。

4. 规则。（1）前件对后件来讲，有之则必然，无之则必不然；（2）后件对前件来说，有之则必然，无之则必不然。

5. 类型。根据上述规则，充分必要条件假言推理的有效式如下：

（1）肯定前件式。

其公式为：$p \leftrightarrow q$

$$\underline{p}$$
$$所以，q$$

也可表示为：$[(p \leftrightarrow q) \wedge p] \rightarrow q$。

(2) 肯定后件式

其公式为：
$$p \leftrightarrow q$$
$$\underline{q}$$
$$所以，p$$

也可表示为：$[(p \leftrightarrow q) \wedge q] \rightarrow p$。

(3) 否定前件式。

其公式为：
$$p \leftrightarrow q$$
$$\underline{\bar{p}}$$
$$所以，\bar{q}$$

也可表示为：$[(p \leftrightarrow q) \wedge \bar{p}] \rightarrow \bar{q}$。

(4) 否定后件式。

其公式为：
$$p \leftrightarrow q$$
$$\underline{\bar{q}}$$
$$所以，\bar{p}$$

也可表示为：$[(p \leftrightarrow q) \wedge \bar{q}] \rightarrow \bar{p}$。

由此可见，充分必要条件假言推理由其前件和后件之间的关系所决定的，在其前、后件之间，肯定一个就必须肯定另一个，否定一个就必须否定另一个。因此，充分必要条件假言推理有四个有效式。

七、纯粹假言推理

以上分别讲了充分条件、必要条件、充分必要条件假言推理，通常又称为假言直言推理或非纯粹假言推理。这里将介绍纯粹假言推理。

1. 定义。所谓纯粹假言推理是指以假言判断为大前提和小前提，并依据假言判断的逻辑关系，推导出假言判断结论的演绎推理。

2. 特征。(1) 有两个或两个以上的假言判断为前提；(2) 第一个假言判断的后件是第二个假言判断的前件；(3) 通过肯定（或否定）前件（或后件），从而得出一个假言判断的结论。

3. 规则。依照充分条件假言推理、必要条件假言推理、充分必要条件假言推理的逻辑规则。

4. 类型。

(1) 充分条件关系的纯粹假言推理。它是以一系列充分条件关系的假言判断为前提，并根据充分条件关系，推出假言判断的结论。

例如，我国《刑法》第 234 条规定："故意伤害他人身体的，处三年以下有期徒刑、拘役或者管制。犯前款罪，致人重伤的，处三年以上十年以下有期徒刑；致人死亡或者以特别残忍手段致人重伤造成严重残疾的，处十年以上有期徒刑、无期徒刑或者死刑。本法另有规定的，依照规定。"

依据此法条可作出以下推论：

如果故意伤害他人身体的，就犯了故意伤害罪（大前提）；

如果犯了故意伤害罪，就应处三年以下有期徒刑、拘役或者管制（大前提）；

某被告人故意伤害他人身体（小前提）；
因此，某被告人应处三年以下有期徒刑、拘役或者管制（结论）。

公式：　　肯定前件式　　　　否定后件式
　　　　　p→q　　　　　　　　p→q
　　　　　q→r　　　　　　　　q→r
　　　　所以，p→r　　　　　所以，$\bar{r}→\bar{p}$

[（p→q）∧（q→r）] → （p→r）。
[（p→q）∧（q→r）] → （$\bar{r}→\bar{p}$）。

（2）必要条件关系的纯粹假言推理。它是以一系列必要条件关系的假言判断为前提，并根据必要条件关系，推出假言判断的结论。

例如：
只有危害社会的行为（p），才是构成犯罪的行为（q）；
只有构成犯罪的行为（q），才会受到刑罚的处罚（r）；
所以，只有危害社会的行为（p），才会受到刑罚的处罚（r）。

公式：　　否定前件式　　　　肯定后件式
　　　　　p←q　　　　　　　　p←q
　　　　　q←r　　　　　　　　q←r
　　　　所以，$\bar{p}→\bar{r}$　　　　所以，r→p

[（p←q）∧（q←r）] → （$\bar{p}→\bar{r}$）。
[（p←q）∧（q←r）] → （r→p）。

第五节　假言联言推理

一、假言联言推理的概念

所谓假言联言推理是指由联言判断和假言判断组成的多重复合判断为大前提，依据假言判断的逻辑关系，推出结论的演绎推理。

例如，我国《刑法》第 67 条规定："犯罪以后自动投案，如实供述自己的罪行的，是自首。对于自首的犯罪分子，可以从轻或者减轻处罚。其中，犯罪较轻的，可以免除处罚。

被采取强制措施的犯罪嫌疑人、被告人和正在服刑的罪犯，如实供述司法机关还未掌握的本人其他罪行的，以自首论。"

依据该法条可做以下推论：
如果犯罪后（A）自动投案（B），并且如实供述自己的罪行的（C），那么，可以从轻或者减轻处罚（E）（大前提）；
某被告人（F）犯罪以后自首（小前提）；
因此，某被告人可以从轻或者减轻处罚（结论）。

公式：
(A∧B∧C) →E

$$\frac{F \wedge (A \wedge B \wedge C)}{\text{所以, F 可以 E}}$$

二、假言联言推理的特征

1. 大前提为假言判断。
2. 前件或后件中至少有一个是联言判断。
3. 小前提和结论可能是联言判断,也可能是直言判断。

三、假言联言推理的逻辑规则

按照假言判断和联言判断的逻辑关系的性质,进行推理。

四、假言联言推理的类型

依据假言联言推理中,假言判断的逻辑关系的不同,可分为不同类型。如果该推理是充分条件关系的假言推理,有以下两种类型:

$$\frac{(s \wedge r) \rightarrow q}{s \wedge r} \qquad \frac{(s \wedge r) \rightarrow q}{\bar{q}}$$
$$\text{所以, } q \qquad \text{所以, } \overline{s \wedge r} \, (= \bar{s} \vee \bar{r})$$

$$\{[(s \wedge r) \rightarrow q] \wedge (s \wedge r)\} \rightarrow q。$$
$$\{[(s \wedge r) \rightarrow q] \wedge \bar{q}\} \rightarrow \overline{s \wedge r} = (\bar{s} \vee \bar{r})。$$

如果是必要条件假言推理或充分必要条件假言推理,则有其他类型(参见假言推理一节)。

第六节 假言选言推理

一、假言选言推理的概念

所谓假言选言推理是指由假言判断和选言判断组成的多重复合判断为大前提,依据假言判断的逻辑关系,推出结论的演绎推理。

例如,我国《刑法》第 27 条规定:"在共同犯罪中起次要或者辅助作用的,是从犯。对于从犯,应当从轻、减轻处罚或者免除处罚。"

依据该法条可做以下推论:

如果在共同犯罪中起次要(p)或者辅助(q)作用的,那么就属于从犯(r);

某被告人(s)在共同犯罪中是起次要(p)作用的;

所以,某被告人(s)属于从犯(r)。

公式为:$(p \vee q) \rightarrow r$

$$\frac{p}{\text{所以 } r}$$

二、假言选言推理的特征

1. 前提是由假言判断和选言判断组成。

2. 结论是直言判断或多重复合判断。

三、假言选言推理的逻辑规则

按照假言判断和选言判断的逻辑关系的性质，进行推理。

四、假言选言推理的类型

依据前提中假言判断和选言判断的组成情况不同，而分为不同类型。

1. 假言判断中的前件或后件包含有选言判断的形式。

$(p \vee q) \rightarrow r$ $(p \vee q) \rightarrow r$

$\underline{\quad p \quad}$ $\underline{\quad \bar{r} \quad}$

所以，r   所以，$\overline{p \vee q}$（$= \bar{p} \wedge \bar{q}$）

$\{[(p \vee q) \rightarrow r] \wedge p\} \rightarrow r$。

$\{[(p \vee q) \rightarrow r] \wedge \bar{r}\} \rightarrow (\overline{p \vee q})$。

2. 假言判断和选言判断分别作为前提。通常是：由一个选言判断和几个与选言肢相关的假言判断组成。

例如：被告人或是犯贪污罪（p），或是犯挪用公款罪（q）；

如果被告人犯贪污罪（p），那么，要受到刑罚的处罚（r）；

如果被告人犯挪用公款罪（q），那么，要受到刑罚的处罚（r）；

所以，无论被告人犯贪污罪（p），还是犯挪用公款罪（q），总是要受到刑罚的处罚（r）。

公式：

         $(p \vee q)$

         $p \rightarrow r$

         $\underline{q \rightarrow r}$

         所以，$(p \vee q) \rightarrow r$

$\{[(p \vee q) \wedge (p \rightarrow r) \wedge (q \rightarrow r)] \wedge (p \vee q)\} \rightarrow r$。

五、二难推理

1. 定义。所谓二难推理是指由两个假言判断和一个选言判断组成的假言选言推理。其特点是：

（1）只有一个两肢的选言判断。

（2）两个假言判断的前件或后件应该和选言肢相同。

例如：1801 年联邦党人马歇尔就任联邦最高法院首席大法官，共和党人杰弗逊入主白宫。前任联邦党人亚当斯总统卸任前签署的对马伯里等四人的委任状被新任国务卿共和党人麦迪逊根据杰弗逊总统指令拒绝发送，马伯里于是根据《法官法》第十三款规定的联邦最高法院管辖权提起诉讼，要求最高法院向麦迪逊发出训令，命令其递交委任状；于是马歇尔大法官面临着一个极为微妙的局面，如果他不发出训令，那么作为一个联邦党人，他就没有做到尽全部力量打击共和党人、维护联邦党人权威和利益的义务，也损害了最高法院的权威。但彼时最高法院的权威有限，无权且无钱，即使发出训令，如果政府置若罔闻，也无法强迫执行。政府和国会如若不服从最高法院的裁决，最高法院更会颜面扫地。

该二难推理如下：

如果马歇尔不发出训令，那么马歇尔不能维护联邦党人的利益，且将损害最高法院的权威；

如果马歇尔发出训令，那么由于联邦政府有令不行，同样会损害联邦最高法院的权威；

马歇尔发出或不发出训令，都不能维护联邦最高法院的权威。

又例如：

苏珊来到了一家餐厅吃饭，看到菜单上写着"鱼翅——10美元"，于是她点了一盘鱼翅准备享用。吃完后准备结账，服务员开出账单竟是1000美元。"鱼翅每盘1000美元，你看菜单。"服务员解释道。这时苏珊定睛一看发现果然是1000美元，只是后面的两个零非常小，前面的"10"非常大，猛地一看以为是10美元。但是苏珊不慌不忙，叫来老板，询问老板："你知不知道你违反了《珍稀动物保护法》，我现在举报，将会收你3000元的罚款且面临停止经营的风险。"老板哈哈大笑："我们这里根本没有什么鱼翅，所谓鱼翅都是用普通河鱼冒充的。"苏珊继续说道："既然你用河鱼翅冒充鱼翅，欺诈了我，那么根据法律，也将对你罚款2000美元。"老板听了哑口无言，只能乖乖放行。

该案中，依据《珍稀动物保护法》，饭店老板售卖鱼翅的行为违反了法律，需要处以3000美元的罚款。而当老板说出真相，他其实没有售卖珍稀动物，而是用河鱼翅冒充真鱼翅时，他欺骗了消费者，也需要根据《消费者权益保护法》，承担2000美元的赔偿。所以不论怎样，都要承担赔偿。

二难推理公式如下：

$$p \vee q$$
$$p \rightarrow r$$
$$q \rightarrow r$$
$$所以，(p \vee q) \rightarrow r$$

二难推理在司法实践中有重要作用，在刑事侦查过程中，在法庭辩论过程中，在审判的认定事实、确定案件性质（罪与非罪、合法与不合法、有效与无效等）过程中，是论证自己观点，驳斥对方观点的重要方法，这种方法使论敌处于被动局面，处于进退维谷的境地，正确运用这种推理可以起到克敌制胜的效果。

下面再看一个现实中的例子。

原告甲（女）起诉被告乙（男）欠货款未还。乙的代理人——律师反驳道："这不是借贷关系，而是甲和乙婚前的共同财产，是离婚时未分割的一部分财产。"同时还说："甲和乙离婚无效，是假离婚。"

甲方代理人——甲方律师用了两个二难推理驳斥了乙方律师的辩解。

推理①：

甲方和乙方离婚是合法有效，还是不合法又无效？

如果离婚合法有效，那么离婚后借贷关系应偿还；

如果离婚不合法又无效,那么,共同承担偿付银行贷款;
所以,无论离婚合法有效或不合法无效,那么,乙方不是还甲方借贷款,就是偿还银行的共同贷款。

推理②:
甲方和乙方离婚是合法有效,还是不合法又无效?
如果离婚合法有效,那么,乙方应该还出借款;
如果离婚不合法又无效,那么乙方现在又与他人结婚是犯重婚罪;
因此,无论离婚是合法或是不合法,乙方要么还借款,要么犯了重婚罪。

2. 二难推理类型的公式。

(1) 简单构成式。在二难推理中,两个假言判断的前件不同,后件相同;通过肯定不同的前件,从而肯定共同的后件。

p∨q
p→r
q→r
所以,(p∨q) →r
{[(p∨q) ∧ (p→r) ∧ (q→r)] ∧ (p∨q)} →r。

(2) 简单破坏式。在二难推理中,两个假言判断的前件相同,后件不同;通过否定不同的后件,从而否定共同的前件。

p∨q
r→p
r→q
所以,($\bar{p}$∨$\bar{q}$) →$\bar{r}$
{[(p∨q) ∧ (r→p) ∧ (r→q)] ∧ ($\bar{p}$∨$\bar{q}$)} →$\bar{r}$。

(3) 复杂构成式。在二难推理中,两个假言判断的前件或后件都不相同,通过肯定不同的前件,从而肯定不同的后件。

p∨q
p→r
q→s
所以,(p∨q) → (r∨s)
{[(p∨q) ∧ (p→r) ∧ (q→s)] ∧ (p∨q)} → (r∨s)。

(4) 复杂破坏式。在二难推理中,两个假言判断的前件与后件都不相同,通过否定不同的后件,从而否定不同的前件。

p∨q
p→r
q→s
所以,($\bar{r}$∨$\bar{s}$) → ($\bar{p}$∨$\bar{q}$)
{[(p∨q) ∧ (p→r) ∧ (q→s)] ∧ ($\bar{r}$∨$\bar{s}$)} → ($\bar{p}$∨$\bar{q}$)。

3. 二难推理的逻辑规则。

(1) 由一个两肢的选言判断和两个与选言肢相关的假言判断组成;

(2) 选言肢之间存在矛盾关系，排除第三种可能性，即"非此即彼"，无中间状态；
(3) 所用概念必须确定，所用判断必须含义明确。

下面两个例子尽管形式上是二难推理，但是，没有起到二难推理的功效。

例①：本书第一章第三节第二个问题中举了一个"复杂问句"的例子，律师的目的在于为被告人辩护，想要被告人回答："我根本就没有贪污，也没有行贿他人。"但是，被告人不懂逻辑，因此，表示沉默，未做答复。如果被告人简单答复，其结果都得承认贪污行为。其推理如下：

如果被告人说"知道"，那就承认自己贪污；
如果被告人说"不知道"，那也承认自己贪污；
<u>无论被告人说"知道"或者说"不知道"；</u>
因此，被告人总是承认自己贪污。

律师这样的提问方式，使被告人处于进退两难的境地，没有起到辩护的作用。相反律师这种提问却为公诉人提供了反驳的条件。公诉人可以用二难推理进行如下反驳：无论他人知道与否，被告人贪污事实不容否认。如果他人不知道行贿款是贪污来的，并不能排除被告人贪污的事实；如果他人知道行贿款是贪污来的，更证明被告人犯了贪污罪。无论被告人作出肯定或否定回答，都不能证明被告人没有贪污。这一个反驳是很有力的，但是，公诉人因为没有意识到辩护律师在逻辑上存在问题，因而，失去一次反驳机会。

推理形式如下：

如果被告人回答（肯定或否定），都承认自己犯贪污罪；
如果被告人不回答（沉默），也是默认自己犯贪污罪；
<u>被告人或是回答，或是不回答；</u>
因此，被告人已是承认（或默认）自己犯贪污罪。

例②：在历史上曾有一个"半费诉讼"的逻辑故事。相传在古希腊有位名叫欧提勒士的人，向当时著名的辩者普罗泰戈拉学习法律。他俩曾签订一项合同，主要内容是：

第一，在学习开始时，学生向教师先付一半学费；
第二，学生在毕业后，第一次打官司时，如果胜诉就再付另一半学费，如果败诉就不再付另一半学费。

然而，学生毕业后，许久时间没有出庭打官司，教师见学生不付学费，就拉着学生去打官司。学生也同意去打官司。他们二人各有一个二难推理。教师的推理是："无论打胜或打败，学生必须付另一半学费"。学生的推理是："无论胜诉或败诉，我不必付另一半学费"。师生各自推理如下。

教师的"二难推理"是这样的：

如果我打胜官司，按判决结果，学生应付另一半学费；
如果我打败官司，按合同，学生应付另一半学费；
<u>教师我或官司打胜，或官司打败；</u>
总之，学生要付我（教师）另一半学费。

学生的"二难推理"是这样的：

如果我打胜官司，按判决结果，不应付教师另一半学费；

如果我打败官司，按合同我不应付教师另一半学费；

<u>学生我或者官司打胜，或者官司打败；</u>

总之，我不应付给教师另一半学费。

按理"二难推理"只能使对方陷入进退两难的境地，不可能同样内容的二难推理对双方都有利。这里之所以出现使人难于理解的问题，在于有两个问题被混淆了。

第一，在"合同"中对于"第一次打官司"未做明确规定。即"第一次和谁打官司?"按合同应理解为学生学过法律后，为他人担任代理人时，和其他的原告或被告人打官司，而绝非和老师打官司。

第二，由于诉讼对象不明确，导致后来的师生各取所需，混淆了"合同"中的"胜与败"与"判决"中的"胜与败"。

这里就违反了"二难推理"的逻辑规则。

第七节　多重复合假言、联言、选言推理

一、多重复合假言、联言、选言推理的概念

所谓多重复合推理是指其大前提由假言判断、联言判断、选言判断等组成，推理过程按照一定程序和一定逻辑关系进行，从而推出一个直言判断或复合判断的结论。

这种推理在司法活动中尤为突出，如在给刑事被告人定罪、量刑时，常常用到下列推理。

例如，公诉人指控某刑事被告人是犯了故意杀人罪时，可进行以下论证：

（大前提）根据《刑法》第 14 条规定："明知自己的行为会发生危害社会的结果，并且希望或者放任这种结果发生，因而构成犯罪的，是故意犯罪。"

（小前提）被告人用匕首向被害人左胸部位连续刺了四刀，被告人明知会产生危害结果，并且希望这种结果发生，致使被害人因心脏破裂而死亡；

（结论）所以，被告人是犯了故意杀人罪。

二、公式

公式由于具体内容不同而有多种形式，以上述例子分析，公式如下：

设定：①明知……结果＝p

②希望结果发生＝q

③放任结果发生＝r

④构成犯罪＝s

⑤故意犯罪＝t

公式：

$[p \wedge (q \vee r) \wedge s] \leftrightarrow t$（大前提）

<u>$[p \wedge q \wedge s]$</u>（小前提）

所以，t（结论）

三、应该注意的问题

在法律条文中,这种多重复合判断表示法律规范是很多的,这就要求法律工作者、司法工作者按照一定的逻辑程序、逻辑关系理解法律条文。法律规范包括假定、处理、制裁三个逻辑要素,它对于某一类行为来讲,具有普遍有效性。它比行为人具体行为要件要抽象,更具有概括性,只有弄清楚法律规范内在的逻辑关系,才能正确理解其中的法律关系。因此,第一,要正确分析判断的层次性。一般来讲,假言判断是第一层关系,其中,还包含其他判断关系。第二,要正确理解判断中的逻辑关系,合取关系要几个条件必须具备,析取关系只要存在其中某一条件即可。

练习题

一、单项选择题

1. "党员都应当遵纪守法,我不是党员,所以我不应当遵纪守法。"这一个三段论推理(   )。
   ①是正确的
   ②犯了"中项不周延"的错误
   ③犯了"四概念"的错误
   ④犯了"大项扩大"的错误

2. 一个正确三段论的大前提为 MIP,则其小前提一定是(   )。
   ①MIS   ②MAS   ③SAM   ④SIM

3. 以"甲、乙、丙三人中至少有一人不是知情人"和"甲是知情人"这两个判断为前提,能必然推出结论(   )。
   ①乙不是知情人,丙也不是知情人   ②乙或者丙不是知情人
   ③乙是知情人而丙不是知情人   ④乙不是知情人而丙是知情人

4. 以"如果某甲是凶手,则他一定具有作案时间和作案动机"和"某甲是凶手"这两个前提(   )。
   ①不能必然推出任何结论
   ②可以必然推出"某甲或者没有作案时间,或者没有作案动机"的结论
   ③可以必然推出"某甲既无作案时间,也无作案动机"的结论
   ④可以必然推出"某甲具有作案时间和作案动机"的结论

5. 以"并非李某或王某有罪"和"如果李某有罪并且张某有罪,则王某有罪"为前提,能必然推出(   )。
   ①张某有罪   ②张某无罪
   ③李某无罪或张某无罪   ④李某无罪而张某有罪

二、多项选择题

1. 以 PAM 为大前提,如要得到正确的结论,其小前提只能是(   )。
   ①MAS   ②SOM   ③MOS   ④SAM   ⑤SEM

2. 一个正确三段论，其小前提为 MIS，则大前提可以是（　　　　）。
①MAP　　　②POM　　　③MEP　　　④PAM　　　⑤MOP

3. 以"甲、乙、丙三人中至少有一人不是嫌疑人"和"甲是嫌疑人"这两个判断为前提，不能必然推出（　　　　）。
①乙不是嫌疑人而丙也不是嫌疑人　②乙或者丙不是嫌疑人
③乙是而丙不是嫌疑人　④乙不是而丙是嫌疑人　⑤乙是嫌疑人而丙也是嫌疑人

4. 以（p←q）为大前提，（　　　　）。
①若加上小前提 p，就能必然推出 q
②若加上小前提 q，就能必然推出 p
③若加上小前提 $\bar{p}$，就能必然推出 $\bar{q}$
④若加上小前提 $\bar{q}$，就能必然推出 $\bar{p}$
⑤若加上小前提（q←r），就能必然推出（r→p）

5. 以"如果某甲是罪犯，则他一定具有作案时间"为大前提（　　　　）。
①若加上小前提某甲不是罪犯，则能必然推出某甲没有作案时间。
②若加上小前提某甲不是罪犯，也不能必然推出某甲没有作案时间。
③若加上小前提某甲是罪犯，则必然能推出某甲具有作案时间。
④若加上小前提某甲具有作案时间，则能必然推出某甲是凶手。
⑤若加上小前提某甲不具有作案时间，则能必然推出某甲不是凶手。

三、判断分析题（判断正误并说明理由）

1. 三段论前提中周延的词项，在结论中也必须周延。
2. "我又不当律师，所以用不着学法律"。这个省略三段论是错误的。
3. 选言推理都有肯定否定式和否定肯定式两种正确推理形式。
4. 以"只有阳光充足，植物才会正常生长"和"阳光充足"这两个判断为前提进行推理，能必然推出"植物正常生长"的结论。
5. 以"如果王某有罪，则刘某有罪"和"刘某有罪"这两个判断为前提进行推理，不能必然推出"王某有罪"的结论。

四、简答题

1. 什么是三段论？其基本构成要素有哪些？
2. 直言三段论公理的基本内容是什么？
3. 联言推理的定义及其主要种类如何？
4. 何为选言推理？其主要种类有哪些？
5. 什么是相容选言推理和不相容选言推理？各自的主要逻辑特征有哪些？
6. 什么是假言推理？它的分类是依什么条件进行的？
7. 充分条件假言推理、必要条件假言推理的定义是什么？各自有哪些正确形式？
8. 什么叫充要条件假言推理？它的逻辑形式和规则如何？
9. 什么是二难推理？它有哪些种类？其逻辑规则是什么？
10. 在一个三段论中，中项必须至少周延一次。为什么？

五、实例分析题

1. 以下列各组的第一判断为大前提，第二判断为小前提，根据三段论规则，能否必然得出结论? 为什么?

(1) 正当防卫是合法的,他们有的人不是正当防卫。

(2) 有的人犯了渎职罪,有的人犯了杀人罪。

(3) 盗窃不是抢夺,抢夺不是盗窃。

(4) 对严重犯罪分子要判刑,他被判刑了。

2. 恢复下列省略三段论,并从规则上检查其是否正确。

(1) 我们应遵纪守法,因为我们是司法工作者。

(2) 犯罪后自首的可从轻处罚,他已被从轻处罚了。

(3) 被告没有犯罪,因为他没有触犯刑律。

(4) 凡犯罪行为都是违法行为,这种行为不是犯罪行为。

(5) 凡犯罪行为都是违法行为,这种行为是违法行为。

(6) 甲有作案时间,所以,甲一定是作案人。

3. 以下列判断为前提,能否必然推出结论? 为什么?

(1) MAP,SEM。

(2) MAP,MOS。

(3) PAM,SAM。

(4) SAM,MAP。

(5) SOM,MEP。

(6) PEM,SAM。

(7) PIM,MAS。

(8) PAM,SIM。

4. 下列推理的种类如何? 写出推理形式,并判定是否正确和简单回答为什么。

(1) 某人的行为或者合法或者违法;现认定某人的行为合法;所以某人的行为不违法。

(2) 如果触犯刑法,就要受到刑罚的制裁;某甲已触犯刑法;所以他要受刑罚的制裁。

(3) 犯罪行为是违法行为,是不道德行为,是应当受到刑罚处罚的行为;所以,犯罪行为是应当受到刑罚处罚的行为。

(4) 只有作案人,才能具有作案时间;某甲具有作案时间;所以某甲是作案人。

(5) 这起盗窃案只能或者是某甲所为,或者是某乙所为;据查,不可能是某甲,因为他无作案时间,所以只能是某乙所为。

(6) 古人曾总结出这样一条规律:如果是自缢身死者,则舌头吐出,绳的痕迹淤血。某案中死者舌未吐出,绳迹无淤血,因此可以肯定死者并非自杀身亡。

5. 以下列判断为前提能否推出结论? 如能,应推出什么结论? 请写出结构式;如不能,请说明理由。

(1) 如果虐待家庭成员,情节恶劣,经告诉的,那么处两年以下有期徒刑、拘役或管制;某人虐待家庭成员情节恶劣,但未经告诉。

(2) 如果甲是凶手,那么案发时他一定在现场;案发时别人在其他地方看见了他。

(3) 只有达到刑事责任年龄的人犯罪,才追究刑事责任;某甲是达到了刑事责任年龄的犯罪人。

(4) 如果某人受到刑事制裁，那么他就有刑事责任能力；某甲具有刑事责任能力。

(5) 只要是犯罪行为，则必定是违法行为；某甲的行为不是犯罪行为。

(6) 如果不是违法行为，那么就不是犯罪行为；某人的行为是犯罪行为。

6. 运用有关推理知识，判断下列推理能否成立。

(1) $[(p \lor q \lor r) \land p] \to \overline{q} \land r$

(2) $[(p \to q) \land q] \to p$

(3) $[(p \to q) \land (q \to r) \land \overline{r}] \to \overline{p}$

(4) $[(p \leftarrow q) \land (q \to r) \land \overline{r}] \to \overline{p}$

(5) $\{[(p \land q \land r) \to s] \land \overline{s}\} \to \overline{(p \land q \land r)}$

(6) $\{[(p \land q \land r) \to p] \land \overline{(p \land q \land r)}\} \to \overline{p}$

7. 简要回答下列问题：

(1) 火车进站后，张某从车厢里的行李架上取走了李某的手提包。事后，张某被指控偷了李某的手提包。但张某不承认，说是一时疏忽拿错了，因为二人的包很相似。车站派出所林某对此作了如下推断：如果张某有意偷换李某的手提包，那么，李某的提包里定有值钱的东西或者为张某所喜爱的东西。后经查明，李某的手提包里有现金 800 元，进口表一只。于是林某断定张某是有意作案。请从逻辑的角度分析林某的推断是否成立？为什么？

(2) 某地发生一凶杀案。据调查，此案发生时，正值甲某在现场。因此，甲作为嫌疑人被拘留审查。在分析甲是否为凶手时，侦查员小王、小张、小李、老王发表了各自的意见。

小王说："甲是凶手。因为如果要进行作案，必须有作案时间。发案时，甲当时正在现场，有作案时间，因此甲肯定是凶手。"

小张说："我同意小王的意见，并补充一下。如果甲不作案，那么到作案现场做什么？既然他当时去了作案现场，因此他肯定是去作案。"

小李说："我同意小王和小张的意见。如果没有作案时间，就不可能作案。甲有作案时间，所以甲是凶手无疑。"

最后，侦查员老王发表了意见："有作案时间只是作案的必备前提之一，没有作案时间肯定不能作案。但有了作案时间也不一定就必然会作案。甲是有作案时间，但不能仅凭这一条就必然断定是甲作的案，还须对案情进行进一步分析调查，寻找其他的一些必备前提，才能最终作出定论。"

后经查实认定，凶手确实是甲。请从逻辑的角度分析上述四人的意见能否成立。为什么？

(3) 已知：

①如果甲和乙是罪犯则丙不是罪犯；

②只有乙是罪犯，丁才是罪犯；

③甲和丙都是罪犯。

请问：乙和丁是不是罪犯？

(4) 根据下面已知条件（a）、（b）、（c），能否必然推出结论（1）、（2）、（3）？请分别写出它们的推理形式,并说明理由。

已知:(a)本案的作案人只能或者是王××,或者是刘××,或者是张××;

(b)只有具有作案时间,才会是本案的作案人;

(c)经调查证实:张××具有作案时间,而刘××不具有作案时间。

结论:(1)张××是本案作案人;

(2)刘××不是本案作案人;

(3)王××是本案作案人。

第八章　推理论（下）

教学目的和要求：
　　本章主要介绍归纳推理、回溯推理和类比推理。它们都属于或然性推理，其共同特征是推理的前提和结论之间不具有蕴含关系，前提真而结论未必真。归纳推理是根据个别性知识的前提推出一般性知识的结论的推理，思维进程的方向是由个别导向一般，因此，归纳推理（完全归纳推理除外）的前提和结论之间的联系是或然的。在学习归纳推理时，需要注意区分不同的类型，了解提高归纳推理结论可靠性的逻辑要求。回溯推理是由结果出发，推出可以导致该结果的原因的推理，因此又可称为溯因推理。这种推理在刑事侦查方面用得较多，但由于回溯推理是根据结果推测原因，其结论具有或然性，为保证推理的可靠性，也应当遵守相关规则。类比推理亦称为"类比"或"类推"，是指根据两个或两类事物在某些属性上相似或相同推出它们在其他属性上也相似或相同的推理。类比推理作为一种独立的推理形式，既不同于演绎推理，也不同于归纳推理，是一种从特殊到特殊的推理。类比推理的结论受前提制约的程度较小，但其结论也具有或然性，所以必须经过实践加以证明才具有可靠性。本章第四节专门介绍了寻求因果关系的五种逻辑方法，这五种逻辑方法可以说是归纳逻辑的应用和发展，是从不同角度和层次概括了人们寻求因果关系时经常使用的思维方式。

教学要点：
完全归纳推理
简单枚举归纳推理
科学归纳推理
回溯推理
类比推理
寻求因果关系的逻辑方法

第一节　归纳推理

一、归纳推理的概念

　　所谓归纳推理是指从个别性知识的前提推出一般性知识的结论的间接推理。
　　例如：
　　甲犯作案是有其动机、目的、情节的；
　　乙犯作案是有其动机、目的、情节的；

丙犯作案是有其动机、目的、情节的；

因此，所有案犯作案是有其动机、目的、情节的。

从上述推理可以看出，归纳推理是从个别或特殊到一般的推理。它的前提是关于许多个别事物的情况，结论是关于这类事物的一般性的知识。归纳推理是人们经常运用的一种思维形式，它反映了人的认识从个别、特殊到一般的过程，是与人们的认识过程相适应的。

归纳推理可以表述为如下推理公式：

S_1 具有（或不具有）P 属性；

S_2 具有（或不具有）P 属性；

S_n 具有（或不具有）P 属性；

（S_1、S_2……S_n 是 S 类的事物）

所以，S 类具有（或不具有）P 属性。

二、归纳推理与演绎推理的关系

归纳推理与演绎推理既有区别又有联系。

这两种推理的区别主要在于：

1. 就认识过程来说，演绎推理是从一般性的前提出发，推导出特殊性的结论；而归纳推理则是从一些个别性、特殊性的知识出发，概括出一般性的结论。

2. 从前提的数量来看，演绎推理的前提判断是有限量的，即大前提和小前提两个判断；而归纳推理的前提判断的数量是不一定的。

3. 从前提和结论之间的联系来看，演绎推理的前提和结论之间存在着蕴涵关系、必然联系；而归纳推理的前提和结论之间则是诱导关系、非必然联系。

4. 从结论自身来说，演绎推理的结论未超出前提的范围，但是，可起到论证的作用；而归纳推理的结论则超出了前提的范围，也可以说扩大了知识面，具有启迪思维的作用，为科学假说、科学实验提供了方向。

尽管归纳推理与演绎推理有着上述区别，然而，这两种推理之间是互相联系、互相补充的，即演绎推理离不开归纳推理，归纳推理也离不开演绎推理。这主要表现在：一方面，演绎推理是由一般性的知识、原理出发，推出关于个别或特殊情况的结论，而这个一般性的知识、原理就是通过归纳推理获得的。这说明，演绎推理离不开归纳推理。另一方面，归纳推理需要有一定的理论、原则作指导，否则就无法进行归纳、概括。而且，归纳推理的结论是否可靠，必须以一定的理论、原则作指导，通过演绎推理来加以论证。所以说归纳推理也离不开演绎推理。正因如此，在思维活动中，人们常常结合运用这两种推理。

归纳推理和演绎推理的比较

比较标准 \ 推理形式	演绎推理	归纳推理
推理方向	从一般到个别的推理	从个别到一般的推理
前提数量	数量是确定的	数量不确定
同经验事实的关系	同经验事实没直接联系	同经验事实有直接联系

续表

推理形式 比较标准	演绎推理	归纳推理
结论的范围	结论没有超出前提范围	结论超出前提范围
前提与结论的关系	当前提真实、形式正确 结论一定可靠、必然	非并所有结论可靠

三、归纳推理的类型

归纳推理可根据不同的标准分为不同的类型。首先，根据前提是否考察了某类事物的每一个对象（或全部对象），把归纳推理分为完全归纳推理和不完全归纳推理。然后，又可将不完全归纳推理根据前提是否考察了事物与属性之间的必然联系，分为简单枚举归纳推理和科学归纳推理。

归纳推理的类型列表如下：

$$归纳推理\begin{cases}完全归纳推理\\不完全归纳推理\begin{cases}简单枚举归纳推理\\科学归纳推理\end{cases}\end{cases}$$

（一）完全归纳推理

所谓完全归纳推理是指根据一类事物中每一个对象具有（或者不具有）某种属性（前提），推导出该类事物具有（或者不具有）某种属性（结论）的间接推理形式。

例如：

某储蓄所曾发生一起盗窃现金案，经过侦查某甲被确认为嫌疑人。在询问某甲当晚在何处时，某甲说当晚7点至12点和乙、丙、丁一起先看电影后来又在一起打牌。经过调查和推理得出以下结论：

乙说：我和甲一起看完电影就分手了；

丙说：我和甲一起玩了一会儿牌，我先走了；

丁说：我和甲玩了一会儿牌，甲就走了；

（乙、丙、丁是甲提供的证人，甲意图证明当晚7点至12点和他们在一起）

因此，甲当晚7点到12点并没有一直和乙、丙、丁在一起（可见甲的自述是虚假的）。

这个推理就是完全归纳推理。该推理的逻辑公式如下：

S_1 具有（或不具有）P 属性；

S_2 具有（或不具有）P 属性；

S_n 具有（或不具有）P 属性；

($S_1 \sim S_n$) 是 S 类全部对象

所以，S 类具有（或不具有）P 属性。

完全归纳推理的逻辑要求有以下几方面：

1. 真实性。完全归纳推理的每个前提判断必须是真实的判断，即每个判断必须是正确的反映客观实际的。如果前提判断中有虚假的不真实的判断，即使仅有一个判断如此，都不能得出真实的一般性结论。

2. 完全性。完全归纳推理应当考察一类事物中每一个对象的实际情况。如果考察过程中遗漏部分对象或者一个对象，也推不出必然性的结论。

完全归纳推理具有以下逻辑特征：

1. 如果完全归纳推理符合上述逻辑要求，其结论是真实、可靠、必然的。

2. 该推理形式只能适用于一类事物中有限量的对象，而对于无限量对象则不适用。

完全归纳推理的认识作用在于概括和综合。在完全归纳推理的过程中，从前提到结论，是从个别到一般，即从有关事物个别的、局部性的认识，上升到对该类事物的一般性的、整体性的认识。所以，不能认为完全归纳推理的结论只是前提的简单重复，它本身就是认识的深化和发展，是提供的一种新知识。因而不能因其结论没有超出前提所断定的范围而否认其认识意义。

（二）不完全归纳推理.

所谓不完全归纳推理是根据某类事物中部分对象具有（或不具有）某种属性，从而推出该类事物具有（或不具有）某种属性的间接推理形式。

例如：杀人犯有作案时间；
　　　放火犯有作案时间；
　　　盗窃犯有作案时间；
　　　……
（杀人犯、放火犯、盗窃犯都是罪犯，并且只是罪犯中的一部分）
　　　所以，凡是罪犯都有作案时间。

这个推理就是不完全归纳推理，其前提只是罪犯的一部分对象，结论是关于罪犯都具有作案时间的整体性断定。

显然，不完全归纳推理的结论，超出了前提断定的范围，是认识的突破，具有重要的认识作用。而由于不完全归纳推理的结论超出了前提断定的范围，所以，其前提与结论之间的联系不是必然的，即使前提真实，结论也未必可靠，不完全归纳推理的结论具有或然性。

对于不完全归纳推理，按其推理依据不同，可分为简单枚举归纳推理和科学归纳推理。

1. 简单枚举归纳推理又称为枚举推理、枚举法。所谓枚举推理是指根据一类事物中部分对象具有（或不具有）某种属性（前提），又未遇到相矛盾的情况，从而推出该类事物具有（或不具有）某种属性（结论）的间接推理形式。

例如：
金属摩擦是能生热的；
木料摩擦是能生热的；
塑料摩擦是能生热的；
（金属、木料、塑料等是物质的一部分，而且未遇到摩擦不能生热）
因此，凡物质摩擦是能生热的。

"物质摩擦是能生热的"，这个一般性判断就是通过简单枚举归纳推理得出来的结论。其他诸如"鱼是用鳃呼吸的"，"鸟是会飞的"，"金属沉于水中"，"血是红色的"，"天鹅是白色的"，"凡生前被火烧死者，其尸体的口鼻内有烟灰"，"若生前溺水者，男尸为俯卧状,女尸为仰卧状"等等一般性、全称性判断也是由枚举归纳推理得出来的结论。

简单枚举归纳推理的逻辑公式如下:

S_1 具有(或不具有)P 属性;

S_2 具有(或不具有)P 属性;

S_n 具有(或不具有)P 属性;

(而 S_1……S_n 是 S 类部分对象,并且在枚举过程中又未遇到相矛盾的情况)

因此,S 类具有(或不具有)P 属性。

枚举推理只是考察一类事物中的部分对象,而且也只是表面观察的结论,又以没有发现矛盾的现象为根据,从而概括出一般性的结论。因此,枚举推理的结论带有或然性,即概括出的一般性、全称性判断可能是正确的,也可能是不正确的。为了提高枚举推理结论的可靠性程度,有以下几点逻辑要求:

(1) 在考察对象属性的过程中,尽可能多地考察具体对象。

(2) 在考察对象属性的过程中,尽可能去寻找反面事例、矛盾现象。

(3) 在考察对象属性的过程中,尽可能从不同时间、空间去考察同一类事物的具体对象。

在人们认识客观事物的历史长河中,有些过去被认为是正确的、真理性的认识,而今则被否证了。例如,随着南美洲发现"肺鱼"这一事实,"鱼是用鳃呼吸"的判断被推翻了;非洲出现了"鸵鸟"的事实,否证了"鸟是会飞"的判断;前些年日本发现了一只从头到脚全身白的"乌鸦","凡乌鸦是黑的"这一命题也开始动摇了。但是,现今有科学家还在为"乌鸦是黑的"进行辅助性假说,并为之辩护。理由有:这只乌鸦是白色的,此鸟可能不是乌鸦的同类,这是其一;其二,有人认为,这只白乌鸦可能是吃了抗黑色素,由黑变白。

简单枚举归纳推理具有以下逻辑特征:

(1) 枚举推理的结论具有或然性。

(2) 民间流传的谚语就是运用了此推理方式,例如"夏至不栽,东倒西歪","惊蛰点瓜,不开空花","牛要放,猪要胀","稻田扯上三道草,结的谷儿格外好","天上勾勾云,地下雨淋淋","瑞雪兆丰年"等等。

(3) 枚举推理的结论提供了"是什么",即知道其然,未回答所以然,即只为进一步深入研究问题提供了方向,从逻辑学角度讲,为科学的假说提供了前提条件。

诚然,枚举归纳推理有一定的价值,但是,必须认识到"以最简单的归纳方法所得到的最简单的真理,总是不完全的,因为经验总是未完成的。"① 人们在运用枚举归纳推理时,要谨防作出"轻率概括"的结论,所谓轻率概括是指仅仅依据少数事实就得出一般性的结论。轻率概括又可谓之"以偏概全",是一种逻辑错误。为了避免这种逻辑错误发生,在运用枚举归纳推理时,应该遵守这种推理的逻辑要求。

2. 所谓科学归纳推理又称为科学归纳法,是指根据一类事物中部分对象具有(或不具有)某种属性(前提),又分析该属性存在与否的原因,从而推出该类事物具有(或不具有)某种属性(结论)的间接推理形式。

---

① 列宁:《哲学笔记》,第 165 页,人民出版社,1956 年版。

例如，人们在生产中发现，加热某些金属如铜、铁、铝等，就产生体积膨胀的现象。金属体积膨胀的原因何在呢？金属加热后与金属膨胀现象有无必然联系呢？人们通过观察、实验、分析，认识到物体体积的大小取决于该物体分子、原子之间距离的大小，而加热金属时，就会引起金属原子之间凝聚力的减弱，相应的原子之间的距离就会增大，这样，金属的体积便发生膨胀的现象。当人们认识到某些金属加热后，体积就会膨胀的原因，就进一步概括出"凡金属加热后，体积就会膨胀"这一普遍性的结论。

在科学理论中，凡属一般性、普遍性的结论，尤其是规律性的认识，都是由科学归纳推理得出来的。

科学归纳推理的逻辑公式如下：

S_1 具有（或不具有）P 属性；

S_2 具有（或不具有）P 属性；

S_n 具有（或不具有）P 属性；

（S_1……S_n 是 S 类部分对象，并且经过科学实验、观察、分析等方法，确认各被研究对象与 P 属性之间的内在、必然联系）

所以，S 类具有（或不具有）P 属性。

科学归纳推理的结论是建立在科学方法基础上的，是通过反复多次科学实验、科学观察、科学分析与综合得出的一般性结论。因此，要遵守有关科学方法的逻辑要求。科学归纳推理具有以下逻辑特征：

（1）科学归纳推理和完全归纳推理、枚举归纳推理一样，都是从特殊、个别事实，推导出普遍、一般性的结论；

（2）科学归纳推理与完全归纳推理比较，其前提数量只是一类对象中的部分，而非一类对象的全体；

（3）科学归纳推理与枚举归纳推理，前者是建立在现象的因果分析基础之上，后者则是以未发生矛盾现象为依据；

（4）科学归纳推理的结论可靠性程度较强。

四、两种归纳推理的比较

完全归纳推理和不完全归纳推理的比较

比较标准 \ 推理形式	完全归纳推理	归纳推理	
		枚举法	科学法
前提范围	全部对象	部分对象	部分对象
推理根据	全部经验事实	部分对象多次重复，又无矛盾事例	现象的因果关系
结论性质	可靠（实然）	或然	或然
推理规则	前提真实穷尽一切	考察对象尽可能多，尽量找反例	运用因果分析方式
评估	①由个别到一般 ②运用时有局限性	①结论或然 ②提供研究方向	获得全类事物的科学认识

第二节 回溯推理

一、回溯推理的概念

回溯推理又称为溯因推理,它是指由关于某个已知事实的判断,推出可以导致该判断的理由的推理。这种推理在刑事侦查方面用得很多。

例如,一个天气晴朗的日子,美国德州的一位名叫娜塔尔的妇女失踪了。侦查人员怀疑是她的丈夫谋杀了她,却苦于无法找到证据。这时,有人向警方举报,在娜塔尔失踪当晚看见她丈夫开着一辆混凝土搅拌车在港口逗留。警察随即展开假设:娜塔尔的丈夫的杀人工具也许用到了混凝土搅拌机以至于尸骨无存。侦查人员来到了娜塔尔的卧室,经勘察,侦查人员在娜塔尔的床上发现了一小块圆形痕迹,对该痕迹的物质进行了联苯胺试验,结果呈阳性反应,证明痕迹可能是血迹,侦查人员将被怀疑为血迹的物质继续进行检验,确定该物质是人血;然后通过血型检验发现是 B 型血,恰好是娜塔尔的血型;接着,通过技术手段进一步检验发现血痕较为新鲜;最后通过对血痕物质成分检验确认为循环血而非是经血,因此确认了卧室是作案现场。探员马上去了混凝土搅拌机出现的港口,在港口发现了一双高跟鞋,通过对高跟鞋内踝处的皮肤组织的 DNA 鉴定,确定高跟鞋是娜塔尔的。探员们立即在港口边的土地上进行了缜密的搜寻,发现了一些毛发、纤维、骨头碎片、一颗断齿以及一小块带着指甲油的甲片。对现场发现的所有毛发的鉴定说明是上述毛发属于娜塔尔,对骨头所作的抗原抗体实验也表明是娜塔尔的 B 型血,同时那颗牙齿与娜塔尔的牙医所提供的牙齿诊断记录也完全符合,这些证据证实了娜塔尔丈夫就是杀人凶手。

警察根据已知的事实,以回溯推理的方法,作出了诸多判断:

①娜塔尔失踪,可能是被谋杀。

②没有找到娜塔尔的尸体,她的丈夫开着一辆混凝土搅拌车在港口逗留,娜塔尔的丈夫的杀人工具也许用到了混凝土搅拌机将失踪者的尸体搅碎,以至于娜塔尔尸骨无存。

③娜塔尔卧室房间的血液是新鲜的循环血而非经血,且与娜塔尔的血型一致,所以卧室可能是作案现场。

④在港口找到了一双经 DNA 鉴定有娜塔尔皮肤组织的高跟鞋、港口现场发现的所有毛发都是娜塔尔的,所以港口是碎尸现场。

⑤港口现场发现的断齿与娜塔尔牙医提供的牙齿诊断记录完全符合,所以尸体是娜塔尔。

二、回溯推理的公式

q(已知客观情况);

p→q(p=造成客观情况的条件);

所以 p(回溯推理的结论)。

上述案件的一些推断过程如下:

①没有找到娜塔尔的尸体（已知情况）；
如果作案者用混凝土搅拌机将失踪者的尸体搅碎，那么找不到娜塔尔的尸体（经验证实）；
所以作案者用混凝土搅拌机将娜塔尔的尸体搅碎（回溯结论）。
②卧室发现了血迹（已知情况）；
如果卧室是杀人现场，卧室应当有血迹（条件关系）；
所以，卧室是杀人现场（回溯结论）。
③骨头的血型和娜塔尔相同（已知情况）；
如果尸体是娜塔尔，那么尸骨应当与娜塔尔的血型相同（科学规律）；
尸体就是娜塔尔（回溯结论）。
④现场发现的所有毛发经鉴定全部是娜塔尔的（已知情况）；
如果在港口碎尸，港口发现的毛发应该是娜塔尔的（因果联系）；
所以，确实是在港口进行碎尸。

综合上述各种回溯推理的结论，推导出娜塔尔的丈夫将其在住所的卧室杀害后，到港口用混凝土搅拌机碎尸。本案侦查终结时，确证凶手是娜塔尔的丈夫，作案过程也如推理所示。

三、正确认识和运用回溯推理

回溯推理和演绎推理是相反的思维过程，演绎推理是由已知前提，推导出结论；而回溯推理则是从结果出发，寻求导致结果的原因。福尔摩斯曾这样比较两种推理："如果你把一系列的事实对他们说明以后，他们就能把可能的结果告诉你，他们能够把一系列事实在他们脑子里联系起来，通过思考，就能得出个什么结果来了。但是，有少数人，如果你把结果告诉了他们，他们就能通过他们内在的意识，推断出所以产生这种结果的各个步骤是什么。这就是在我说到'回溯推理'或者'分析的方法'时，我所指的那种能力。"①

回溯推理和演绎推理两者结论的性质不一样。回溯推理的结论具有或然性，演绎推理的结论则具有必然性。因为，客观现象之间不仅存在一因一果的关系，也存在多因一果关系、一因多果关系、复因一果关系等。

例如，青山刚昌的漫画《名侦探柯南》，主人公柯南在侦查一起神秘凶器杀人事件时，发现被害人井本龙介系某公司社长，财产丰厚，其遇害时，有三个人在现场附近活动。该三人分别是井本贵子、土桥哲夫和寺泽纪夫。井本贵子因财产分配问题正与被害人诉讼离婚，被害人死后，虽无法诉讼离婚，但仍可获得大笔遗产；经营进口杂货生意的土桥哲夫因公司即将破产，向被害人借钱却屡次遭到拒绝；渔具店主寺泽纪夫因其店铺遭被害人侵占，对其颇有怨言。从上述三人与被害人的矛盾来看，他们都有犯罪动机。但是要知道，可能性并非实在性、必然性。更重要的是，被列为嫌疑对象的三个可能作案人，都与被害人有一定的私怨，只是有作案的可能性，并不能直接认定三人都是凶手。之后，柯南和毛利小五郎通过现场栏杆上的痕迹、被凶器误伤的小鸟等，将线索

---

① ［英］阿•柯南道尔著，李家云等译：《福尔摩斯探案集》（一），第136页，群众出版社，1981年10月版。

组合、分析，揭露出凶手的作案手法，最终找到了真凶寺泽纪夫。井本贵子、土桥哲夫被排除了嫌疑。

回溯推理的过程，不仅要综合运用自然科学知识和社会科学知识，而且也是综合运用逻辑学知识的过程。就逻辑学而言特别是运用假言推理的知识时，要遵守假言推理的逻辑规则。就一个具体案件来说，其回溯的推导并非单一的条件，而是复合条件关系，公式如下：

q（已知情况）：

$(p_1 \land p_2 \land p_3) \rightarrow q$（条件关系）；

所以，$p_1 \land p_2 \land p_3$（溯因结论）。

既然回溯推理也是一种或然性推理，因此，在利用这种方法去寻找原因的时候，为提高推理结论的可靠性，应当注意以下方面：

第一，回溯推理是从已知的结果出发，推断其原因。因此要注意分析假设的原因与已知结果之间的联系是否具有必然性，所推知的原因应当是结果的充分条件。

第二，如果回溯推理推知的原因是结果发生的一个充分条件，那么要尽可能地穷尽引起结果的其他各种原因。因为客观现象之间的因果关系是复杂多样的，只有通过一定的方法否定其他的原因而使其中一个成为唯一的真正的原因，才能防止得出虚假的结论。

第三节 类比推理

一、类比推理的定义及其特征

1. 定义。所谓类比推理是指根据两个对象（或两类事物）在某些属性上相似或相同而推出在其他属性上也相似或相同，换言之，根据两个对象（两类事物）在一系列属性上的相同或相似，并且已知其中一个或一类对象还具有另一种属性，由此推出另一个或一类对象可能也具有这种属性，这就叫类比推理，亦称"类比"或"类推"。

据《折狱龟鉴》载：张举，吴人（三国时吴国人）也，为句章令（地名，在浙江省）。有妻杀夫，因放火烧舍，称火烧夫死。夫家疑之，诉于官，妻不服。举乃取猪二口，一杀之，一活之，而积薪（堆起柴草）烧之，活者口中有灰，杀者口中无灰。因验尸，口果无灰也。鞫之（审问杀夫之妻），妻服罪。张举从火烧死猪、口中无灰，推断火烧死人亦口中无灰。因为猪与人同为动物，有许多相似之处。这里张举的思维过程就是一个类比推理的过程。

又例如：1888 年，伦敦东区的四起案例引发了警方的极大关注。1888 年第一起谋杀案的死者为中年妓女玛莎，身中三十九刀，其中九刀划过咽喉，被横尸于主教广场。同年 8 月 31 日，另一位妓女玛莉被发现死在白教堂附近的屯货区里，她不但脸部被殴成瘀伤，部分门齿脱落，颈部还被割了两刀，但最残忍的是腹部被剖开，肠子被拖出来，腹中女婴也遭利刃严重戳刺。8 天后，一位居住在汉伯宁街 29 号的老车夫于其廉价出租公寓的后方篱笆里发现一具女尸，死者是 47 岁的妓女安妮。她与前位死者同样被割开喉咙，并惨遭剖腹，肠子被甩到她的右肩上，部分子宫和腹部的肉被凶手割走且其颈部有明显的勒痕。9月30日凌晨1点45分左右，46岁的妓女凯萨琳被发现横尸在主教广场上，除了同样被割喉剖腹，肠子甩到右胸外，她还被夺去部分子宫和肾脏。这四起案例存在诸多共同点：第一，死者均为妓女；第二，均被割开喉咙，第二位、第三位和第四位都惨遭割喉剖腹。警方通过类比四个案例，认为四案均为同一凶手所为。

我们在类比推理的定义中已经讲到，类比推理是根据两个（或两类）对象都有某些相似或相同的属性，并且已知其中一个（或一类）对象还有另外的某个属性，从而推出另一个（或另一类）对象也有某个属性。该基本定义可用逻辑公式表示：

A 事物有属性 a、b、c、d；

B 事物有属性 a、b、c；

所以，B 事物也有属性 d。

在这个公式中，A、B 指不同的两个事物，如果 A 有属性 a、b、c、d，B 有属性 a、b、c，那么就可以推出对象 B 也有属性 d 的结论，d 称之为推出属性。如前例张举断案，张举从猪与人都为动物，有许多相似之处，从火烧死猪，口中无灰推定火烧死人亦口中无灰，因而断定死者是先死而后烧的。前例伦敦杀人案中，受害者的身份、受害的地点、凶手的作案手法等具有相似性，警方据此推断凶手系同一人。张举和伦敦警方的思维过程就是一个类比推理的过程。

在思维活动中，类比推理不仅可以在某类对象与另一类对象之间进行，而且可以在某类对象的个体与另一类对象之间进行。但类比推理不能在某类与该类所属的个别对象之间进行。比如，根据刑法分则对某类犯罪的定罪量刑规定，推出这类犯罪的某一具体犯罪应受到何种程度的处罚，这种推理不属于类比推理，因为它实质上是一种蕴涵性质的推理，它的结论早已蕴涵于前提之中，不符合类比推理的要求。

2. 类比推理的逻辑特征。根据类比推理的基本内容，类比推理应具有以下几方面的逻辑特征。

（1）类比推理是一种由特殊到特殊的推理。类比推理不同于前面所说的演绎推理和归纳推理，它是一种独立的推理形式。它的推理过程严格说来要经过三个环节，即从特殊出发，经过普遍，再到特殊（特殊→普遍→特殊）。先根据几个（或几类）事物之间有许多属性相同，而推出它们可能属于同一类，然后又根据同类事物有许多共同属性而推出它们在其他属性上也可能相同。它的思维进程的方向性从整体上看是从个别性到个别性、从特殊到特殊的，它的结论的知识程度和前提的知识程度相同。因此我们说类比推理是由特殊到特殊的推理。演绎推理与之不同，演绎推理是由一般到个别的推理，是从已知的一般性认识中推出早已包含于其中的"未知"知识（这种"未知"实质上是指在结论前尚未明朗化），它的思维过程在哲学上叫作"从原则落实到具体"。归纳推理则是由个别到一般性的推理，它是把个别性的知识加以分析、研究，从中总结出带规律性的东西，它的思维过程，在哲学上叫"由具体上升到原则"。可见，类比推理、演绎推理、归纳推理虽然同属推理范畴，但各有特色并以此相区别，我们不可把三者混为一谈。

（2）类比推理是或然性推理，其结论具有或然性。类比推理是一种外向型推理，它的根本特点在于它的前提不蕴涵它的结论，从前提的真实，不能推出结论真实的或然性推理。当其前提真时，结论仍然存在着两种可能：可能真，也可能假。在科学史上，类推的结论被以后实践所证实成立的不少，被推翻的也不少见。这种现象，被称之为"或然性"。

类比推理的结论为什么是或然的，类比推理为什么是或然性推理？究其主要原因在于客观事物相互间不但具有相似性而且具有差异性。

在许多属性上相同的事物不一定属于同一个类，即使属于同一类的事物，也未必在其他属性上都相同。类比推理以事物对象之间的某些相似或相同的共有属性为其存在的前提，它的可靠程度取决于已知的共有属性与推出属性之间的联系程度。事物间的相似性和差异性、固有性和偶然性使共有属性与推出属性之间的联系程度大致有三种情形：

①共有属性与推出属性间具有必然联系。在这种情况中，只要已知两类比事物都具有一系列相同属性（或共有属性），并知其中一事物还具有另一属性，就可知另一事物也必然存在这种属性。例如，某县医院化验员杨某，与单位女同事勾搭成奸，遂生杀妻与该女成婚之念。一日，杨称其妻猝死，并以一张写有"暴发性脊髓炎急性发作"的死亡证明，企图逃脱罪责。公安人员在破案中，发现受害人在临死前被注射氯化钾。经化验，死者体内含血钾为94毫克当量，比正常人的41～50.6毫克当量高。为了证实超量氯化钾和快速推注是否能成为引起死亡的直接原因，侦查人员在医务工作者配合下进行了实验，分别对六只健康家兔静脉注射葡萄糖溶解的氯化钾，结果均在1.55～3.15分钟死去。并经过其他一些证据辅证，侦查员推断受害人死于静脉快速推注过量氯化钾。以后的侦查终结与此推断完全相符，凶手正是杨某。人和家兔均系动物，有相同属性，并且在超量氯化钾、快速推注等方面也相同，从动物实验已知，共同属性（超量氯化钾和快速推注）是致健康家兔死亡的直接原因，因而可以推定，也是受害人死亡的直接原因。共有属性与推定属性间具有必然因果联系。

②共同属性与推出属性间具有偶然性联系。例如，两起故意杀人犯罪案，有一系列相同情况，如有杀人动机，有杀人行为，行为人又都是男性，都住在某市，其中一起还具有"放火"这一情形，但我们不能从这一起还具有"放火"的属性去推定另一起也有这一属性，因为虽同为故意杀人犯罪，但在手段上是不尽相同的，有其各自特点，或杀人或放火等等，换言之，在手段和方式上它们具有偶然性联系。

③共有属性是两类对象所具有的相同性或相似性，而推出属性是两类对象的差异性。

共有属性与推出属性间实际可能具有三种可能性联系，而类比推理的前提所提供的知识，并未指出它们之间究竟应该是哪一种联系，这是类比推理在依据上的不充分性，而这种依据的不充分性，使我们不能单凭类比前提所提供的知识，就在逻辑上做必然性结论。事实上，根据这种不充分的前提，我们只能知道，推出属性要从前提过渡到结论，其必要条件是有一些共有属性作依据，否则是不能从前提过渡到结论的。

总之，因为事物存在着差异性，所以，类比推理是或然性推理，其结论性质是或然性的。对类比推理的结论，必须经过实践加以证明才能具有可靠性和实用性。

（3）类比推理的结论受前提制约的程度最小。任何推理都有前提和结论，前提是结论得出的根据，结论是前提的归宿，二者相辅相成，相互依赖，相互制约，存在于一个共同体中。但是，在不同类型的推理中，这种依赖和制约的程度是不同的。在演绎推理中，前提在最大程度上制约着结论，结论内容的外延超不出前提内容外延，在归纳推理中，结论是前提的扩展，结论外延超出了前提外延。因此，前提对结论的制约小于演绎推理。而类比推理，是在更广阔的领域里进行的，它把人们的认识从一知识领域引向另一个新的知识领域。可以说，演绎推理使人们认识了一类事物中的个别事物；归纳推理使人们通过对个别事物的认识，从而认识了包含个别事物的一类事物；而类比推理是从一类事物走向另一类事物的"跨类"推理。可见，类比推理的前提对结论的制约程度最小，难怪人们称它为"举一反三、触类旁通"的推理。

（4）最后，类比推理作为一种推理方式，它不同于语言修辞手法中的比喻。比喻是打比方，它的目的是用通俗的事物来说明和形容被比喻事物，使之更容易为人们所理解。而类比推理是通过两类事物在一系列属性上相同而推出在另一属性上也相同的推理，其目的是要推出特定结论。比喻与类比推理最大的区别在于二者对两事物的相比数量要求不同。比喻中对比喻事物与被比喻事物的相比数量无严格要求，一般说来，只要某一方面相同就可以相比。而类比推理则要求两个或两类事物必须有一系列相同之处，只有一种属性相同是不能类比的。比喻一般只需将本体和喻体说出即可，不需要叙述更多道理，而类比推理因为要推出结论，所以一般应说明某种道理。

二、提高类比推理结论可靠性程度的逻辑要求

在思维实践中，究竟什么样的对象与其属性可以类比推理？什么样的对象与其属性不能类比推理？除了正确理解类比推理的基本原理，还应当做到具体问题具体分析。一般说如果把某事物的特有属性或偶有属性类比推理到其他对象，那就要严重影响到结论的可靠程度。提高类比推理结论可靠程度的逻辑方法主要有以下几方面：

1. 尽量将类比对象的本质属性或最接近本质属性的属性进行类比，切忌只根据所比较的属性在某些方面上的相似便进行机械类比。类比推理的客观基础是事物间的相似性，而事物的相似性可以表现为本质属性上的相似，也可以表现为非本质属性的相似。本质属性因其为事物内部的稳定的必然的联系，它在客观上对其他属性的制约性最大，换言之，事物内在属性对其外部属性的制约性最大，因此，据之进行两事物间的类推，才能最大限度地保证结论可靠。至少要采取按最接近本质属性的属性进行类比，尽量使两事物在本质上趋于一致。例如，某案在侦破中进行笔迹鉴定，发现该案涉及的某一字体在主要特征上与公安机关数年前侦破过的某案中的另一字体非常相似，于是公安人员推测该字极大可能是同一人所为。如果并未在字体的主要特征上发现二者的相似，只有偶然的雷同，那么据此得出的结论其可靠性极小，这一方法的基本内容可用公式表示为：

A有a、b、c、d（a、b、c、d是本质或最接近本质的属性）；
B有a、b、c；
所以，B可能有d。

运用类比推理时如果不注意遵守这一规则，就可能出现"机械类比"的逻辑错误。

2. 增加据以类比的相同属性的数量。前提列举的类比属性越多，其结论可靠性越大。在思维实践中，由于客观事物的暴露程度不同，或由于人的知识结构、认识水平不同，对某些事物的属性是否为本质属性，一时难以确认，这时只要我们注意增加类比对象的相同点或相似点，或然性就越小，可靠性就越高。因为同类对象的相同属性总是比

非同类对象多，而且两个类比对象的相同属性越多，就越意味着他们的类别接近，这样，待推的属性就有极大可能为两个类比对象所共有。所以，增加类比对象的相同属性的数量，是提高结论可靠性的重要方面。

3. 查证有无与推出结论相矛盾的属性。在类比推理中，当结论得出后，应当认真查证有无与之矛盾的情况。如果没有就说明这个类比推理可以成立；反之则不能成立。这一要求的产生基于类比推理结论的或然性。事物间的差异性构成了类比推理结论的或然性，不论哪一种类型的类比推理，结论始终不可能是必然的，我们不能也不应把它们当作确定不变的东西加以使用，但这又并不意味着类比推理的推断不具有实用价值，相反，只要我们经过查证确未发现矛盾情形，就可以加以使用。例如，某区银行一营业所于午休时被盗，经侦破系张某所为。在此案发生前，该区银行另一营业所也于午休时被盗，该案一直悬而未决。有人认为，两案发生在同一地区，作案时间相同，作案内容相同，两案可能出自一人之手。对此类比推理得出的结论我们不能贸然加以使用，必须查证核实。后来经有关证据证明，前一案非张某所为，因为发案时张某正与本单位另一人在外出差，没有作案时间。因此，"该案也是张某所为"的结论被推翻。

三、运用类比推理时常见的逻辑错误

运用类比推理必须前提真实、形式正确，否则就可能出现逻辑错误。运用类比推理时最常见的逻辑错误是"机械类比"（或类比不当）。所谓机械类比是指根据对象的偶然相同或相似，从而推出另一种属性也相同或相似，或者把表面上相似的事物进行类比（或把两种性质根本不同的关系进行类比）从而得出结论，这种错误推理就形成"机械类比"的逻辑错误。"机械类比"大致可表现为以下几种情况：

1. 漏掉了起决定作用的本质属性。例如有这样一段议论："张某与王某都是因杀死了人而犯罪，两人年龄、家庭、社会环境、平时表现都差不多，为什么在量刑上张某的比王某的重那么多？"这段议论是运用的类比推理，最后的结论是以反问形式出现的。议论中列举了张、王的四点相同之处：都犯有杀人罪、所处家庭社会环境相似、年龄相近、平时表现相近。从这些相同（相似）属性出发，得出了对张、王的量刑应当相同（或相似）而不应一重一轻的结论。但我们可以发现，在这一系列类比属性中有些起决定作用的属性被漏掉了，即犯罪动机、罪过等方面没有加以类比，两人虽同为"杀人犯"，但一是过失致人死亡，一是故意杀人，在主观方面有质的不同，因此在定罪量刑上当然有轻重之分。漏掉了起决定作用的本质属性而进行的"机械类比"，结论的可靠性极小，因而这种类比是错误的。

2. 把性质根本不同的事物加以类比。例如某案被告人龙某蓄意杀妻，某日故意将樟脑（被告人错以为是毒药）投放在其妻的药中。但因樟脑无毒，被告人杀妻未遂。在认定该行为性质时，有人认为被告人不构成犯罪，其理由是：被告人的行为与结果之间没有必然联系，其行为好比用迷信咒语诅咒人，是不具有社会危害性的。这种认为是不正确的，其错误之一是将迷信咒人的方法与本案行为人用错药而杀人未遂两件性质根本不同的事物加以类比，得出被告人的行为无社会危害性的结论，犯有"类比不当"的错误。本案被告人已经对被侵害对象实施了他所想实施的行为，在客观上毒药是必然会导致死亡结果的，由于被告人的"误解"而使被害人"死里逃生"。被告人的这种认识错

误在法理上称为行为人在事实上的认识错误,这种认识错误对于行为人实施犯罪行为的心理状态不发生影响,因此也不会影响犯罪的成立。用咒语诅咒人,无论如何不能致人死亡,它与致人死亡没有必然的、内在的联系。因而将这两种不同性质的事物加以类比就违反了类比推理的基本原理,不能成立。

3. 类比对象间缺乏一系列相同性。类比推理要求两个类比对象之间不仅要有相同属性,而且要是一系列相同属性,这样才能使待推属性可能成为两个类比对象的共有属性。违反这一规律,就不能在最大范围内提高结论的可靠程度,容易犯"机械类比"的错误。例如,某仓库几年前被盗,当时仓库保管员一度有惊恐不安的心理表现,后查出他是该案知情人。几年后该仓库又被盗,该保管员又有不安表现,有人据此认为他是旧病复发,与该案有关。仅以他在两次案发后都有同一表现就得出结论,这在逻辑上是错误的,这样得出的结论的可靠性很小。事实上,该保管员在第二次案后表现的"不安",是由于自己有"前科",害怕别人又怀疑自己,其实此案与他毫无牵连。所以,逻辑上要求类比的对象应当首先有一系列相同或相似的属性,才能进一步推论,仅有一方面的属性相同或相似,不能进行类比推理。

第四节　寻求因果关系的逻辑方法

一、因果关系概述

1. 因果关系的基本概念。原因与结果本是哲学中的一对重要范畴。它是对自然界和社会领域中普遍存在的一种必然联系的哲学概括和反映。所谓原因,就是指先出现的并引起或产生某一现象的现象;所谓结果,就是指由前面现象引起或产生的现象。例如摩擦生热。摩擦是原因,生热便是结果。又如,甲开枪击中乙心脏,致乙死亡。甲的行为就是乙死亡的原因,乙的死亡就是甲的行为所引起的后果。

因果联系(或是因果关系、因果性)是一种普遍的、客观的联系。任何一种现象的出现都必然存在其产生的原因,同时又产生某种结果。从天上日月星辰的运动到地上的万物的产生和演变;从原子核内部的基本粒子的运动到人类社会中任何一个事件的发生,无一不受因果关系的支配、制约。无因之果或无果之因是根本不存在的。每个现象、事物都客观地处在纵横交错的因果链条之中。整个世界就是由这样无限的因果链条所组成的序列的网络系统构成。要想正确地认识现象、认识世界,就必须弄清楚现象与现象、事物与事物之间的因果关系。法律逻辑只是结合法律的应用来研究因果联系的最一般特征,研究探求因果联系的初步方法。而关于因果的辩证关系及其他有关探求因果联系的方法,则是由哲学、辩证逻辑和其他有关科学来研究。

2. 因果联系的基本特征。

(1) 时间上的先后相继性,即因先果后或前因后果。这是因果联系在时间上的特征表现,也是最直观、最具体的特征表现。

(2) 因果联系的必然性。在每一现象之前,其先行的现象是多种多样的,但只有当某一现象的产生或出现能必然地引起另一现象的产生或出现,这二者才具有因果联系。因果联系的必然性是指事物或现象之间的内在的、本质的、规律性的联系。这是因果联系的实质特征，也是最重要的特征。

（3）因果联系的复杂性、多样性。这是由客观事物自身性质所决定的。因果联系的复杂性、多样性可以从两个方面得以印证。其一，对原因分类的多层次性。如直接原因与间接原因，必然原因与偶然原因，主要原因与次要原因，根本原因与非根本原因，内因与外因，局部原因与整体原因等等。其二，对因果联系的种类划分的多样性。如一因一果，一因多果，多因一果，合（或复）因一果，多因多果，合因多果等。

3. 分析因果联系时应该注意的问题。

（1）因果联系是有条件的。因果联系是以一定的必备条件为自己存在的前提。有了原因，还必须同时具备因果发生联系（或作用）时所必备的条件，这样，某一特定的因果联系、规律才能发生作用。条件如果发生了变化，因果联系也在一定范围、程度上发生相应的变化。例如，杀人者应承担刑事责任，是以行为人具有行为能力和达到责任年龄为条件的。不具备这两个条件的人，如未到责任年龄或因病不能控制自己行为的人（如精神病人），即使杀了人，也不会被追究刑事责任。

（2）因果联系是相对的。因果联系并不是固定不变的，而是原因和结果经常变化自己的位置。在此时此地是结果，在彼时彼地可能就成了原因。例如，犯罪动机是犯罪行为的原因，犯罪行为又是承担刑事责任的原因，这就是因果联系的相对性的表现。一切以时间、地点、条件为转移，一切从相互联系、相互作用、相互转换的观点来看待问题、分析问题。

（3）要注意防止"以先后定因果"的逻辑错误。凡是原因都是先于结果之前，但并非在前的现象都是原因。这是因为时间上的前后相继虽是因果联系的重要特征，但却不是惟一特征。除此之外，还得看前后两个现象之间有无内容上的必然的逻辑联系，即前一现象的产生和出现，是否必然地引起后一现象的产生和出现。如果把时间上的前后相继等同于因果联系，就犯了"以先后为因果"的逻辑错误。

（4）不要把原因与条件简单等同起来。原因和条件都是相对于结果而言的，在功能上都是对结果的出现和产生起影响和制约作用，都是对客观世界普遍联系、相互作用的反映。但不能因二者存在这些相同之处就把它们简单地等同起来。

二、求同法

求同法又谓之共同法、类同法、契合法、求同排异法等。

其内容是：假定被考察、研究的对象（或现象）在两个场合或两个以上的场合出现，而在这些不同的场合中，只有一个先行的因素（或条件）是相同的，那么，这个共同的先行因素（或条件）就是被考察、研究对象的原因（或部分原因）。

例①：上海水文地质大队在寻求上海地面沉降的原因时，通过大量调查研究和科学分析，最后证实，地面沉降在于大量抽取地下水所造成的。具体情况如下：上海有几千口井，分布地区不同，井管埋的深度不同等。地面沉降又有三个特殊表现：

  a. 地层集中在 75m 和 150m 的两个含水层之间；

  b. 时间集中在夏季;.

  c. 地区集中在城市东、西的工业区内。

这三个要素表明上海地面沉降的原因是因为大量抽取地下水。

例②：英国某农场十万只火鸡和小鸭吃了发霉的花生，在几个月内得癌症死了。后来，用这种花生喂羊、猫、鸽子等动物，又发生了同样的结果。再后来，有人又用发了霉的花生喂白鼠、鱼和雪貂，它们也都得癌而死。上述各种动物患癌症的前提条件中，对象、时间、环境都不同，唯一共同的因素就是吃了发霉的花生。于是，人们推断：吃了发霉的花生可能是这些动物得癌死亡的原因。后来通过化验证明，发霉的花生内含黄曲霉素，黄曲霉素是致癌物质。

例③：90年代初，比利时发生了一件非常奇怪的事情。一批健康女性出现肾炎，而且迅速进展为肾衰竭。这些年龄、地域和生活习惯都不同的女性，病情却异常相似。到底发生了什么？难道是严重的传染病么？经过大量调查，最终发现了这些女性的共同点：她们都在减肥，而且都在使用一种"减肥中药秘方"。她们用的秘方里有一味药：广防己。（编者注：广防己是一种常见中药材，传统上被用于镇痛、利尿、降血压等。因其含马兜铃酸较高目前已被我国国家食品、药品监督管理局禁用。）

上述例子都用了求同法。其逻辑公式如下：

场合	先行因素	被研究现象
1	A，B，C	a，e，f
2	A，M，N	a，p，q

所以，A 是 a 的原因。

运用求同法应注意的问题：。

求同法和其他寻求因果关系的逻辑方法一样，其结论具有一定的或然性，可能在真知与假知之间摇摆不定，因此，就有如何提高求同法结论的可靠性的问题。为了提高求同法结论的可靠性，应注意以下问题：

(1) 被考察对象所出现的场合愈多愈好，特别是在不同时间、空间；

(2) 被考察对象出现的先行因素，除了一个因素之外，其余因素差别要大；

(3) 要反复多次通过观察、实验，去发现被考察对象与共同先行因素的内在的、必然的联系，如果只要有共同的因素，就会有被研究现象出现，这就是本质联系。

三、差异法

差异法又谓之求异法。其内容是：假定被研究现象在某一场合中出现，而在另一场合中不出现，并且在这两个场合的先行因素中，只有一个因素不同，那么，这个不同的先行因素则是被研究现象的原因。

例①：科技工作者，对羊毛和蜘蛛的蛛丝进行化学成分分析，发现这两种物质的主要成分都是蛋白质，但是，羊毛织品很容易发霉，而蛛丝却不受霉菌的侵蚀。原因何在呢？进一步进行化学分析表明：蛛丝的黏液呈酸性反应，而腐败细菌一般只侵蚀中性与弱碱性物质，因此，蜘蛛丝有防腐的性能。此外，实验分析又发现蛛丝即使在大气变化的情况下，仍能保持良好的黏附力。按常规，如果蛋白质遇上蛛丝具有的酸性物质，会引起变性，即黏性消失。这一常理又与蛛丝实际性能不符，又是什么原因呢？经实验结果表明：蛛丝的黏液中含有8%的咯烷酮，该物质具有很高的吸湿性能。

以上"对照实验"说明：蛛丝与羊毛虽然都属蛋白质的物质，前者之所以具有良好的韧性、黏附力、防腐力的性能，是因为蛛丝有酸性反应，含有杀菌的磷酸二氢钾、

8%的咯烷酮，这是它与羊毛呈现不同性能的原因。

例②：苏联《星火》杂志曾报道一则有关丹麦渔民的新闻。渔民们乘坐两条渔船捕捞鳗鱼。一只船捕捞鳗鱼的量大，另一只船捕捞鳗鱼的量小。两只船捕捞的工具如鱼竿、鱼饵、鱼钩及其他捕捞条件完全一样，为什么两只船捕捞的鱼量相差3/4呢？分析结果，鱼少的那条船，渔民们爱吸烟；而鱼多的那条船，渔民们不吸烟。以后，抽烟的渔民们在作业时用肥皂将手洗干净，鳗鱼也就上钩了。

例③：某市曾发生一起碎尸案，侦查技术人员对尸块作了冲洗、浸泡、防腐和拍照，为了查实被害人，对被害人进行了刻画。获悉一失踪的女青年17岁，中下等个子，体型较胖，短发，圆脸，宽眉，手背软厚，特别是右臂上有块"黑记"（胎斑），正巧与尸块右臂部的褐色斑迹相吻合。又获悉失踪女孩的父亲生活作风不好，其父母离婚后，父女二人同床睡觉。群众反映，该女子好像"怀孕"，怀疑其父杀女儿灭口。初步认定凶手是失踪女孩的父亲，而碎尸很像失踪女孩。

但是，侦查人员又进一步反复检验，发现不少疑点，有很多难以解释的差异。两人的眼角一尖一圆，头发一薄一厚，耳垂一大一小，嘴唇一厚一薄，牙龈一平一呲，身材一过胖而另一偏胖，被害人指甲整齐而失踪人因患过大脑炎，生活不会自理，此外失踪人的脚比被害人的脚大等等。尽管失踪人与被害人有很多相似之处，但是，也有不少差异的地方，最后，否定了失踪人就是被害人，失踪人的父亲——杀人凶手的嫌疑也被否定了。后来也查找到失踪女孩到外地结婚落户，查找到真正的被害人和真正的凶手。这起案件在侦查工作中，充分运用了差异法确认了被害人。排除了嫌疑人，捕获了真正凶犯。

其逻辑公式如下：

场合	先行因素	被研究对象
1	A，B，C，D	a
2	B，C，D	—

所以，A 是 a 的原因。

运用差异法应注意的问题：

差异法的结论也具有或然性，为了提高其结论的可靠性，应注意以下问题：

1. 从科学实验的角度讲，在对照实验时分为"对照组"和"实验组"。"对照组"保持原样不变，不附加任何条件；"实验组"则改变适当条件，增加或减少条件，看变化如何，由此确定事物的因果关系。如果被考察对象是复杂现象，则需要人为地控制某些现象，只突出某一现象进行实验。总之，有秩序、有步骤改变条件，观察现象，查找确定原因。

2. 从侦查工作角度讲，要注意细致地观察，要从微小的差异中查实案情。前面讲到的碎尸案中，某失踪女孩照片鼻梁上无黑痣，后来查找到底片上有黑痣，结果在尸块同样部位找到黑痣。差异往往是否证的依据，但要仔细分析是真实差异，还是人为差异。

四、并用法

并用法又称为契合差异并用法，或求同求异并用法，或同异结合法等。其内容是：

假定被研究现象在几个场合中出现时，有一个共同的先行因素；而另外几个场合被研究现象不出现，则因为缺少上述的共同先行因素。由此推出，这个共同先行因素，是被研究现象出现与否的原因。

例①：在自然界中，有些动物能准确无误地经历长途迁徙，其奥秘何在呢？科学工作者在长期的观察和实验过程中，运用并用法终于揭开了秘密。

科学观察的结果是：

鲣鸟，白天飞向大海捕食，傍晚回到西沙群岛栖息，被渔民称之为"导航鸟"。

极燕鸥，营巢北极而在南方越冬，每年来回飞行4万多公里，却能准确找到越冬地和营巢地。

鹦咀鱼，白天从洞穴朝东南方向游一公里觅食，夜间准确无误返回自己的洞穴。

绿色海龟，每年3月当其产卵季节到来时，它们成群结队从巴西沿海出发，在大西洋游2200多公里，到阿森匈岛产卵。产后，6月间又爬入波涛汹涌的大海，又游回巴西。

白喉莺，北欧的一种鸣禽。每年秋天经过巴尔干半岛由北向东南，飞越地中海，最后在尼罗河上游某地越冬。

诸如此类现象，科学工作者曾做了这样的假说：上述各种动物之所以能进行准确无误地长途迁徙，是借太阳或夜间天空星象作为定向、导航的目标。

为了证实上面科学假说的正确性，科学工作者做了实验。当用镜子折光，那么，鸟的飞行方向随之改变；当太阳光被遮住，鸟却迷失方向；鹦咀鱼在阴天和黑夜，把其眼睛蒙住，它们就在原地打圈子，徘徊不前。实验结果表明：有些动物在太阳光和星象条件下，可以定向运动；反之，这些动物失去太阳光和星象的条件，就不能定向运动。

例②：达尔文在研究生物和环境的关系时，发现生物的形态构造与其生活条件有因果关系，其研究过程中也运用了这种方法。

第一种观察是不同类的生物在相同的环境里，常常呈现出相似的形态和构造。例如，鲨鱼属于鱼类，鱼龙属于爬行类，海豚属于哺乳类，尽管它们的种类不同，但是，由于长期生活在相同的环境中，外貌很相似，身体是菱形，都有胸、背和尾。

第二种观察是同类生物的生活环境不同，常呈现不同的形态和构造。例如，狼、鲸、蝙蝠同属哺乳动物类，但由于生活条件不同，因此形态不同。狼适于奔跑，鲸适于游水，蝙蝠适于飞翔等。

最后将第一种和第二种观察到的现象再进行比较。由此可得出：生物的形态构造与其生活条件、环境有着因果关系。

其逻辑公式如下：

场合	先行因素	被研究现象	
1	A，B，C	a	
2	A，D，E	a	正面事例
3	A，F，G	a	

| 所以， | 有 A | 有 a |

```
4        —MN            —    ⎤
5        —PQ            —    ⎬ 反面事例
6        —RS            —    ⎦
```

所以，   无 A   无 a

比较：正面结论——有 A 就有 a
　　　反面结论——无 A 就无 a

并用法的结论：A 是 a 的原因。

运用并用法应注意的问题：

（1）并用法是求同法和求异法的并用，但是，要明确这种并用不是简单的并用，而是两次运用求同法，一次正面求同，一次反面求同；在求同的基础上，将两个结论再进行比较，这时用的是差异法。不能误认为是一次求同法、一次差异法的并用。

（2）并用法分阶段进行，在不同阶段运用不同逻辑方法，并要遵守相应的逻辑规则。

五、共变法

共变法的内容是：在考察被研究现象时，假定发现某一先行因素发生变化，并引起被研究现象也同时发生变化，那么，变化了的先行因素可能是被研究现象变化的原因。

例①：物体摩擦生热涉及很多因素，包括物体本身的性质，摩擦力的速度，摩擦时物体接触面的大小，以及摩擦时外力作用的大小等。当我们用同样质料的物体，摩擦的速度不变，接触面大小一致时，仅仅改变外力作用的大小，就可发现：外力愈大，物体生热就多；反之，外力较小，物体生热就少。由此可得出结论：当其他条件不变的情况下，外力的作用大小是物体产生热量多少的原因。

例②：物理学中有电阻定律，可用共变法来分析导体的电阻、材料电阻率、导体的长度、导体横截面的关系等问题。电阻律的表述如下：当导体的材料确定后，导体的电阻跟它的长度成正比，跟它的横截面积成反比。

公式：$R = \rho \dfrac{L}{S}$

（R=电阻，ρ=材料电阻率，L=长度，S=导体的横截面积）就上述公式分析 R 与 ρ、R 与 S、R 与 L 的关系，当 S、ρ 不变时，若 L 数值大，那么 R 的数值也大；若 L 数值小，则 R 数值也小。由此可确认，L 变化是 R 变化的原因。

其逻辑公式如下：

场合   先行因素   被研究现象
1       $A_1 BC$ a_1
2       $A_2 BC$ a_2
3       $A_3 BC$ a_3

所以，A 是 a 的原因。

运用共变法应注意的问题：

（1）这种方法往往是用于复杂原因导致某结果的情况，为了确定各先行因素和被研究现象之间的关系，就需逐一进行分析。在分析时，只能限定在一个因素变化的情况下，考察被研究现象是否发生变化，怎么发生变化，这样的结论才可靠。如果不是这样，而是诸种先行因素都同时变化，则不容易分辨、确认是哪个先行因素引起被研究现象的变化。

（2）关于先行因素的变化有个度的问题，这也叫作极限问题。事物变化是由量变到质变的过程，事态变化至一定程度会发生质的飞跃，由旧质态变为新质态，因此，在变化先行条件、先行因素时要把握住极限。例如，波义耳——马立特定律，只能在常温、常压下起作用，在此条件下，气体的体积和压力成反比，如果超出上述条件，就不成反比了。

六、剩余法

剩余法又谓之残余法、筛选法。其内容是：当考察某一个复杂的被研究现象系统时，逐步判明某些现象是由已知的先行情况所导致，而剩下的那个被研究现象，则是另外一个未知原因所引起的。

例①：海王星的发现就是采用了这种方法。天文学家在对天王星长期观测过程中，发现其运行轨道上有四个地方发生倾斜现象，并且已知在三个方位上的倾斜是由三个已知行星吸引的结果，于是推断出另一个方位的倾斜现象是由于受到一颗未知行星引力的作用。后来科学家计算出这颗未知行星的轨道。德国天文学家彭加勒终于在 1846 年 9 月 23 日发现了这颗行星即海王星，它与太阳的距离为地球距太阳距离的 30 倍，就是这颗星造成天王星无法解释的倾斜度，因此科学家确认，海王星是天王星原来无法解释倾斜的未知的原因。

例②：世界著名的科学家居里夫妇，在发现镭的过程中采用了剩余法。1896 年法国科学家贝克勒尔发现铀具有放射性后，1897 年居里夫妇就思考除了铀以外，是否还有其他放射性元素呢？他们对当时的化学物质全部作了严格的盲查，发现钍也是放射性元素。1898 年 7 月，他们从沥青矿中又发现一种新的放射性元素命名为"钋"（为了纪念他们的祖国波兰，用波兰文字表示"钋"）。经过多次分析实验，他们还发现沥青矿中的放射性元素比铀和钋的放射性强得多，而这种放射性显然用铀、钋的性能解释不了，他们推测沥青矿中还有一种未知的放射性元素。经过 4 年的艰辛实验，他们终于从 30 吨沥青矿中，提炼出 2 毫克的新的放射性元素——镭。

例③：某地发生一碎尸案，开始确定为 15 岁至 25 岁女青年被害，为了查找被害人，从 21 万适龄女青年中发现 3 个女青年无下落。

尸块被发现后，群众举报女青年甲失踪了，其外貌与死者刻画像相似，尤其是她的右臂上有块"黑记"与尸块右臂褐色斑迹吻合，经切片检验尸块，否定斑迹是胎斑。其他方面也有差异，刑侦人员作出书面否定报告。碎尸破案后，查找到失踪女青年甲已去某县结婚安家了。

女青年乙与死者相似，且她生母与一无业男子姘居，该男子又常和一些流氓厮混。发现她家中有一摊血。经验证，血是失踪女青年的母亲生小孩时留下的，因此，血型与死者不同。乙也被排除了。后来查实乙女青年已在某县落户。

剩下的只有丙女青年是受害者，侦查开始时，她列入被害人之一，但是，由于以下几点矛盾情况，曾一度被否定：

a. 死者是短头发，丙却留了两条小辫子；
b. 丙是 6 月 7 日上午失踪的，而环卫工人却在 6 月 6 日或 6 月 7 日发现尸块；
c. 刻画像辨认照片和丙的照片有差异。

经过进一步分析、研究、鉴定，关于以上三个明显的差异，终于得到准确的解释。

关于疑点 a，经理发师分析和高倍投影观察对比，10 天前理发者其头发横断面为圆钝状，而近期新理发者其头发横断面为毛刺状。被害者的头发属毛刺状，这一属性由原来长辫剪短可以形成（以后罪犯也供述为了毁容，将被害人头发剪短了）。

关于疑点 b，环卫工人提供的时间可能记忆上有差错（以后罪犯交待罪行时供认在 6 月 7 日上午杀害丙，6 月 8 日碎尸，6 月 8 日晚抛尸）。

关于疑点 c，经摄影师研究画像，发现与真实照片有差异在于，画像照片立足于"真实"，而丙的生前照片立足于"美"，故有明显差异。更重要的是，在查看丙的照片时，偶然发现一张鼻梁上有黑痣的照片，通过和尸块鼻梁上的黑痣比较，大小、形状、部位完全一致。

最后，确认丙是被害人。罪犯在供述犯罪过程、情节等方面，也证实丙是被害人。

本节分别介绍了寻求因果关系的五种简单逻辑方法，但是，这些方法不是孤立的、静止的，而是互相联系、互相推移、互相补充的。在分析具体现象原因的时候，有时只用其中某一二种方法，有时也可能五种方法综合运用。现实中将这五种方法运用于科学实践也不乏其例。下面不妨以揭开动物冬眠之谜的科学实验说明之。

自 19 世纪以来，很多科学家对处于冬眠状态的现象进行过多次研究，探寻动物为什么在一定时候会进入冬眠状态，到底其原因何在呢？

1968 年 3 月，美国科学家道厄（Alber. R. Dawe）和其同事一起，从正在冬眠的黄鼠身上抽取了 3 毫升血，用两毫升血分别注射到两只已经脱离了该季冬眠的黄鼠腿的静脉中，并将这两只黄鼠放入 7℃ 的冷房内，几天后，这两只黄鼠又进入了冬眠状态。同年 6 月，又从这两只黄鼠身上抽出血，注射到另外三只活动期黄鼠的腿静脉中，它们也进入了冬眠状态。同年 7 月，又从这三只黄鼠身上抽取血，注射到另外五只处于活动期黄鼠的腿静脉中，它们也进入了冬眠状态。研究人员还从冬眠旱獭身上抽取血，注射到活动期黄鼠的腿静脉中，结果，黄鼠进入冬眠状态。在这个实验中，被研究现象是冬眠状态，先行条件时间不同、动物不同，但是，抽取冬眠动物的血是共同的。这组实验是用了求同法证明：冬眠动物的血，是诱发未冬眠动物进入冬眠状态的原因。

道厄等人为了进一步查明冬眠动物的血液是否有诱发动物进入冬眠的物质，他们又作以下实验：给处于活动期的黄鼠，分别注射两种血液，一组注射冬眠黄鼠的血液；一组注射活动的黄鼠的血液。结果发现，凡注入冬眠黄鼠血液的原活动期黄鼠，进入了冬眠状态；同时，凡注入活动期黄鼠血液的原活动期黄鼠，未进入冬眠状态。由此可以推断，冬眠期黄鼠的血液有诱发动物进入冬眠状态的物质。这里的实验方法是运用求异法寻找原因。

1969 年－1970 年冬季，道厄等人将 21 只实验黄鼠分为三组，每只黄鼠身上还安装一只热敏电阻小温度计。第一组注射冬眠旱獭的血清，第二组注射冬眠黄鼠血清，第三组注射活动期黄鼠血清。经过一段时期观察，发现凡注射冬眠动物血清的全部黄鼠体温下降了，有的开始冬眠反应。以后，又将这三组黄鼠全部放入冷房内。发现第一、二组接受冬眠动物血清的黄鼠全部进入完全冬眠状态,而第三组接受活动期黄鼠血清的实验黄鼠,则自始至终仍处于活动期,未进入冬眠状态。这个实验是运用了并用法,并且表明了诱发冬眠的物质不论在冬季或夏季,不论在冷环境中,或在暖环境中,都能起到诱发动物冬眠作用。这里的实验是运用差异法。

1969年道厄等人还做了以下实验:从刚进入冬眠期和已进入冬眠期两三周以上的动物身上,分别抽出血液,又分别注射到正处在活动期的黄鼠体内。实验结果是:冬眠期在两三周以上的动物血液,比刚进入冬眠状态动物的血液,能够更加有效地诱发动物进入冬眠状态。这个实验说明:冬眠时间长的动物,其血液里积累的冬眠诱发物质多,更能有效地诱发非冬眠动物进入冬眠状态。这里的实验所运用的是共变法。

在上述各项实验的基础上,为了进一步查明诱发冬眠的物质究竟是什么?是全部血液?还是血细胞?还是血清?还是其他什么物质?道厄等人又做了以下实验:先用离心机把血液分离为血细胞和血清,以后又将血清通过分子过滤器,"筛滤"后分成残留物质与过滤物质。然后,将血液、血细胞、残留物质、过滤物质分别注射到活动期黄鼠体内。实验结果表明,血细胞和残留物质都不能诱发动物进入冬眠状态,而只有那种过滤物质——即血清中足以通过分子过滤器的物质,才是诱发动物冬眠的物质。这组实验正是运用了"筛选法实验",也即剩余法。

以上五种寻求因果关系的逻辑方法,通常又称为"穆勒五法"。

练习题

一、单项选择题

1. 凡是从一系列特殊性的前提推导出一个一般性结论的推理,其结论的真实性是(   )。
   ①必然的   ②或然的
   ③无法断定的   ④可以是或然的,也可以是必然的

2. "青年犯罪是可以教育好的"。这个结论是由(   )推出来的。
   ①完全归纳推理   ②三段论推理
   ③联言推理   ④简单枚举归纳推理

3. "甲班同学都来自四川"。这一结论是通过(   )推出来的。
   ①联言推理   ②完全归纳推理
   ③简单枚举归纳推理 ④类比推理

4. 类比推理是(   )。
   ①从特殊到一般的推理 ②从一般到特殊的推理
   ③从特殊到特殊的推理 ④必然性推理

5. 侦查员根据甲案和乙案在作案时间、性质、手段等方面很相似,并已知甲案为张某所为,提出"乙案也可能是张某所为"。在这里,侦查员运用的是(   )。
   ①演绎推理   ②科学归纳推理
   ③简单枚举归纳推理 ④类比推理

二、多项选择

1. 通过完全归纳推理能得出下列论断的有（　　　　）。
①特称判断的主项都是不周延的　　②人死后会逐渐出现尸斑现象
③某犯罪集团的成员都有前科　　④判过刑的人是可以改造好的
⑤物质摩擦是能生热的

2. 运用归纳推理时容易发生的逻辑错误主要有（　　　　）。
①轻率概括　②以偏概全　③以先后为因果　④结论不当扩大　⑤机械归纳

3. 下列论断不能通过完全归纳推理推出（　　　　）。
①春夏秋冬周而复始　②瑞雪兆丰年　③人的血是红色的　④凡是罪犯都有作案动机　⑤否定判断的谓项都是周延的

4. 不完全归纳推理与完全归纳推理的主要区别在于（　　　　）。
①没有考察完一类事物包含的全部对象　　②由若干特殊性前提推导出一般性结论
③前提与结论之间有蕴含关系　　④结论超出了前提的知识范围
⑤前提真结论未必真

5. 类比推理的特点是（　　　　）。
①从一般到个别的推理　②从个别到一般的推理　③从特殊到特殊的推理　④结论具有必然性　⑤结论不具有必然性

三、判断分析题

1. 无论哪一种归纳推理，其结论都具有或然性。
2. 甲爱吃辣椒，乙爱吃辣椒，丙爱吃辣椒。所以，有些人爱吃辣椒。这是一个不完全归纳推理。
3. 王某是嫌疑人，李某是嫌疑人，张某是嫌疑人。所以，王某、李某、张某三人都是嫌疑人。这是一个完全归纳推理。
4. 类比推理的前提与结论之间不具有蕴含关系。
5. 两种现象在出现时间上先后相继，是确定它们有因果关系的充分条件。

四、简答题

1. 归纳推理的定义和特征是什么？
2. 什么是完全归纳推理和不完全归纳推理？二者有何异同？
3. 什么是简单枚举归纳推理？提高其结论可靠性的步骤有哪些？
4. 什么是科学归纳推理？其逻辑特征是什么？
5. 什么是类比推理？提高其结论可靠性可采取哪些步骤？
6. 怎样理解演绎推理、归纳推理、类比推理的联系与区别？

五、实例分析题

1. 有人发现人死后逐渐出现尸斑现象，法医从生理学角度进行研究，最后终于作出了科学的解释：人死后，心脏跳动停止，血液循环也停止，血液由于重力作用，逐渐积于尸体底下的皮下毛细血管内，使毛细血管扩张充血，从而在皮肤上出现有色斑痕。这就是尸斑现象。请回答，"凡人死后会逐渐出现尸斑现象"的结论是通过什么推理方式得出的。

2. 1999年6月15日，某市区银行营业所于中午午休期间被盗。经侦查破案为张某所为。后侦查员回忆，同年元月某日该市区另一银行也是在午休时被盗，且作案手段极为相似。据此，侦查员认为该案也是张某所为。分析这段思维过程包含何种推理？是否能成立？写出其推理形式。

3. "简单枚举法的根据，是同类事实的重复出现，并且没有遇到相矛盾的情况。这个根据，对于得出正确结论，是必要条件而不是充分条件"请问这一说法是否正确？为什么？

4. 资产阶级刑事法学派的创始人，意大利法医学教授龙勃罗梭根据他看到的盗窃犯、诈骗犯和杀人犯的外貌特征，于是就得出"盗窃犯和诈骗犯的头较大，杀人犯比伤害犯的脸长"等结论。请问这是什么类型的推理？是否正确？为什么？

5. 在某盗窃案中，李某被怀疑为案犯。李某申辩说，在案发时间自己在厂工会看电视。为了验证李某的话是否属实，侦查员对当夜在厂工会看电视的 25 名职工分别进行了解，结果，25 人都说没看到李某去看电视。于是，侦查员否定了李某申辩的真实性。请问这一推论是根据什么推理得出的？是否正确？为什么？

第九章　逻辑基本规律

教学目的和要求：
逻辑基本规律是以客观事物的相对稳定性和质的规定性为基础，是关于思维的逻辑形式的规律，包括同一律、不矛盾律、排中律和充足理由律。由于思维活动离不开概念、判断、推理，因此，逻辑基本规律也可以说就是运用概念、作出判断、进行推理必须遵循的规律。它们对各种逻辑形式的运用具有普遍性的指导意义，是保证人们的思维具有确定性、不矛盾性、明确性和论证性的必要条件，是正确思维的起码要求。如果自觉或不自觉地违反逻辑基本规律，那么思维过程就会发生混乱、自相矛盾、模棱两可等逻辑错误。因此，学习逻辑规律，目的在于指导我们自觉遵循这些规律。首先必须理解和把握这些规律的基本内容和要求，懂得什么是同一律、不矛盾律、排中律和充足理由律；其次在学习和掌握它们各自的基本内容的同时，还应特别注意掌握违反这些规律的、各自不同的逻辑错误；做到在一个包含有逻辑错误的实例材料中，能够准确判定违反的是什么规律。

教学要点：
同一律的基本要求
矛盾律的基本要求
排中律的基本要求
充足理由律的基本要求
"偷换概念"
"转移论题"
"自相矛盾"
"模棱两可"

第一节　概　述

一、规律的概念

规律又称为法则，它是指客观事物在其发生、发展过程中的本质联系。客观世界，无论是自然界或是人类社会，既是丰富多彩、纷繁复杂和千差万别，又是有机联系的统一体，按其自身固有规律而运动、变化、发展着。例如，地球的自转与公转，春夏秋冬四季的依次更替；生物有机体的新陈代谢；人类社会不断地由低级形态向高级形态的发展；商品经济的价值规律等等，这都表明一切物质形态的运动、发展过程中都具有某种基本秩序和规律性。

各门科学的任务之一，就是研究、揭示各有关现象的规律性，以便于指导实践、改造自然和改造社会。例如，政治经济学研究经济规律，而经济规律又是在一定的经济条件下产生和发生作用，并随着经济条件的变化而消失或改变其作用；天文学揭示了各个天体之间的相互关系，它们的运行轨道等都是按照万有引力定律运行的；生物学揭示了物种的进化是按照"自然选择""适者生存""优胜劣汰"等客观规律发展着的；比较法学是运用比较方法来研究法律科学，揭示法律科学之间的一般规律的新兴学科；哲学则是揭示自然界、人类社会和人类思维发展的最一般规律的科学。如此等等，科学在所有的知识领域内都向我们说明，客观事物在貌似紊乱的现象中有它的基本的规律。

二、逻辑基本规律的本质特征

逻辑学要研究正确思维时必须遵守的规律，它有同一律、不矛盾律、排中律和充足理由律。这四条规律是人们在运用概念、判断和推理形式进行思维活动时，必须遵守的起码的要求。只有当思维过程自觉遵守这些要求，才可以做到概念明确、判断恰当、推理合乎逻辑性；反之，如果自觉或不自觉地违背了这四条逻辑规律的要求，那么，思维过程就会发生混乱、自相矛盾、模棱两可、信口雌黄等逻辑错误。逻辑基本规律之所以对于人们正确思维有着重要意义，这并非人们主观赋予它的，而在于"逻辑形式和逻辑规律不是空洞的外壳，而是客观世界的反映"。

逻辑规律是以客观事物的相对稳定性和质的规定性为自己的基础。唯物辩证法认为，无论什么事物的运动都采取两种状态，即相对静止状态和显著变化状态。当客观物处于相对静止状态时，只有量变而无质变，而且事物在量变阶段时，事物有其质的规定性，这种质的规定性既是客观事物自身存在着的，又是区别于其他事物的根本标志（可谓之"特异性"）。认识事物的质的规定性，分清事物之间的差异性是把握事物的重要环节。

例如，草原、湖泊、岩石、星辰、树木等等，之所以是不同类的物质，在于它们各自具有质的规定性。客观事物的质的规定性，是由它内在的特殊矛盾决定了的。事物的质的规定性既是与其他事物相区别的标志，又是旧质态转变（飞跃）为新质态的起点，同时也是人们把握、认识、反映它的依据。因此，不具有质的规定性的事物与现象是没有的。但是，必须指出客观事物除了具有稳定性与质的规定性之外，客观事物还具有绝对变动的状态。如果忽视或否认这一点，就会导致形而上学的观点。

由于客观事物具有相对稳定性和质的规定性，因此人的实践经过千百万次的重复，才有巩固性和公理性质。可以说，逻辑形式和逻辑规律是人们在反复实践中，抽象地概括了客观事物的某些特性，如质的规定性，事物间的差异性、因果性等等。

逻辑规律就是要求人们在运用逻辑形式——概念、判断、推理进行理论思维过程中，反映客观事物某些特性时，做到明确性、鲜明性、一贯性、有论证性。

第二节 同一律

一、同一律的基本内容及其逻辑公式

同一律是指在同一个思维过程中（同一部论著或同一个论辩场合），思维必须保持

与其自身同一。

同一思维过程也可解释为，在同一时间、同一关系、同一条件下，思维反映客观对象的属性或者反映客观对象之间关系时，是确定的、不变的、一致的。

例如，某乡镇企业一名销售员，被指控犯有职务侵占罪，公诉指控其非法占有金额为50万元。县人民法院在审理此案过程中，分析了被告人经手账目的一切证据材料。在法庭调查、法庭辩论后，经过合议庭最后认定，在被指控的15宗非法占有款项中，只认定两宗共非法占有10万元，五宗为挪用资金共15万元，其余8宗既不属非法占有，也不属挪用，予以否定。法院最后宣判被告人犯了职务侵占罪和挪用资金罪。法院按被告人非法侵占资金金额判决其有期徒刑4年，按其挪用资金金额判决其有期徒刑3年。又依据《刑法》第69条关于数罪并罚的规定，"判决宣告以前一人犯数罪的，除判处死刑和无期徒刑的以外，应当在总和刑期以下、数刑中最高刑期以上，酌情决定执行的刑期"。人民法院依此，决定被告人的执行刑期为有期徒刑6年。法院在事实、证据基础上，依据法律分清了被告人犯罪行为的性质，明确了不同性质行为的不同罪名；罪名不同，刑事处罚是不一样的。

我国《刑法》第271条第1款规定："公司、企业或者其他单位的人员，利用职务上的便利，将本单位财物非法占为己有，数额较大的，处五年以下有期徒刑或者拘役；数额巨大的，处五年以上有期徒刑，可以并处没收财产。"

我国《刑法》第272条规定："公司、企业或者其他单位的工作人员，利用职务上的便利，挪用本单位资金归个人使用或者借贷给他人，数额较大、超过三个月未还的，或者虽未超过三个月，但数额较大、进行经营活动的，或者进行非法活动的，处三年以下有期徒刑或者拘役；挪用本单位资金数额巨大的，或者数额较大不退还的，处三年以上十年以下有期徒刑。"

本例说明，该基层法院真正做到了以事实为根据，以法律为准绳，被告人也服法认罪。从逻辑的角度讲，法院审判员做到事实清楚，定罪量刑准确，即事实、罪名、处罚三者做到同一，才合乎同一律的基本要求。

同一律的逻辑公式如下：

A→A（A 是 A）

二、同一律的基本要求

1. 当 A 以概念形式出现时，A＝A 就是要求概念的内涵和外延要保持确定性、一致性。如果 A 原有的内涵和外延已加以规定，那么，在同一思维过程中应保持其明确性、一致性；如果 A 语词可表示多个概念，即有多种解释，那么，在同一思维过程中，对 A 要规定其内涵和外延，以区别于其他事物。A 的内涵和外延一经明确规定之后，应该保持其一致性。例如，我国《刑法》第5章明确规定了"公共财产"，"公民私人所有的财产"，"国家工作人员"，"司法工作人员"，"重伤"，"首要分子"，"告诉才处理"，"以上、以下、以内"等。又如，我国《刑事诉讼法》第108条规定："本法下列用语的含意是：

'侦查'是指公安机关、人民检察院在办理案件过程中，依照法律进行的专门调查工作和有关的强制性措施；

'当事人'是指被害人、自诉人、犯罪嫌疑人、被告人、附带民事诉讼的原告人和被告人;

'法定代理人'是指被代理人的父母、养父母、监护人和负有保护责任的机关、团体的代表;

'诉讼参与人'是指当事人、法定代理人、诉讼代理人、辩护人、证人、鉴定人和翻译人员;

'诉讼代理人'是指公诉案件的被害人及其法定代理人或者近亲属、自诉案件的自诉人及其法定代理人委托代为参加诉讼的人和附带民事诉讼的当事人及其法定代理人委托代为参加诉讼的人;

'近亲属'是指夫、妻、父、母、子、女、同胞兄弟姐妹。"

上述概念在《刑法》《刑事诉讼法》中的明确规定,任何人都不得改变其含意和适用的范围。

再如,"犯罪嫌疑人""人犯""刑事被告人""罪犯"这四个概念,对于不熟悉法律的人或不懂得逻辑关系的人来讲,往往容易混淆,甚至误认为是一个概念,认为是同一关系的概念,其实并非如此。

根据我国《刑法》和《刑事诉讼法》的规定,上述概念可做以下解释:

"犯罪嫌疑人"是指行为人有犯罪嫌疑,应受到刑事法律追究,但尚未被提起公诉或自诉的人。

"刑事被告人"是被人民检察院指控犯罪并向人民法院提起公诉的犯罪嫌疑人,或者由自诉人指控犯罪并向人民法院提起自诉的犯罪嫌疑人。

"人犯"是指在立案侦查阶段,或在起诉、审判阶段对"刑事被告人"采取拘留、逮捕等强制措施时的称谓。

"罪犯"是指经人民法院终审判决和裁定为有罪的"刑事被告人"。

以上四个概念之间的逻辑关系,如下图:

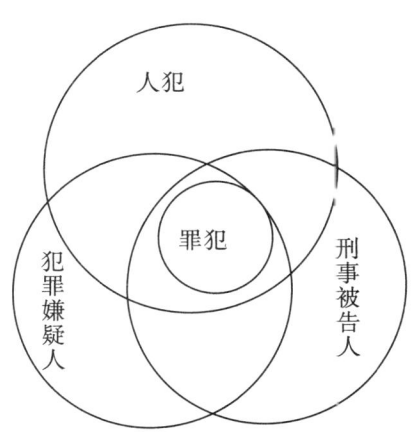

其他诸如,"执行中止""执行终止""执行终结";"刑事拘留""行政拘留""司法拘留";"行政处分""行政处罚""行政制裁"这三组概念中,每组概念的内涵与外延是不同的,不容许混淆。

2. 当 A 以判断形式出现时,A=A 就是要求判断所断定的内容保持确定性,特别是对于那些容易产生歧义的判断,模糊语言表示的判断应当明确、精确,并在同一思维过程中,保持前后一致性。例如,某县人民法院在一份离婚判决书中,写了这样两段话:"被告(男方)和原告(女方)于2018年经人介绍,自由恋爱,婚后感情尚好。生有两男一女……""经法院调查,原告和被告的婚姻是属包办婚姻,且女方在外做裁缝,与男方长期分居,双方感情破裂,原告提出离婚,经多次调解无效,经合议庭合议判决准予离婚"。在这份离婚判决书中,对于基本事实的认定上是不同一的,作出了两个相反的判断,前面说是"自由恋爱",后面又说是"包办婚姻",这样的认定既违背了法律上同一认定的原则,也违反了逻辑学中同一律的基本要求。

三、同一律在立法和司法实践中的要求

同一律的基本内容在立法和司法实践中的具体要求有以下几方面:

1. 立法过程中,对法律概念要做明确规定,一经颁布施行的法律,其概念具有一致性、确定性,任何个人都不能作出任意的解释,关于法律的解释权,全国人大常委会已于1981年6月10日通过决议,对法律解释问题做了四条决定,以保证法律的正确实施。

(1)凡关于法律、法令条文本身需要进一步明确界限或做补充规定的,由全国人民代表大会常务委员会进行解释或用法令加以规定。

(2)凡属于法院审判工作中具体应用法律、法令的问题,由最高人民法院进行解释。凡属于检察院检察工作中具体应用法律、法令的问题,由最高人民检察院进行解释。最高人民法院和最高人民检察院的解释如果有原则性的分歧,报请全国人民代表大会常务委员会解释或决定。

(3)不属于审判和检察工作中的其他法律、法令如何具体应用的问题,由国务院及主管部门进行解释。

(4)凡属于地方性法规条文本身需要进一步明确界限或做补充规定的,由制定法规的省、自治区、直辖市人民代表大会常务委员会进行解释或作出规定。凡属于地方性法规如何具体应用的问题,由省、自治区、直辖市人民政府主管部门进行解释。

2. 刑事案件的侦查工作中,"同一认定"的原则是确认具体"人""物"或者"现场"与发案时的"人""物""现场"是一致的、同一的。具体地讲,要求罪犯的指纹鉴定,或足迹鉴定,或笔迹鉴定,或其他鉴定与现场收集的痕迹鉴定应该一致,不能仅是相似,更不能有差异。被害人特别是被碎尸的被害人的确认,也应遵守同一认定原则。

3. 公安机关、检察机关、审判机关以及司法机关在分析证人的证言及其他证据时,应遵守同一律的基本要求。

4. 检察机关、审判机关对刑事被告人的罪行事实、罪名、刑罚应该是三者保持同一性。具体讲,刑事处罚应依据犯罪的罪名,犯罪的罪名应依据犯罪的事实、情节等。

5. 刑事诉讼的"当事人""法定代理人""诉讼参与人""近亲属"在控诉、陈述、答辩时,应该是事实清楚,不能似是而非,不能前后不一致。

6. 司法文书的制作过程中,应该对案情作清楚明白的介绍,要紧密围绕案情提供证据。提出的请求要依据法律规定。这里讲的司法文书应该作广义的理解,不仅包括刑

事、民事、经济、行政等诉讼的起诉书、判决书、调解书、裁定书、上诉书、抗诉书、审结报告等，还包括出庭通知书等。例如，某人民法院曾给一位律师发了出庭通知书，内容如下："某某（律师的名字）因离婚一案请×月×日出庭。"这里可以有两种解释，一是该律师本人的离婚诉讼，二是该律师以代理人身份出庭。显然，这份通知书中未能明确指出诉讼参与人的具体概念，违反了同一律的基本要求。

四、违反同一律要求的逻辑错误

1. 混淆概念。所谓混淆概念是指将不同性质的概念混为一谈。如果是故意混淆概念，进行诡辩，叫作"偷换概念"。一般混淆概念或故意偷换概念的表现是多样的，主要有以下几种：

（1）混淆集合概念和非集合概念的界限；
（2）混淆概念之间的逻辑关系；
（3）混淆多义词所表示的不同概念；
（4）混淆相同或相近语词所表示的不同概念；
（5）故意将不同概念互相替代。

例如，我们在讲直言三段论时所说的"四概念"的错误就是混淆概念的逻辑错误。
劳动人民创造了历史；
张某是劳动人民；
所以，张某创造了历史。

这个三段论的大前提中的"劳动人民"和小前提中的"劳动人民"是两个不同的概念。前者是集合概念，后者是非集合概念。因此这个推理是不正确的，是混淆概念的表现。

2. 混淆论题。所谓混淆论题是在论辩过程中，有意或无意地把原中心论题转移、修改、变更为其他论题。其主要表现如下：

（1）论证与原论题不相干的论题；
（2）以人为据进行论辩；
（3）歪曲对方论题之后再加以反驳；
（4）制造新论题强加于对方再行反驳；
（5）证明不足或者证明过多，并推出结论强加于对方。

例如：人们通常所说的"论证跑题"、"答非所问"等错误就是混淆（或转移）论题的错误。

例①："老王的工作能力很强，因为在工作中，他常常能独当一面，能独立处理很多疑难问题，所以，他工作非常有经验。"

例②：侦查人员问："倒卖金银是不是违法？"
犯罪嫌疑人答："别人还卖呢！"

在例①中，开始确立的论题是"老王的工作能力很强"，而实际证明的也就是最后归纳的结论是"老王工作非常有经验"。显而易见，上述两个判断并不完全等值，犯了转移论题的错误。

在例②中，犯罪嫌疑人的回答转移了论题，侦查人员问倒卖金银是否违法，即论题。犯罪嫌疑人不回答这个问题,而是用"别人还卖呢"的论题去转移侦查人员的论题(即"答非所问"),也是犯了转移论题的逻辑错误。

五、同一律在逻辑规则中的体现

(1) 当给概念下定义,或者对概念进行划分时,应当遵守相应相称的规则;
(2) 在三段论推理中,两个前提判断,只能有三个不同的概念的规则;
(3) 三段论推理中,中项至少周延一次的规则;
(4) 三段论推理中,前提中不周延的概念,在结论中也不应当周延的规则;
(5) 证明与反驳过程中,论题必须清楚明确的规则;
(6) 论辩过程中,论题必须始终保持同一的规则等。

六、正确认识、理解同一律

1. 同一律是正确思维的初步规律。这里包含两层意思:一是思维规律,二是初步的思维规律。第一层含意是与客观规律的区别,第二层含意是与辩证思维规律的区别。

同一律所讲的同一性是指人们在思维过程中,运用概念、制作判断、进行推理时,思想应保持同一性。至于反映正确与否,应由实践来检验。这种同一性不是指客观事物永远处于静止状态的自身抽象的同一性,如果认为客观事物自身永远处于静止不变的状态,那是形而上学的哲学观点,是和辩证唯物主义世界观相对立的观点。如果把同一律当作形而上学同一性,这本身是偷换概念。

同一律被认为是初步思维规律在于它和辩证思维规律比较而言。思维规律除了形式逻辑的基本规律之外,还有辩证思维规律,这是由辩证逻辑学来研究的。辩证思维规律是研究思维形式的辩证法理论。

2. 同一律是有条件、有限定地应用于思维形式。同一律要求思维形式的确定性不是绝对的、无限定的;而是相对的、有条件的。具体地说,同一律要求在一定时间、一定空间、一定条件、一定关系、一定论域中,思维形式所反映的内容要保持精确性、一致性、固定性。但是,随着上述诸因素的改变,或随着事物自身变化,作为反映客观事物及其关系的思维形式也应随之变化、发展,这正是符合辩证法的。

第三节 矛盾律

一、矛盾律的基本内容及其逻辑公式

要使人们的思想保持确定性,除了必须遵守同一律以外,还必须遵守矛盾律。矛盾律是客观存在的规律在思维中的反映,也就是说,客观存在的规律反映在我们的思维中就成为矛盾律。矛盾律的实质就是要排除思维中的自相矛盾,所以矛盾律又可称为不矛盾律。

矛盾律的基本内容是:在同一思维过程中,一个思想及其否定不能同时都真,至少有一个是假的。

矛盾律基本内容的公式可用一个联言判断的负判断表示为:并非(A 并且非 A)。

若用符号公式可表示为：

$\overline{A \wedge \overline{A}}$

这个公式的意思是，A 和 $\overline{A}$ 不能同真，但可能同假。换言之，如果 A 真，则 $\overline{A}$ 假；如果 $\overline{A}$ 真，则 A 假。因此，公式 $A \wedge \overline{A}$ 假，于是 $\overline{A \wedge \overline{A}}$ 永真，亦即这个公式是一个重言式（不论 A 取何值，公式的值永远是真的）。公式中的"A"可以表示任何一个概念和任何一个判断，"$\overline{A}$"则是对任何一个概念和任何一个判断的否定。

二、矛盾律的基本要求

矛盾律的逻辑要求是：在同一思维过程中，即在同一时间、同一方面对于同一对象不能用自相矛盾的思想去表示。

1. 在概念方面，当公式中的 A 表示概念时，矛盾律要求在同一论域中两个互相矛盾或互相反对的概念，不能同时表示同一对象。例如，"罪"与"非罪"，这是两个互相矛盾的概念，我们不能用"罪"与"非罪"同时表示某个人的某种行为。又如，我们不能同时用"正义战争"和"非正义战争"表示同一战争（如抗日战争）；我们不能同时用"作案者"与"非作案者"表示某个人。如果这样的话，就会出现"非罪的罪"，"非正义的正义战争"，"非作案者的作案者"等违背客观事实的矛盾概念，这些概念都是自相矛盾的，都是没有确定内容的。可见，我们不能用两个互相矛盾或互相反对的概念在同一时间、同一个方面表示同一对象。

2. 在判断方面，当公式中的 A 表示判断时，矛盾律要求在同一思维过程中，两个互相矛盾或互相反对的判断，不能同真，即不能同时都加以肯定，其中必有一假。在这里得说明一下，为什么矛盾律适用于两个互相反对的判断呢？这是因为：上反对关系受矛盾律制约，上反对关系的判断，是指 SAP 与 SEP 判断的真假关系。在 A、E 两个判断间，知其中一真，另一必假；但是，若知其中一判断假，另一判断真假不定。即 A 与 E 两个判断不能同真，但可以同假。因此，A 与 E 两个判断间的真假关系，是受矛盾律制约的，是矛盾律的具体表现。

例如，对于同一案件既断定"某甲是盗窃犯"，同时又断定"某甲不是盗窃犯"，这就是对两个互相矛盾的判断同时作出肯定，因而违反了矛盾律。又如，"凡罪犯都应受到法律制裁，但有些罪犯却不应受到法律制裁"，"如果某甲是案犯，那么某甲有作案时间；而某甲是案犯，但却无作案时间"，这两个判断也是同时对同一对象作出了互相矛盾的断定，因而违反了矛盾律。再如，对"所有犯罪行为都具有社会危害性"和"所有犯罪行为都不具有社会危害性"这两个互相反对的判断都同时加以肯定为真，也同样违反了矛盾律。

以上两个方面说明，矛盾律不允许任何思维中同时断定两个互相矛盾或互相反对的思维都真，无论对概念的要求还是对判断的要求都是如此。遵守了矛盾律的逻辑要求，就能保证思维的无矛盾性，即不会陷入自相矛盾。

三、矛盾律的适用范围

矛盾律揭示了客观事物发展过程中事物的相对稳定性和质的规定性。因此，矛盾律只是在遵守一定的条件时，才是有效的。这就是说矛盾律不是在任何情况下都能起作用，它是有适用范围的。

1. 矛盾律要求人们的思想不能自相矛盾，是指在对象、时间、关系三者相同的条件下才适用。其中任何一个条件发生变化，就不能用矛盾律去要求，因为它已超出了满足矛盾律条件的范围，所以不能视为违反矛盾律。

假如对同一对象在不同时间作出相反的断定，并不违反矛盾律。例如，昨天审查某嫌疑人可以断定"某甲是此案的嫌疑人"，但经过审查排除了某甲，今天又可断定"某甲不是此案的嫌疑人"。假如对同一对象在同一时间而对不同方面作出的断定也不违反矛盾律。例如，我们研究犯罪分子实施强奸的手段作出判断："有的是侵入住宅强奸"，"有的是在郊外拦截强奸"，等等。这种对事物的多方面情况同时作出断定并不违反矛盾律。但不能对某个犯罪分子的行为同时作出"是强奸行为"又"不是强奸行为"的断定，因为这两个判断对同一对象不可能都确定为真的，所以，这就违反了矛盾律。

2. 矛盾律虽然要求排除逻辑矛盾，但它并不否定辩证思维矛盾。因为逻辑矛盾和辩证思维矛盾是两种性质根本不同的矛盾。辩证思维矛盾是现实的辩证矛盾在人们思维中的正确反映。所谓辩证矛盾，是任何客体或过程内部所包含的两个对立面之间相互联系和相互转化。这种矛盾不是错误论断的矛盾，而是现实的矛盾，它存在于自然界和社会的一切事物和现象以及对它们反映的人们的思维中。如"真理既是绝对的，又是相对的"，这里反映的便是真理自身的二重性，是真理本身具有的矛盾，因而这一思想并没有违反矛盾律。相反，这种客观存在的现实矛盾即辩证矛盾是一切事物发展的动力和源泉。由此说明，辩证思维矛盾是现实的辩证矛盾的正确反映。按照辩证唯物主义的观点是允许存在的。而逻辑矛盾，是指思维中由于违反形式逻辑的矛盾律而产生的逻辑错误。具体说来是指在同一个思维过程中，既肯定了某一个思想，同时又否定了这个思想，表现为思想的极端混乱，是正确思维所不允许的。如果在作出上述判断的同时，又断定说，"真理并非既是绝对的，又是相对的"，那便是思想的自相矛盾了。

再如某侦查员从犯罪现场获得一把杀人用的刀，如果我们从辩证思维矛盾的角度分析，即从不同的使用属性方面分析，这把刀既是杀人凶器又不是杀人凶器（而是日常生活工具）。在这种情况下，就不能说人们的思维在反映"刀"这一事物的矛盾性质时是违反矛盾律的逻辑要求的。但如果当我们在刑事诉讼活动中，认定这把刀是有罪证据还是无罪证据时，就不能同时作出这把刀既是有罪证据又是无罪证据的断定，否则思维就要犯自相矛盾的逻辑错误。

四、违反矛盾律的逻辑错误

违反矛盾律的逻辑错误是指逻辑矛盾或自相矛盾。所谓自相矛盾就是指违反矛盾律的逻辑要求，即同时肯定两个互相矛盾或互相反对的判断都真而出现的逻辑错误。人们通常所说的"前言不搭后语""出尔反尔""不能自圆其说""自己打自己的嘴巴"等就是指违反矛盾律的错误。

1. 自相矛盾的逻辑错误表现在概念方面，就是用两个互相矛盾的概念或者互相反对的概念反映同一对象。

例如，由公安机关、人民检察院经过一系列的侦查活动，如果认为案情事实清楚、证据确实充分，足以认定是否犯罪以及犯何种罪时，就应该明确某甲的行为是罪，还是非罪，是犯抢劫罪，还是犯非抢劫罪。而决不能用"罪"和"非罪"这两个互相矛盾的概念同时反映某甲的行为，也不能用"抢劫罪"和"非抢劫罪"这两个互相矛盾的概念同时反映某甲所犯的罪名，否则就要犯自相矛盾的逻辑错误，同时也会影响侦审工作顺利进行。

2. 自相矛盾的逻辑错误表现在判断方面，有两种情况：一种情况是，如果从一个判断可引出两个互相矛盾的判断，则这个判断本身就是犯了自相矛盾的错误；另一种情况是，如果对两个互相矛盾的判断同时加以肯定，则也犯了自相矛盾的逻辑错误。

例如，有一起抢劫杀人案，预审人员经过对口供的详细分析，发现案犯某甲的供词同实际情况之间有矛盾，为了将漏网在外的同案犯抓获归案，以澄清该案的全部问题，于是，预审人员决定以追查赃款赃物去向为突破口。审讯一开始，案犯某甲一口咬定说，"赃款已吃喝花用殆尽"。但经过预审人员迂回包抄，同他细算经济账时，案犯某甲的供词却露出了马脚。

问：你吃喝挥霍不怕别人怀疑吗？
答：为了免人怀疑，我平时三餐还是与往常一样。
问：那么你是如何挥霍的呢？
答：每天吃夜宵。
问：几个人？
答：就我一个人。
问：从作案到案发有多少时间？
答：近 20 天。
问：抢到多少钱？
答：现金 3000 元。
问：这么多钱你真的花完了吗？
答：基本上完全花完了。

从这段审讯中，我们可以得出这样的结论：案犯某甲每次夜宵平均花 150 元，一个人连续不断吃 20 天夜宵，才能到被捕时把赃款花完，这与当地的消费水平、生活经验不符。显然，其交代是不真实的，因为不能自圆其说。我们先来分析："赃款基本上完全花完"这句话，这里"基本上不是完全"而"完全不是基本上"。所以，"赃款基本上花完"和"赃款完全花完"这本身就是自相矛盾的。再来分析案犯某甲所说的"赃款已吃喝花用殆尽"和"赃款基本上完全花完"。显然，这两句话也是自相矛盾的。正当案犯某甲陷入自相矛盾的困境，不能自圆其说的时候，预审人员就直截了当地问"赃款究竟藏在何处？"这时案犯某甲不得不招供赃款藏在某乙、某丙处。于是，侦查人员很快地就把漏网在外的同案犯某乙、某丙抓获归案。可见，在审讯罪犯中，运用矛盾律的知识，有助于揭露罪犯的狡辩。

五、同一律与矛盾律的联系和区别

同一律和矛盾律虽然是两种不同的逻辑规律，但它们并不是彼此孤立、毫无关系的，而是紧密联系、互为补充的。因为同一律和矛盾律都是关于思维的确定性的规律。它们是从不同的方面、不同的角度表述了思维的确定性。同一律是以肯定形式表述了思维必须具有确定性的思想;而矛盾律是以否定形式表达了同一律用肯定形式所表达的思维具有确定性的思想。所以,这两条规律从其内容来看,是有密切联系的。正确的思维必须同时遵守同一律和矛盾律的逻辑要求,从而保证思维的确定性和前后一贯性。

六、关于"悖论"问题

"悖论"又称为"逆论""反论""佯谬",它是一种特殊的逻辑矛盾的类型,简言之,它是逻辑上自相矛盾的判断。

它的内容是:由某一个判断的真,可推出该判断的假;反之,由某一个判断的假,可推出该判断的真。

其标准公式为:$P \leftrightarrow \overline{P}$。

例①:"说谎者悖论"。

早在公元前六世纪古希腊克里特人伊璧门尼德(Epimenides)曾提出撒谎者的悖论:

伊:"所有的克里特人都是说谎者。"

M:他说的是真的吗?如果他说的是实话,而伊璧门尼特是克里德人,他必然说了假话。他撒谎了吗?如果他确实撒了谎,那么克里特人就都不是说谎人,因而伊璧门尼德也必然说了真话.他怎么会既撒谎,同时又说真话呢?

例②:"理发师悖论"。

英国著名哲学家、逻辑学家、数学家伯特兰德·罗素(Berlrand Russell,1872—1970)曾提出理发师悖论。

M:著名的理发师悖论是伯特兰德·罗素提出的。一个理发师的招牌上写着:

告示:城里所有不自己刮脸的男人都由我给他们刮脸,我也只给这些人刮脸。

M:谁给这位理发师刮脸呢?

M:如果他自己刮脸,那他就属于自己刮脸的那类人。但是,他的招牌说明他不给这类人刮脸,因此他不能自己来刮。

M:如果另外一个人来给他刮脸,那他就是不自己刮脸的人。但是,他的招牌说要给所有这类人刮脸。因此其他任何人也不能给他刮脸。看来,没有任何人能给这位理发师刮脸了!

上述两个例子中,伊璧门尼德和理发师都陷入了自相矛盾的境地。这种语义悖论所以会出现,是由于说话人的讲话内容涉及自身而引起的,要避免产生这种悖论,说话人则要附加条件,即说话的内容不涉及说话人本人。

悖论的类型较多,1926 年拉姆赛把悖论分为逻辑和语义的两类。逻辑的包括数学中的命题,语义的则指说谎者一类。现在又有人将说谎者悖论纳入逻辑学悖论,而对数学中悖论又进一步划分为:概率论悖论、数的悖论、几何学悖论、统计学悖论等等。

悖论长期以来被许多人误认为是一种无聊的诡辩伎俩,但是,在现代逻辑和数学中,它却越来越引起人们的重视,有人认为悖论是科学前进的契机,有人认为对悖论及其产生根源的研究,会有助于在科学理论体系中避免出现自相矛盾的现象。

第四节 排中律

一、排中律的基本内容及其逻辑公式

排中律的基本内容是：在同一思维过程中，两个互相矛盾的思想不能同时都是假的，其中必有一真。"排中"一词顾名思义就是排除既"是什么"又"不是什么"的居中情况，而在"是"和"不是"二者之中必居其一，没有第三种可能情况。所以，排中律是客观事物区别性的反映，其实质是要求人们的思维具有明确性。

排中律的基本内容可用一个选言判断表示为：或者 A 或者非 A。

若用符号公式表示则为：$A \vee \overline{A}$

这个公式的意思是："A"表示一个思想，"$\overline{A}$"表示与"A"相矛盾的思想。在"A"与"$\overline{A}$"两个互相矛盾的思想中，就只能要么是"A"这个思想真，要么就是"$\overline{A}$"这个思想真，不能既非前者，也非后者。

这里所说的"两个互相矛盾的思想"是指在同一论域中，出现两个互相矛盾的概念和两个互相矛盾的判断。就相矛盾的判断而言，是指在相同素材的判断中，一为肯定一为否定的两个单称判断，逻辑方阵中具有矛盾关系的 A 和 O、E 和 I 两对判断以及模态判断中的必然 P 和可能 $\overline{P}$、必然 $\overline{P}$ 和可能 P，还有复合判断之间的矛盾关系判断等，都适用排中律的范围。但排中律不适用于具有反对关系的两个概念和两个判断。如"自杀"和"他杀"，A 和 E 等，因为。它们可以同假。

二、排中律的基本要求

排中律要求人们在同一思维过程中，对两个互相矛盾的判断必须作出明确的选择，承认其中之一为真，不能含糊其词。

1. 在概念方面，当公式中的"A"表示概念时，排中律要求在同一论域中某对象要么用概念"A"去表示它，要么用概念"$\overline{A}$"去表示它，二者必居其一，而不能说某对象用概念"A"去表示它不行，同时用概念"$\overline{A}$"去表示它也不行。例如，在"人"这个特定论域中，两个互相矛盾的概念"司法工作者"（A）和"非司法工作者"（$\overline{A}$），就包括了属于这个特定论域中的全部对象。只要是属于这个特定论域中的某个特定对象，就只能在"司法工作者"或"非司法工作者"中进行选择。如果某个特定对象属于"司法工作者"这个范围，那么就排除了他是"非司法工作者"那个范围；如果某个特定对象属于"非司法工作者"这个范围，那么就排除了他是"司法工作者"那个范围。这就说明，某个特定对象不可能既不属于"司法工作者"的范围，又不属于"非司法工作者"的范围。

2. 在判断方面，当公式中的"A"表示判断时，排中律要求两个互相矛盾的判断不能都假，其中必有一个是真的。

例如，某案在开庭审理中，公诉人以某甲贪污，向法院提起公诉，并列举大量证据说明被告构成了贪污罪。在法庭辩论阶段辩护人就被告人不具备贪污罪主体，即不是国家工作人员或依法从事公务的人员进行辩护，认为认定此案被告构成贪污罪证据不确实

充分。最后审判长发言却说:"刚才公诉人与辩护人的主张都不正确。"事实上此案对同一被告的行为性质的确定,公诉人实质上作出了这样一个判断:"本案所有证据都能证明被告构成贪污罪";而辩护人抓住被告属于个体承包的性质,不具有贪污罪构成的主体法律要件,得出了"认定被告构成贪污罪证据不确实充分"的论断,实际上就是作出了与公诉人观点相矛盾的论断,即"本案有的证据不能证明被告构成贪污罪"。

这就形成:

A＝所有证据能证明被告构成贪污罪(A)。

$\overline{A}$＝有的证据不能证明被告构成贪污罪(O)。

公诉人与辩护人的辩论形成相矛盾的论断,而审判长理应根据事实和依照法律在 $A \vee \overline{A}$ 之间作出选择,确定其中之一为真。恰恰相反,却得出了都是不正确的断定。

三、排中律的适用范围

排中律要求人们的思维具有明确性,其适用范围是指在互相矛盾的思想之间应该"是""非"分明,否则就要违反排中律。然而一旦超出了这个适用范围,我们对事实上尚不清楚的问题在"是""非"之间不做明确选择,并不违反排中律。

1. 不能在具有反对关系的概念、判断中适用排中律。因为,在两个互相反对的概念或反对的判断之间存在第三者,这是由反对关系本身的逻辑性质即"可以同假"所决定的。所以,不必在它们两者之间承认其中必有一个为真。例如,"张某是自杀"和"张某是他杀","作案者是青年人"和"作案者是中年人","某甲是抢劫罪"和"某甲是盗窃罪"等都是两个互相反对的判断。在这种情况下,就不一定有一个是真的,可能两个都是假的,所以并不违反排中律。至于是否有一个是真的,在这里不能用排中律决定,只能由法律和事实来决定。因此,要特别注意不能把反对关系误认为是矛盾关系而适用排中律的逻辑要求。

2. 对于逻辑上的复杂问句,不能用排中律要求作"是"或"否"的回答。因为复杂问句在提问中就隐含着发问者的意志和某种预先确认的假定,而被问者对复杂问句的回答,无论承认"是"或"否",都实际上等于承认了这个假定的事实,而作茧自缚。

例如,乔治家中丢了一头母牛,有目击者告诉是邻居汤姆顺手牵羊带走。乔治走到汤姆家中兴师问罪,汤姆拒不承认一口咬定奶牛是自家的,两家闹到法庭,牛也被作为证物上了法庭。正当双方激辩时,乔治突然灵机一动,问汤姆奶牛哪边屁股有颗大痣。汤姆想了一会儿说是右边,结果奶牛右边屁股没有痣;汤姆马上说是自己记错了,痣应该在奶牛的左边屁股。结果左边也没有,此时法官对汤姆说,"你已经证明了这头奶牛不是你的,你对奶牛并不熟悉,快把奶牛还给乔治。"这个复杂问句:"奶牛哪边屁股有颗大痣?"实际上包含了一个预设,即奶牛屁股上有大痣。而事实上奶牛屁股上可能根本没有痣。对于这样的问题,无论回答左边还是右边,都是承认了预设存在。而汤姆对奶牛并不熟悉,因此顺着预设往下说,就暴露了他不知情偷了奶牛的真相。这也告诫我们在法律工作中要审慎使用复杂问句。

3. 由于认识上的原因,排中律并不反对人们在认识过程中,对事物尚未作出明确断定时而采取"中立"的态度。例如,"某甲是不是案犯",在收集的证据不确实充分的情况下,还不能作出确切的答案时,对该问题可以暂不作回答,或者说"某甲是犯罪嫌疑人"。这不仅不违反排中律，而正是一种实事求是的科学态度。

四、违反排中律的逻辑错误

违反排中律的逻辑要求，就会犯模棱两可（或模棱两不可）的逻辑错误。"模棱两可"，并不是说二者皆可，而是说"模棱以持两端"的意思，亦即在具有矛盾关系的两种思想面前，犹豫不定，既不肯定此，也不否定彼。所以，模棱两可的思想是模糊含混的思想，严格地说，是没有内容的思想。

在思维活动中，模棱两可的逻辑错误具体表现形式是"两不可"和"不置可否"。

1. "两不可"的逻辑错误。所谓"两不可"是指在同一议论过程中，同时否定两个互相矛盾的判断。犯这种逻辑错误，就会使思想没有确定性和明确性，叫人无所适从。

例如，老王和老李在分析凶杀案的案情时，老王提出了两个互相矛盾的判断要老李运用排中律的知识作出正确的回答。两个互相矛盾的判断是：

A＝"本案所有的材料都是可信的。"（A）

$\overline{A}$＝"本案有的材料不是可信的。"（O）

老李却作出了这样的回答："本案所有的材料都是可信的"是不对的，同时说"本案有的材料不是可信的"也是不对的，正确的说法应该是在两者之间。显然老李的回答是违反排中律的逻辑要求的，犯了"两不可"的逻辑错误。

2. "不置可否"的逻辑错误。所谓"不置可否"是指对两个互相矛盾的判断，无所断定，对问题不做明确回答，含含糊糊，不表示明确态度。

例如，有这样的情况：在复查改判案件时，对原被告人是否有罪，原判决是否正确，是否撤销原判等，既不做肯定回答，也不作否定回答，而滥用一些似是而非、含糊不清的词语，如"教育释放""不予刑事处分""给予严厉的批评教育""不以犯罪论处"等一类的话，对"有罪"或"无罪"这个带实质性的问题不表示明确态度，这无论从法律或从逻辑的角度来说都是不妥当的，在逻辑上是犯了"不置可否"的错误。为此，审判人员在写判决书时，对此必须加以注意。

五、排中律与矛盾律的联系和区别

1. 排中律同矛盾律一样，其客观基础都是事物在量变阶段上的相对稳定性和质的规定性。它们都是从反面排除思维中的逻辑矛盾以保证思维具有确定性，是以否定的形式来表达同一律用肯定形式表达的内容。

2. 排中律与矛盾律的区别。

（1）排除逻辑矛盾的侧重点不同。矛盾律是说在两个互相矛盾和反对判断中，只能指出其中必有一假；而排中律是说在两个互相矛盾判断中却能进一步指出其中必有一真。因此，矛盾律只能由真推假，不能由假推真；而排中律则可由假推真。

（2）适用的范围不同。矛盾律既适用于两个互相矛盾的判断，也适用于两个互相反对的判断。而排中律只能用于两个互相矛盾的判断，在两个互相反对的判断中不起作用，因为在两个互相反对的判断中，有第三种可能情况。

（3）要求不同所导致的逻辑错误也不同。矛盾律要求，对两个互相矛盾的判断或反对的判断不能同时加以肯定，否则就要犯自相矛盾的错误；而排中律要求，对两个互相矛盾的判断不能同时加以否定，否则就要犯模棱两可（或两不可）的错误。

六、关于"复杂问句"问题

所谓复杂问句是一种包含被询问人所不具有的问题，或者被询问人难以接受的某个预先设定问题的疑问句。

这种疑问句有两个特点：一是问句中已经包含了有关的内容；二是要被询问人作出简单的"是"或"否"的回答。

例①：问："你认识张某吗？"

例②：问："你是去年5月认识张某的吗？"

被询问人对例①可作出明确回答：即"是"或者"不是"。被询问人对于例②可以做如下回答：如果被询问人确实认识张某，可以说："我认识张某，但是，不是去年5月认识他的。"如果被询问人根本不认识张某，则应说："我从来不认识他。"而不能简单回答"是"或者"否"。

"复杂问句"在司法实践中是不允许使用的，特别是在认定事实的过程中，如果应用复杂问句会造成错误认定事实，其结果会导致案件的定性不准确和判决不恰当。

本书第一章第三节提到的一位辩护律师就是用复杂问句向被告人提问。律师提问的目的是要被告人申辩："我没有贪污也没有行贿他人。"按理应该这样提问："被告人你是否有贪污行为？被告人你是否有行贿行为？"只有当被告人承认有贪污和行贿的前提下，才能进一步问被告人："你贪污多少钱？""你行贿多少人？"可是，律师在庭审调查中却向被告人提出："被告人你回答，你行贿那么多人，他们受贿是不是知道你的钱是贪污来的？"这一问句包含了以下几层意思：

其一，被告人已经行贿他人；

其二，被告人已经贪污公款；

其三，受贿人知道不知道被告人用贪污款来进行行贿。

而问题的重点在于"知道不知道"。被告人无论肯定回答或是否定回答，都否认不了犯有贪污公款，犯有行贿的罪行。

从逻辑的角度上说，凡遇到复杂问句不能用简单的"是"或"否"来回答问题，而是要有分析地、有层次地回答复杂问句；或者明确指出问句中所预设的问题根本不存在，因此，对问句不具体回答。

复杂问句有时是因为提问人逻辑知识不具备而造成的，因此，应当提高逻辑素养，避免发生错误；有时是提问人故意使他人落入圈套，这是不正当的论辩手法，对此应予以揭露和驳斥。

第五节 充足理由律

一、充足理由律的基本内容及其逻辑公式

充足理由律是指在论辩过程中，任何一方的论断要被确定为真的，必须要有充足的理由。所谓充足的理由是指所引证的理由必须推导出某一结论，这正是思维有论证性的

表现。常言道：言之有理、持之有故、以理服人，正是充足理由律的要求。

就诉讼活动来说，无论是司法机关（公安机关、人民检察院、人民法院），或是当事人（自诉人、被告人、附带民事诉讼的原告人和被告人），或是法定代理人（被代理人的父母、养父母、监护人和负有保护责任的机关、团体的代表），或是诉讼参与人（当事人、被害人、法定代理人、辩护人、证人、鉴定人和翻译人员）等，无论是进行起诉，或者是进行陈述、辩护、答辩都要以事实为根据，以法律为准绳，这也正是充足理由律在司法实践中的体现。

充足理由律的逻辑公式为：$[B \wedge (B \rightarrow A)] \rightarrow A$

其意思为：A 真，因为 B 真，并且 B 能推出 A。

二、充足理由律的基本要求

根据充足理由律的基本内容其要求有两点：

1. 作为理由的论断必须是真实的判断，即是反映客观情况的判断。具体地讲包括关于事实的准确无误的判断，或者已被证明了具有概括性的科学论断。例如，"这是第一现场"，"被害人是凶手用钝器致死的"，"上层建筑依赖经济基础"，"上层建筑反作用于经济基础"等等。

2. 作为理由的论断必须和论题（即要证明为真的判断）要有内在的必然的联系，换言之，论题与论据之间有逻辑上的必然推导关系。

例①："张某一定不是作案人，因为他没有作案时间。"

例②："李某一定到过现场，因为他的脚印与现场留下的脚印相符。"

在例①中，只要"没有作案时间"这个判断为真就必然是"张某一定不是作案人"的充足理由。

在例②中，只要"李某的脚印与现场留下的脚印相符"是确定为真的判断，就能成为"李某一定到过现场"的充足理由。

在论证过程中，结合司法实践，能作为充足理由的判断有：科学原理，通过经验证明为真的判断，由真实判断推出的判断，国家的法律法规等。

三、违反充足理由律的逻辑错误

如果在思维过程中，自觉地遵守充足理由律的基本要求，就能使思维做到有论证性。反之，如果思维过程中自觉或不自觉地违背充足理由律基本要求，就会出现逻辑错误，具体表现如下：

1. "言之无理"的错误。这是指言论者提出某一观点、看法、主张时，没有以事实或理由来加以支持，不能令人信服。通常称之为"毫无道理"。

2. "理由虚假"的错误。这是指言论者提出某一观点、看法、主张时，虽然也引证了理由，可是其理由不真实。"理由虚假"有两种情况，一是"基本理由"的错误，二是"预期理由"的错误。

例①："李某过去偷过东西一定贼性不改，因为，过去偷过东西的人贼性一定不会改变的。"这个论证是错误的，因为其理由是虚假的，犯了"基本理由"的错误。

例②："地球之外有外星人存在，因为金字塔就是外星人建造的。"这个论证也是错误的,因为用来证明论断的理由"金字塔是外星人建造的",本身还只是科学家们的一种猜测,是否为真还难以确定。因此,不能证明其论断"地球之外有外星人存在"的真实性,犯了"预期理由"的错误。

3. "推不出"的错误。这是指言论者在论证自己观点时,虽然有一定的理由,然而,其理由并不能必然地推导出所要论证的问题。例如,在一次贪污贿赂犯罪开庭审理时,公诉人以被告人频繁更换手机、被告人在市中心新购置了一套房屋等为理由,以论证被告人犯了贪污罪,这是缺乏说服力的。尽管公诉人列举的上述事实是确凿无疑的,但是,不能合乎逻辑地推导出被告人犯了贪污罪。在这里公诉人犯了"推不出"的逻辑错误。

四、充足理由律在逻辑规则中的体现

充足理由律的基本要求主要表现在证明与反驳的逻辑规则之中,具体如下:
1. 论据必须是真实的、无可怀疑的判断。
2. 论据与论题之间有着必然的内在联系。
3. 论据的真实性应由其他判断加以证明,而不应靠论题来加以证明。

五、正确认识和理解充足理由律

关于充足理由律的问题,学术界看法不一致,有人认为这是正确思维的基本规律,有人认为这不是正确思维的基本规律。本书作者支持第一种主张,即充足理由律是正确思维的基本规律。持第二种观点的人主要有两个理由,一是充足理由律没有形式化,二是充足理由律要涉及思维内容。我们认为,思维规律的公式化问题是可以解决的,且已有常用模式。另外,确认这条规律并不意味研究思维内容,犹如前面所讲的概念之间的关系,给概念下定义的规则等问题,逻辑规定了正确思维的要求、规则,至于具体一个概念的定义、两个概念之间的关系也都是有内容的。如果认为思维规律中讲充足理由律不合适,那么,上述问题又怎么合适呢?我们认为,如果否认充足理由律是思维的基本规律,那么,证明与反驳中的一些规则就无法成立,因为,规则是规律的具体化。

作为逻辑学怎么研究充足理由律呢?我们认为,逻辑学只要求每个真实的判断必须要有依据,必须要有理由,并且理由和被论证的问题有必然的联系,仅此而已。至于具体问题的理由是什么,逻辑学则回答不了,那是由实践和有关科学理论来解答的问题。不应当将要求正确思维的理由,与回答具体问题的具体理由混为一谈。

以上分别介绍了正确思维的四条逻辑规律,这四条逻辑规律在司法实践中是综合运用的。刑事案件的立案、起诉,民事案件的起诉,行政案件的起诉,法院的审理(阅卷、庭审调查、法庭辩论),法院所作的裁定或判决,以及诉讼参与人的一切言论等等,都要自觉遵守这四条基本逻辑规律。此外,诉讼参与人也可以从这四条基本逻辑规律入手,揭露、驳斥论敌的诡辩,从而达到事实清、案情明、用法准的目的。

练习题

一、单项选择题

1. 根据逻辑基本规律的要求,既断定"犯罪都是故意的"真,又断定"犯罪都不是故意的"真,就犯了(   )。
   ①"偷换概念"的错误　　　　　　　　②"转换论题"的错误
   ③"自相矛盾"的错误　　　　　　　　④"模棱两可"的错误

2. 既说"本案罪犯可能是刘某",又说"本案罪犯可能不是刘某",根据逻辑思维规律的要求(   )。
   ①违反同一律　　②违反矛盾律　　③违反排中律　　④不违反逻辑思维规律

3. 对于"某甲是凶手"和"某甲不是凶手"这样两个判断,根据逻辑思维规律的要求(   )。
   ①可以断定它们都真　　　　　　　　②可以断定它们都假
   ③断定其中一个真,不能断定另一个假　　④断定其中一个假,可以断定另一个真

4. 既不同意说"本案所有材料都是可信的",又不同意说"本案有些材料不是可信的"。这样(   )。
   ①不违反逻辑思维规律　　　　　　　　②违反同一律
   ③违反矛盾律　　　　　　　　　　　　④违反排中律

5. "我的眼睛既不近视,也无色盲,所以我的身体非常健康。"这段话(   )。
   ①犯了"转移论题"的错误
   ②犯了"自相矛盾"的错误.
   ③犯了"推不出来"的错误
   ④没有逻辑错误

二、多项选择题

1. 违反同一律的典型错误是(   )。
   ①"转移论题"　　②"自相矛盾"　　③"偷换概念"　　④"预期理由"
   ⑤"推不出来"

2. 对于"李某是自杀"与"李某是他杀"这样两个判断,根据逻辑思维规律的要求(   )。
   ①断定它们都真,就犯了"自相矛盾"的错误;
   ②断定它们都假,就犯了"模棱两可"的错误;
   ③断定其中一个判断真,就必须断定另一个判断假;
   ④断定其中一个判断假,就必须断定另外一个判断真;
   ⑤断定它们都假,不违反逻辑规律。

3. 对于"所有大学生是团员"和"有些大学生不是团员"这样两个判断,根据逻辑思维规律的要求(   )。
   ①可以同时断定它们都真　　②可以同时断定它们都假　　③不能同时断定它们都真
   ④不能同时断定它们都假　　⑤断定其中一个判断真,就必须断定另一个判断假。

4. 根据矛盾律的要求，如果断定了"盗窃罪都是故意的"真，就不能同时又断定（　　　），否则就会犯"自相矛盾"的错误。
① "并非盗窃罪都是故意的"真　　② "盗窃罪都不是故意的"真
③ "有些盗窃罪不是故意的"真　　④ "有些盗窃罪不是故意的"假
⑤ "有些盗窃罪是故意的"真

5. 根据排中律的要求，如果断定了"所有S是P"假，就不能同时断定（　　　），否则就会犯"模棱两可"的错误。
① "并非所有S是P"真　　　　② "所有S不是P"假
③ "有的S不是P"假　　　　　④ "并非所有S是P"假
⑤ "有的S是非P"假

三、判断分析题

1. 同一律要求的"同一"，就是指使用的概念和作出的判断，必须与客观事实同一。

2. 对同一个判断既断定它真，又断定它假，就会犯"模棱两可"的错误。

3. 根据逻辑思维规律的要求，既断定"法律都是有用的"，又断定"法律都是无用的"，违反矛盾律。

4. 所谓充足理由，就是有一定数量的、真实的理由。

5. 既否定"王某是嫌疑人"，又否定"王某不是嫌疑人"，根据逻辑思维规律的要求，犯了"自相矛盾"的错误。

四、简答题

1. 什么是同一律？它的基本要求是什么？
2. 什么是矛盾律？它的基本要求是什么？
3. 什么是排中律？它的基本要求是什么？
4. 什么是充足理由律？它的基本要求是什么？
5. 违反同一律、矛盾律、排中律的常见逻辑错误各有哪些，并举例说明。
6. 违反充足理由律的常见逻辑错误有哪些？并举例说明。
7. 矛盾律和排中律有什么联系和区别？
8. 同一律的逻辑要求在三段论规则中有哪些体现？
9. 在论证过程中如何遵守充足理由律的要求？

五、下列各题有无违反逻辑基本规律？试分析之。

1. 教师问："什么是宪法？"学生甲答："遵守宪法是每一个公民行为的基本准则。"
2. 此人从来不参加赌博，可一旦赌博起来，其赌注则大得惊人。
3. 被告伤人，既不是故意，也非过失，可以给予训诫处分。
4. 一被告受审讯时不承认自己是杀人凶手，审判员问："你行凶后是否马上回家了？"被告答道："我没有行凶"。
5. 某甲肯定是自杀的，因为他得了抑郁症。
6. 既断定"所有的S是P"真，又判定"有的S不是P"真。
7. 既断定SEP假，又判定SIP假。
8. 既断定SAP假，又断定SEP假。

9. 我认为不能简单地说张某有罪，也不能说他无罪。

10. 他是刚出来五天的在押犯。

六、实例分析题

1. 下面这段话是否有逻辑错误？请具体说明。

该案经过五个多月的紧张侦查工作，整个案件已经全部查清。但是还有一个细节，杀人工具还没有找到，等这个问题弄清后，再上报结案。

2. 甲、乙、丙、丁四人在一起讨论近年来大学毕业生的工作能力问题。甲说："我认为现在的大学毕业生都是工作能力不强的。因为去年分配到我们单位的五名大学毕业生，工作能力都不强。"乙说："至少有的大学毕业生不是工作能力不强的。"丙说："甲、乙二人的意见，我都同意。"丁说："我的观点很明确，对甲、乙二人的看法都不同意。"

请根据逻辑思维规律的要求，指出甲、乙、丙、丁的谈话有无逻辑错误，并简要说明理由。

第十章　证明与反驳

教学目的和要求：
　　人们无论在日常工作和学习时，或是在从事专门的科学研究活动的过程中，或是在从事司法实践时，经常要运用到逻辑证明与反驳的方法，借以论证真理，驳斥谬误。而所谓证明是用已知为真的判断来确定某个判断真实性的思维过程；所谓反驳是用已知为真的判断来确定某个判断虚假性或者不能成立的思维过程。在思维过程中，证明与反驳实质上是统一思维过程中的正面论述与反面论述的有机结合，简言之是立与破的结合，只是在具体论证中有所侧重而已。因此，在弄清证明与反驳的方法及其种类的基础上，必须熟练地掌握证明与反驳的逻辑规则，并能正确辨别其中的各种逻辑错误。

教学要点：
证明的结构
证明的种类
反驳的方法
证明与反驳的逻辑规则

第一节　证明的概述

一、证明的定义

　　所谓证明是指用已知为真的判断或反映客观事实的判断，证实某一待证判断真实性的思维形式。
　　例如，关于三段论推理第六条规则"前提中两个判断都是特称判断则不能得出任何必然性结论"的证明。其证明过程如下：
　　前提中两个判断都是特称判断，不外乎有以下三种情况，即 I 和 I、I 和 O、O 和 O 之间的组合。
　　如果 I 和 I 为前提，这两个前提都是特称肯定判断，实际上没有一个概念是周延的，中项也必定是不周延的。按照第二条规则中项至少周延一次才能推理，因此，I 和 I 为前提不能得出必然性结论。
　　如果 I 和 O 为前提，即前提中一个是特称肯定，一个是特称否定，两个前提中只有一个概念是周延的（特称否定判断的谓项）。这个周延的概念如果是中项，那么大项在前提中就是不周延的，但是，根据第五条规则，结论应是否定判断。而结论否定，结论中的大项周延，这就违反了第三条规则。如果前提中唯一周延的概念是大项，那么中项在前提中不周延，这又违反了第二条规则。因此，I 和 O 为前提推不出必然性结论。

如果 O 和 O 为前提，即两个前提都是特称否定判断，根据第四条规则推不出必然结论。

以上就是三段论推理的前提中两个判断都是特称的三种情况，而不论是哪一种情况，都不能得出必然性结论。

又如，关于"法人乙并未拖欠法人甲的贷款"这一论断的证明。

原告——法人甲，被告——法人乙。甲告乙拖欠借款 10000 余元，要乙偿还。主要案情是：甲方工作人员和乙方工作人员私下协议，甲方工作人员将售货款借给乙方工作人员。乙方工作人员后来还给甲方工作人员一部分现款，又用一部分实物抵作现款，而甲方工作人员并未向本企业结账，因此，甲方提出乙方拖欠借款，要求偿还，并追加利息和诉讼费。乙方律师针对纠纷的事实、证据并依据法律指出甲方的控告是不能成立的，驳斥了甲方的诉讼请求。理由如下：

甲、乙双方工作人员，在借贷货款、偿还借款时，双方均有字据。怎么可以说借款时，是自然人向法人借款；而还款时，是自然人向自然人还款。在同一个民事法律关系中，具体人的身份应该是确定的、同一的。具体地说，如果乙方工作人员代表其法人，向甲方法人代表借款，并且，已还清债务，那么，两个法人之间的债务已了结。如果说甲、乙双方工作人员之间的借贷关系纯属个人之间关系，那么，甲法人也无权向乙法人追索债务。因此，法人甲控告法人乙拖欠贷款是不能成立的。

以上不仅证明了"法人乙并未拖欠法人甲的贷款"这一论断，与此同时也驳斥了法人甲提出的"法人乙拖欠借款"这一论证。

从上面例子可以看出，证明具有两个特征：

1. 证明是用已知为真（包括事实证明为真）的一些判断，来确定另一个判断真实性的思维方式或思维过程。其思维活动的方向是由真～真。

2. 它之所以能够通过一些判断的真实性来确定某个判断的真实性，是因为两部分判断之间具有推理关系。因此证明同推理的关系非常密切。

二、逻辑证明、诉讼证明、实践证明之间的关系

逻辑证明是用已知的客观事实，以及反映客观事实的判断，证实某一待证判断真实的思维形式，它是思维形式和逻辑规律、逻辑方法综合运用的形式。

诉讼证明是指在诉讼过程中，当事人双方依据事实、证据和法律，为维护各自合法权益所进行的证明。

实践证明是指通过实践活动证实某种认识真实成立的方法。

以上三种证明既有密切联系，但也存在一定差异。

1. 实践证明是逻辑证明与诉讼证明的基础。一方面，逻辑证明的组成、方式、规则等都是人们从实践中总结出来的。另一方面，凡经过逻辑证明证实的结论（判断），最终还要由实践加以验证，才能判明它是否与客观实际相符合、相一致。

诉讼证明更是离不开实践证明，诉讼过程就是要以事实为根据，以法律为准绳。如果在审判过程中，背离了"根据"、"准绳"，则会导致主观臆断。其结果就刑事案件来说，会放纵罪犯，错判无辜；就民事案件来说，则会损害一方当事人的合法权益。诉讼

证明中特别强调证据,这在我国《刑事诉讼法》第一编第五章中有明文规定。

2. 诉讼证明离不开逻辑证明,诉讼证明要借助逻辑证明的方式表达出来,要遵守逻辑证明的规则。逻辑证明与诉讼证明是一般与特殊的关系,诉讼证明是逻辑证明和法律的有机结合,并运用于诉讼过程之中。

3. 三种证明适用的目的、范围不一样。

实践证明适用于一切领域所需要证实的过程。

逻辑证明是一种科学思维的方式。

诉讼证明是诉讼过程中的证明方式。

三、逻辑证明的作用

1. 逻辑证明是人类认识客观世界不可缺少的手段,它往往是实践证明的先导。在实际生活、工作中,我们从事任何新的工作、新的研究,总要根据已知的理论、经验,对现实存在的情况(甚至是历史情况)进行一番考察和分析,并由此提出某种计划、假说,然后在"思想工厂"里进行逻辑证明,分析新的计划、假说是否具有逻辑必然性,最后,再付诸实践进行验证。因此,逻辑证明有助于提供正确的实践方向,避免走弯路,减少盲目性。如果逻辑证明不能成立的观点、看法,在实践中一定无法得到证实;反之,虽经逻辑证明可以成立的观点、看法,也只有经过实践的检验才能确定其正确与否。

例如,在刑事案件的侦查过程中,嫌疑人如果不能举证自己不在现场,那么,就总是被怀疑的对象;反之,如果嫌疑人举出证人说明自己不在现场,而证人却予以否定,那么,嫌疑人的陈述和证人的证言就有待进一步查实,以确证谁说了真话,谁说了假话,以及为什么说假话等。

2. 逻辑证明是阐明科学理论,建立科学体系的必要工具。科学理论是属于理性知识的范畴,它不同于一般的生活知识、经验知识。科学理论具有客观真理性、全面性、系统性、历史性和逻辑必然性。所谓逻辑必然性是指人们在阐明科学理论,构建科学体系时,必须准确地运用概念,恰当地运用判断,合乎逻辑规则地进行逻辑推理。对科学理论还应进行严密的逻辑论证(逻辑证明)。如果只是大量单个观察的陈述,那还不是科学,因为,"科学一旦从它的原始阶段脱胎出来以后,仅仅靠着排列的过程已不能使理论获得进展。'科学体系'它一般地是在逻辑上从几个所谓的公理的基本假定建立起来的。"[1]

以上主要从实际工作和理论工作两个主要方面,说明逻辑证明的作用,至于逻辑证明在教学领域内的特殊作用,逻辑证明在"思想实验"中的重要作用,这里就不予展开论述了。

四、逻辑证明与推理

证明的过程实际上是综合地运用一系列逻辑推理的过程。证明之所以能够通过引用一些判断的真实性,来确定某个判断的真实性,就在于这两部分判断之间具有逻辑上的

---

[1] 许良英等编译:《爱因斯坦文集》,第1卷,第115页,商务印书馆,1976年1月第1版。

推导关系，可见，离开了推理就无所谓论证。推理的前提相当于逻辑证明中的论据，推理的结论相当于论题。

但是，证明与推理并不等同，二者有如下区别：

1. 二者思维活动的方向不同。推理是由已知的前提，按照一定的推理形式，遵守推理的规则，推导出一个新的未知的结论；而证明则是从未知的论题出发，按照一定的证明方式，遵守证明的规则，用已被确证的论题来证明论题的可靠性、真实性。简要地讲，推理是由已知进入未知的思维过程，而证明是由未知寻求已知的思维过程，就一定意义讲，证明的过程是一个回溯推理的过程。

2. 二者对作为根据的判断要求不同。单纯的推理其前提既可以是已知为真的，也可以是已知为假的，并不要求必须为真；而证明则不同，作为逻辑证明中的论据必须是真实的，否则就不符合逻辑证明的要求。

3. 二者对作为根据的判断与推出判断之间联系性质的要求不同。推理对作为前提与结论之间联系的性质的要求，可以是必然的，也可以是或然的；而逻辑证明中论据与论题之间的联系性质则必须是必然的，由论据必然能确定论题，否则，就不能起到独立证明论题的作用。

4. 二者的结构复杂程度不同。推理可以分为不同类型并且单独进行，而一个逻辑证明通常不止一个推理，不仅包含了若干推理，而且往往要运用多种形式的推理，可以说是推理的综合运用。相对而言，证明的结论比推理复杂。

五、法律逻辑如何研究逻辑证明

法律逻辑主要结合司法实践，通过一定的案例以及有关的法律程序，说明逻辑证明如何在司法中的运用。然而，必须明确的是法律逻辑主要研究逻辑证明的结构、逻辑证明的方法、逻辑证明的规则等等逻辑问题。换言之，不具体研究诉讼过程中证据和法律的问题，而只研究当事人引用证据和法律时是否合乎逻辑证明的格式、规范和要求等问题。

第二节 证明的结构及种类

一、证明的结构

证明的结构即证明的组成部分。证明由论题、论据和论证方式三部分组成。

1. 论题。所谓论题是指某一真实性需要加以证明的判断。政论文、论说文的中心议题、中心思想就是论题。比如，报刊的社论、科学论文等的标题往往就是该文的论题。在诉讼过程中，民事案件原告、被告，刑事案件附带民事诉讼的原告人、被告人等所围绕的争辩中心，如民事法律关系中合法与非法、权利与义务、债权与债务等，刑事诉讼中被告人行为罪与非罪、此罪与彼罪等均为论题。

论题一般是用判断表达出来的。论题有时是尚未被确认为真实的判断，有时虽已是被确认真实的判断，但是，为了使人们进一步理解其为什么是真实的，也需要加以证明。

论题可以在一篇文章开头出现,也可能在文章的中间展开,也有时在文章的结尾点明。因此,要能切实把握文章的论题,就需要对全文的篇章结构做深入具体的分析研究。

论题与标题有区别也有联系,其区别在于前者属逻辑范畴,后者属语法范畴。其联系在于有时文章的标题同时也是文章的论题。

2. 论据。所谓论据是指在证明过程中,用来确证某一论题真实性的已知判断。

论题仅提出一个"是什么"的问题,而论据则回答"为什么"的问题。论据也就是被论证对象的理由和根据。

在证明过程中,必须要运用论据来证明论题,这正是充足理由律的具体表现。那么,哪些判断可以作为论据呢?具体如下:

(1)关于具体事实的判断可以作为论据。因为事实是客观存在的东西,具有无可怀疑的说服力。

(2)关于概念的科学定义也可以作为论据。因为无论自然科学或是社会科学以至哲学定义,总是反映对象或客观事物的本质的特点与规律,它们具有抽象性与概括性,因此,可以用一般性原理来说明特殊的、具体的事物的性质、关系和规律。

(3)科学公理和科学原理也可作为论据。因为,科学公理是在一个科学系统中为反复实践所证实了的,无须再进行逻辑证明的真理,它具有不证自明的特点。例如,"整体大于部分""等量相加其和相等",这都是科学公理。所谓科学原理是指某一领域、部门或科学中具有普遍意义的基本规律,它们也是已被实践反复证实了的东西,其正确性、真实性是毋庸置疑的,因此,也可以作为论据。

论据在诉讼证明中包括证据和法律。我国《刑事诉讼法》第50条规定:"可以用于证明案件事实的材料,都是证据。证据包括:(一)物证;(二)书证;(三)证人证言;(四)被害人陈述;(五)犯罪嫌疑人、被告人供述和辩解;(六)鉴定意见;(七)勘验、检查、辨认、侦查实验等笔录;(八)视听资料、电子数据。证据必须经过查证属实,才能作为定案的根据。"我国《民事诉讼法》第63条对证据也作了明文规定:"证据包括:(一)当事人的陈述;(二)书证;(三)物证;(四)视听材料;(五)电子数据;(六)证人证言;(七)鉴定意见;(八)勘验笔录。证据必须查证属实,才能作为认定事实的根据。"以上引证的我国《刑事诉讼法》《民事诉讼法》关于证据的规定,是诉讼过程中指控、辩护的重要依据。

在诉讼证明过程中,除了以证据为论据之外,还要以法律为论据,按法律规范所包含的假定、处理、制裁的内容展开辩论,进行审理,作出判决。

3. 论证方式,所谓论证方式是指证明的方式,即如何将论据与论题有机地联系起来的问题。换言之,论证方式是指如何通过真实的论据必然地推出论题的真实性的方式。

二、证明的种类

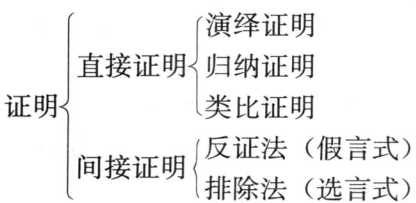

1. 演绎证明。它是以一般性原理或普遍性原则作为论据，证明某一特殊性论题真实性的论证方式。这种证明方式运用的是演绎推理。

例如，某市公安局侦查员接到报案后，前往一售货亭勘查现场，发现被害者女售货员颈部有严重的卡痕，生理反应明显，显然是他杀。因为，扼死有以下基本特征：凡扼死的颈部有扼伤，常见颈部皮下和肌肉出血，并且由于被害人的强烈抵抗，常见死者的两手和两臂形成挣扎抵抗伤痕。

上述例子的证明形式如下：

客观现象：女售货员颈部有严重的卡痕；

论题：被害人是由扼死造成死亡的；

论据：凡颈部有扼痕的死者是被扼死的。

如果恢复成演绎三段论如下：

凡颈部有扼痕的死者是被扼死的；

<u>被害人颈部有扼伤痕；</u>

所以，被害人是被扼死的。

2. 归纳证明。它是以反映特殊事实的判断为论据，证明一般性原理（论题）的真实性的论证方式。这种证明是运用了归纳推理。

例如，我们在第七章关于三段论规则的证明中，对"两个特称判断作前提推不出必然性结论"的证明，运用的就是归纳证明。证明时，首先列出两个特称前提可能有的各种情况，然后，分别证明在这些情况下都得不出必然结论，于是，通过归纳推理便推导出论题。

归纳证明实质上是事实证明的方法，但是，所引用的事实要确实可靠，要与论题有着内在的必然的联系才行。换言之，要遵守充足理由律的要求，否则，虽然是事实也不能充分有力地证明论题。

3. 类比证明。这是用某种一般性原理的真实性，证明另一种一般性原理的真实性；或者用某个已被证实的特殊事实的判断，证明另一个特殊事实判断的真实性。这种证明就是运用了类比推理。

例如，《名侦探柯南》浪花连续杀人事件，柯南和服部平次正是用了类比证明的方式，证明在丰中市遇害的商超店老板长尾英敏、在牧方市遇害的酒店老板娘西口多代、在大阪市遇害的出租车司机野安和人、在大阪市遇害的冈崎澄江被害时的情节、手段以及凶手的动机、目的都相同，从而确认凶手是同一个罪犯。其证明形式如下：

论题：在大阪市杀死冈崎澄江的凶手是大阪警察阪田祐介。

案情：冈崎澄江被勒死后，凶手用匕首刺穿被害人上衣口袋的钱包并贯穿心脏。

论据：几周前长尾英敏在丰中市被杀，凶手先将其勒死，再用匕首刺穿其上衣口袋的钱包之后贯穿心脏。一周前西口多代在牧方市遇害，凶手也是先将其勒死，再用匕首刺穿被害人上衣口袋的钱包之后贯穿心脏。一天前野安和人在大阪市被杀，凶手仍是先将其勒死，再用匕首刺穿其上衣口袋的钱包之后贯穿心脏。上述被害人都作为同一期学员曾到兵库北参加驾驶培训。

论据和案情比较：

（1）被害人均为他人勒死；

（2）被害人死亡后，凶手用匕首刺穿被害人的上衣口袋的钱包并贯穿心脏。

（3）被害人的钱包中均有驾照，且驾照被匕首贯穿。
（4）被害的四人均作为同一班学员到兵库北参加过驾驶培训。
（5）为上述四人做培训的驾驶教练稻叶彻治在结业时因事故死亡。

柯南和服部平次运用了类比推理的方法，推理过程为：四名被害人在不同地点先后死亡，死亡方式相同，并且有过相同的驾驶培训经历，故凶手是同一人，其杀人动机与结业时意外死亡的教练有关。最终，结合其他线索发现，凶手是意外身亡的教练稻叶彻治的儿子，即大阪警察坂田祐介。

当然，类比证明和类比推理一样，具有一定的或然性，不过，如果一切推断都能得到证实，那么，这种证明方式也是有效的。就上述的例子来看，凶手坂田祐介最终服法，并交代了其犯罪动机。原来，四名被害人在作为学员参加驾驶培训时，因教练过于严格，学员们心生不满，遂对教练的刹车做了手脚想借此捉弄，不料导致教练意外身亡。坂田祐介查明真相时案件已过追诉期，遂决定行凶杀人。

这个例子是用已知的特殊作案事实，证明了另一个特殊作案事实，从四起案件很多方面的相似中，推断出同一案犯。

4. 间接证明反证法（又称为假言式证明方法），其具体内容是：为了证明 A 论题是真实的，先假定与 A 论题相矛盾的非 A（$\overline{A}$）论题是真实的，然后，将非 A 论题进行逻辑推演，结果非 A 的结论是假的。根据充分条件假言判断的逻辑关系，推出非 A 假。又根据矛盾律 A 和非 A 是矛盾关系，既然非 A 假，则推导出 A 真。

反证法的逻辑公式如下：

求证：A 真（A 表示判断）。

假设：$\overline{A}$（非 A）真。

证明：①$\overline{A}$→a∨b∨c

②$\overline{A}$→a∧b∧C

③经过实践和理论检验，a、b、c 的情况是虚假的，即（$\overline{a\lor b\lor c}$）或（$\overline{a\land b\land c}$）。

④$\overline{A}$假。理由见③。运用充分条件关系。

⑤A 真。理由见④。运用排中律。

例如，某甲的住宅起了大火，当消防队将大火扑灭后，发现某百货商店女经理已倒在起居室的地板上，并且人已死亡。刑侦人员赶赴现场进行勘验，现场的情况是：长沙发前有一张条桌，桌上放有空酒瓶一只，一堆烟头和香烟的余渣。因此作出这样结论：死者醉得不省人事时，烟头引燃了沙发，并且引起大火，死者是因失火造成窒息死亡。第二天，法医对死者进行尸检后，在死亡证明书上填写："死亡原因：扼死；死亡性质：谋杀。"如果用反证法逻辑公式表示如下：

求证：死者被他人扼死，属于谋杀（A）。

假设：死者不是被谋杀，而是意外窒息死亡（$\overline{A}$）。

证明：

①如果死者是窒息死亡，那么死者咽喉部及呼吸道内会留下烟灰炭末。

②如果死者是窒息死亡，那么颈部内"U"字形舌骨不会有一条细小骨折裂缝，周围肌肉不会出现点片状血。

③如果死者是饮酒过量导致酩酊大醉不省人事，那么，其血液中酒精含量必然高。
④如果死者是一氧化碳中毒和缺氧引起死亡的，那么血液中一氧化碳含量也高。
以上①、②、③、④是由$\overline{A}$推导出来的。
⑤对①、②、③、④的检验结果是：死者咽喉部及呼吸道干净，无烟灰炭末；死者颈部"U"字形舌骨上有一条细小骨折裂缝，周围肌肉有点片状血；死者血液中酒精含量只有0.02‰，按常规不会引起醉酒；死者血液中一氧化碳只占2%，不会造成中毒死亡。综上所述，由$\overline{A}$推导出的情况均被法医的尸检结论予以否定（根据充分条件逻辑关系，否定后件，从而否定前件的原理）。
⑥所以，A真（根据排中律原理，因为，A与$\overline{A}$是矛盾关系，$\overline{A}$假，则A真）。
在运用反证法时要注意以下问题：
①假设论题要与原论题是矛盾关系的判断。
②对假设论题进行逻辑推演时，要符合充分条件或充分必要条件假言推理的要求。
③要运用排中律。

5. 间接证明排除法（又称为选言式证明方法），其具体内容是：为了证明A论题是真实的，将假定与A论题相关的其他可能性的命题一一列举出来，并假设这些相关的可能性命题是真实的，再对它们逐一进行证明。经过检验，那些与原论题A相关的可能性的命题是虚假的，不能成立，从而原论题A是真实的。

排除法的逻辑公式如下：
求证：A真（A表示判断）。
假设：B、C、D、E等真实。
证明。
①B→F；
②C→H；
③D→M；
④F→O；
⑤经验证结果：$\overline{F}$、$\overline{H}$、$\overline{M}$、$\overline{O}$；
⑥由于⑤，所以$\overline{B}$、$\overline{C}$、$\overline{D}$、$\overline{E}$；
⑦由于⑥，所以A真（选言推理的否定肯定式）。

例如，某乡渡口的船工甲和其侄儿（16岁）当夜在船舱内同睡一铺、同盖一被，结果某甲被人杀死，其侄儿仍幸存。侦查员对他杀的原因作了以下推断：仇杀、谋财害命、情杀、误杀。经过深入调查了解，被害人为人忠厚老实，与他人未结怨仇；被害人家境贫寒，缺衣短粮；被害人生前家庭和睦，男无新欢，女无外遇；剩下只有误杀的可能性。如果误杀，一定有凶手企图杀害的另一相像的人，死者的弟弟乙与被害人很像。同时，又调查到死者弟媳年轻貌美，是否有人企图杀死者弟弟乙，再霸占其弟媳。由此又推断出三个杀人嫌疑人：丙、丁、戊。这三个人都是30多岁，都是单身汉，平日生活作风均不检点，尤其爱和女人打闹、挑逗。经过深入调查了解，丙嫌疑人在发案当晚，在家里和他人赌钱到深夜，多人证明他没有离开家外出，由于丙不具有作案时间，嫌疑予以排除。丁某因患有夜盲症，晚上独自无法行走，因此不具备作案起码条件，也予以排除。唯独戊某不能被排除，因为其人性情暴躁，身强力壮，作风不正派，夜晚到处游荡,并且曾经调戏过被害人的弟媳,等等。后来在审讯中,戊供认了犯罪事实。

如果用排除法逻辑公式表示如下:

公式一:

求证:案情性质。

假设:仇杀、谋财害命、情杀、误杀等。

证明:①如果是仇杀,则有仇人。无仇人,所以不是仇杀。

②如果是谋财害命,被害人一定富有。被害人贫寒,故不会是谋财害命。

③如果是情杀,那么被害人夫妻至少有一方有外遇。但被害人夫妻和睦,作风正派,故不会是情杀。

④由于①、②、③的结论不成立,因此,剩下只有误杀可能性(这有待于捕获罪犯才能证实)。

公式二:

求证:罪犯。

假设:丙、丁、戊。

证明:①丙无作案时间,予以排除。

②丁无夜间作案条件,予以排除。

③由于丙、丁不可能作案,故剩下戊作案可能性大。拘留后,在预审中戊供认了犯罪事实。

在运用排除法时应注意以下问题:

(1)要遵守选言判断、选言推理的基本要求,即要穷尽相对立或相关的论断。就司法实践来说,要穷尽相关的对象、事物、情况等。

(2)排除法中既要运用假言推理(否定后件否定前件式),又要运用选言推理(否定肯定式),因此,要遵守相应的逻辑规则。

(3)排除法一般而言是通过否定与待证明论题相对立的或相关的论题,从而确证待证明论题(原论题)的真实性。然而,从司法实践来说,往往是待确认、确证的论题本身还不明确(如刑事案件的性质、作案人是谁、作案时间、第一现场、致死的根本原因等等问题),这就需要根据实际,把每一待证实问题相关的一切可能的情况列举出来,再进行研究与验证。这正是法律逻辑中排除法的特异性所在。

为了说明穷尽一切可能性情况的重要性,不妨以东野圭吾的小说《名侦探的咒缚》中的一宗密室杀人案为例。该案中,由于水岛雄一郎迟迟没有露面,侦探天下一和管家等人试图去敲门。来到门前,众人发现房间的门被一个书架的背面遮挡,无法挪开。众人只得将书架推倒进入房间,此时被害人水岛雄一郎已倒在房间的正中央,他右手拿着一支枪,右鬓角处有弹痕,房间内的桌子、椅子、沙发等都紧贴着墙摆放。大河原警官认为,房间门窗被反锁、门窗前摆着家具,并且众人进屋时没有发现其他人,所以房间里的水岛雄一郎只能是自杀。然而侦探天下一在调查后判断这不是一起自杀案。事实证明,凶手在杀害被害人以后,躲在门前的书架底层(书架底板经凶手处理,可被卸下以便凶手脱出),等门外的众人推倒书架并进入房间后,凶手再伺机逃离。从逻辑上讲,大河原警官先前的错误就是没有穷尽凶手可能躲藏的位置,遗漏了被推倒的书架内藏着凶手的可能。

第三节 反驳及其方法

一、反驳的定义及其意义

反驳又称为证伪，它是引用已知为真的判断，来确定某一判断虚假性的思维过程。

反驳和证明是相辅相成、密切联系在一起的。所谓破就是反驳，所谓立就是证明，只不过证明的目的是确定某个论题的真实性；反驳的目的是确定某个论题或者论据的虚假性、或指出论证方式不正确。因此，可以把反驳看作是论证的一种特殊形式。例如，要反驳"犯罪都是故意的"，也就可看作是要证明"犯罪都是故意的"是假的。实际思维过程中，这两种方法常常结合运用。在司法工作中，一般案件都要实行公开审判和辩护制度，通过当事人在法庭上的证明与反驳，以达到事实清楚、证据确凿、定罪准确、量刑恰当的目的。

反驳的方法，在科学研究、政治斗争以及司法实践中，具有重要意义，因为客观事物是在矛盾斗争中前进发展的，常言道：不破不立、不塞不流、不止不行，这也是理论研究、学术发展的规律之一。在哲学、社会科学研究中，为了批驳错误的观点和思潮，除了掌握有关的科学知识外，还要正确运用反驳的方法。

列宁曾这样讲："常常有这样一些人，他们只是'想要反驳'，至于用什么反驳，怎样反驳，以及为了什么目的而反驳。那他们是根本不知道的。"[①] 可见，马克思主义经典作家对反驳的意义、目的以及方法是很重视的。本书从方法论角度，介绍一些常见的有效的反驳方法。

二、反驳的方法

反驳是针对某个论证展开的。由于任何一个证明都是由论题、论据和论证方式这三个部分组成的，所以反驳也应从这三个方面进行。即反驳论题、反驳论据、反驳论证方式。只要驳倒了其中任何一个部分，都可以使对方的论证不能成立。

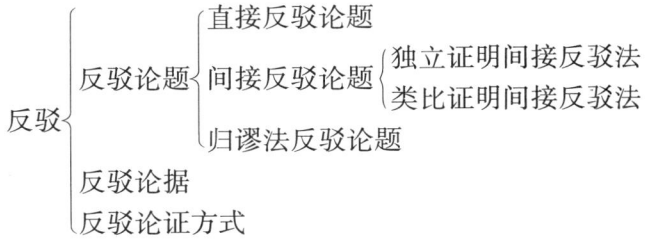

1. 直接反驳论题。所谓直接反驳论题是直接用事实证明论敌的论题是虚假的方法。例如，曾有一起遗产纠纷案，当事人一方举出遗嘱，证人也证明自己签名属实，并且死者是在临终前立的遗嘱，立遗嘱时证人在场。但是，经过查证，证人当时不在场，因为证人"在遗嘱上签名的时候"，正在外地出差，其单位财会部门有报销车票证明。这一客观事实就驳斥了证人在场的说法，因此，遗嘱的真实性也就予以否定。从司法实践角

---

① 《列宁全集》第20卷，第457页。

度讲，人民法院开庭审理时，庭审调查是核对事实的过程，审判人员绝不能让被告人在陈述事实的时候"大概地讲一讲"。在法庭辩论过程中，公诉人与辩护律师、原告与被告及其各自的代理人等在说明案件的具体情节时，互相都要以事实反驳对方。

2. 独立证明间接反驳法。其内容是：独立证明与被反驳论题相反对或相矛盾的论题是真实的，然后根据矛盾律、排中律确认被反驳论题是虚假的。

其逻辑公式是：

被反驳论题：$\overline{A}$

假设：A 真（A 与 $\overline{A}$ 是矛盾关系或反对关系的论断）。

反驳论证过程：对 A 论断运用证明方法，确认 A 是真实的。再根据矛盾律或排中律由 A 真，推导出 $\overline{A}$ 假，从而达到驳斥 $\overline{A}$ 的目的。

例如，某县检察院公诉人曾指控甲犯了重大责任事故罪。律师在查阅案卷、和被告甲谈话、调查证人、查看现场基础上，又根据刑法分则的规定，认为被告甲没有构成重大责任事故罪。律师从重大责任事故罪的构成要件进行分析，律师提出：重大责任事故罪是危害公共安全罪的一种罪，我国《刑法》第 134 条规定："在生产、作业中违反有关安全管理的规定，因而发生重大伤亡事故或者造成其他严重后果的，处三年以下有期徒刑或者拘役；情节特别恶劣的，处三年以上七年以下有期徒刑。"然而，被告甲并非具备该罪主体的要件，因为被告甲是财会人员，属非生产性服务人员，因此，被告甲没有犯重大责任事故罪。如果被告甲犯有玩忽职守罪，那也是非责任事故罪。既然如此，指控被告甲犯有重大责任事故罪是不能成立的。

其逻辑公式如下：

被反驳论题：重大责任事故罪。

假设：非重大责任事故罪。

反驳论证过程：因为被告甲不具备犯有重大责任事故罪主体要件，如果被告甲确有犯罪，也是非重大责任事故罪（玩忽职守罪）。既然被告甲犯有非重大责任事故罪是真实的（即符合事实与法律的），那么，根据矛盾律和排中律，指控被告甲犯重大责任事故罪就是假的（即不符合事实与法律），是不能成立的。

3. 类比证明间接反驳法。其内容是：为了反驳论敌的论题，反驳者提出另一相关的类似的命题（这个新命题与被反驳命题在性质上都是虚假的），反驳者诱导论敌看到新命题的虚假性，从而使论敌陷入自相矛盾、自我否定的境地，这种反驳论题的方式实质上采用了类比推理的形式。

例①：在《阿凡提的故事》中，有这么一段小故事：有一个巴依（财主）听老乡们都夸阿凡提染布染得好，巴依不高兴，偏偏要来刁难阿凡提。有一天，这个巴依挟着一匹布到阿凡提的染作坊，一进门就大声嚷道："来，阿凡提，给我把这匹布好好染一染，让我看看你的手艺。"

阿凡提问："你要什么颜色呀，巴依？"

巴依说："我要染的颜色普通极了。它不是红的，不是蓝的，不是黑的，又不是白的，不是绿的，也不是青的，你明白了吧？"

阿凡提答道："明白了，明白了！我一定照你的意思办就是了。"

巴依惊诧地问："什么，你能染，那我哪一天来取呢？"

阿凡提说:"您就到那一天来取吧。"

巴依问:"哪天呢?"

阿凡提说:"那一天不是星期一,也不是星期二,不是星期三和星期四,也不是星期五和星期六,连星期天也不是。我的巴依,你到那天来取吧!"①

显然,巴依提的颜色要求是荒谬的,因为,颜色总是具体的,如红、橙、黄、绿、蓝、青、紫等,而不具备任何色彩特性的颜色是不存在的。阿凡提本可直接以上述理由反驳巴依,可是阿凡提却从另外的角度,按照巴依诘难的方式,提出一个日子叫巴依来取布,这个日子是排除了一周七天以外的"那一天"。这"那一天"根本不存在。简言之,用不存在的"那一天",反驳不存在的"那种颜色"。从逻辑上讲,这是以不存在命题反驳不存在的命题,并且是用了类比推理的方式。

例②:加拿大前外交官切斯特·朗宁也曾用间接反驳法对付政敌。朗宁1893年生于湖北襄樊,由中国奶妈哺育长大。朗宁回到加拿大后,一次在竞选议员时,政敌攻击他说:"你是喝中国人的奶长大的,你身上一定有中国血统。"

这样的论断让朗宁很是气愤,但他很快冷静下来,反驳道:"照么说,你们是喝牛奶长大的,那么你们身上一定有牛的血统了?"

朗宁的这种反驳方式虽类似归谬法反驳,但不同于归谬法,这种反驳是提出一个新的相关论题,而这个论题一目了然是虚假的,从而达到反驳论敌的目的。

上述两个例子,其反驳过程中是以类比推理形式为主,同时也运用假言推理形式。

4. 归谬式反驳论题法。其内容是:假定被反驳论题是成立的,根据充分条件或充分必要条件假言推理的规则,推导出一系列结论。经过对结论的检验,发现结论是虚假的、错误的,甚至是极为荒谬的,从而推翻论敌的论题。

例①:著名昆剧《十五贯》,糊涂官过于执判处被告人熊友兰、苏成娟二人死刑,罪名是谋财害命、二人私奔。过于执认定:熊友兰身上背的十五贯钱,正是被害人尤葫芦借来的十五贯钱(准备买猪的)。况钟在监斩被告人时,听到喊冤。况钟经过一定的法律程序认可,又重新审理此案。其中,况钟提出:"如果熊友兰身背的十五贯钱就是尤葫芦借来的十五贯钱,那么,尤家的床头、地板上不会有零散钱。"经过实地调查,发现尤葫芦的床边、床头、地板上还有争夺钱时留下的零散钱,还发现一副赌博的"骰子"。由此可以反推出,熊友兰身上背的十五贯钱不是尤葫芦被盗的十五贯钱。至于赌博工具,则是以后查实真正罪犯娄阿鼠的线索。

例②:某县法院审理一起贪污案时,公诉人指控被告人贪污公款,其中一论点是:被告人收了货款未及时报账。律师辩护道:"如果收货款未及时报账就属贪污,那么,直到开庭时,该企业其他推销员收货款也未报账,是不是也属于贪污呢?为什么只追究被告人而不追究其他人呢?况且,被告人在逮捕前,按企业规定的财经制度(每年四月初)向财会人员提出要报账,而财会人员却说:'新厂长叫不给你报账。'这怎能怪罪被告人不报账呢?"公诉人又说:"因为被告人领了货款,所以不报账。"律师又反驳道:"如果说领了货款可以不报账,这不是厂长在制造、纵容被告人走向犯罪道路吗?"显然,公诉人认定"被告人收货款未报账就是贪污"这一论点是不能成立的。

---

① 吴家麟编著:《故事里的逻辑》,第175页,宁夏人民出版社1979年版。

5. 反驳论据。其内容是：通过揭露论敌的论据虚假性，从而达到驳斥论敌论题的目的，或至少可以削弱论敌的论题。因为，论敌的论题是靠其论据支持的，如果论敌的论据虚假，未必其论题一定虚假，可能其论据假而论题真，也可能其论据假并且论题也假。从司法实践角度讲，反驳论据主要是从两个方面进行。一是反驳对方提出的与案件有关的事实；二是反驳对方所引证的法律条文，即指出对方对法律条文没有准确引用，或引用不恰当，或者对法律条文的理解有失偏颇。因为，法律事实、法律条文是分析、理解案情的依据，如果从上述任何一方驳斥对方，那么，对方所支持的观点至少受到动摇，使人难以相信，有时也可以起到推翻对方立论的作用。

例如，曾有一起承包合同案，发包人指控承包人无经营能力，造成企业巨大亏损，亏损又属经营性亏损，因此，要求解除原承包经营合同，并更换承包人。原承包人的代理律师，在法庭上驳斥发包方代理律师时，这样讲：第一，原承包人从总体上讲并没有亏损，而是盈利，这从账面上有所反映；第二，原承包人虽有亏损，但是，这并非经营性亏损，而是政策性亏损，责任不在原承包人身上，关于这点原发包方主营人员在以往工作报告中已明确讲了。在这里，原承包人代理律师就是从论据方面，对发包方代理律师进行反驳。

6. 反驳论证方式。其内容是：通过对论敌的论据与论题之间关系的分析，指出其论据与论题之间无必然的逻辑联系，即尽管论敌的论据是真实的，但是，由于缺乏逻辑上的必然推导关系，因此，论敌的论据并不足以证明其论题是真实的。这种反驳方法至少可起到削弱论敌的论题真实性作用。

例①：2006年在南京市鼓楼区发生一起轰动全国的扶跌倒老人案。被告彭宇走下公交车时扶起了一位跌倒的老人徐老太，彭宇将徐老太送往医院并垫付了200多元医疗费。徐老太在医院被检查为骨折，之后徐老太将彭宇起诉至南京市鼓楼区人民法院，主张彭宇撞了自己，构成侵权。但徐老太无有力证据证明彭宇是侵权者，彭宇也没有证据反证自己的清白。办案法官认定彭宇撞倒徐老太，其中一条理由为："被告（彭宇）在事发后为原告（徐老太）垫付200多元医疗费，且未索取欠条，该行为与日常生活经验不符。而如果撞伤他人，则最符合情理的做法是先行垫付款项。故本院认定原告系与被告相撞后受伤。"法院最后依据公平责任原则，判决彭宇补偿徐老太损失的40%。该案件的判决引发了巨大的争议，有人针对上述裁判理由，反驳道："彭宇垫付医疗费的行为与撞倒老人的事实无因果关系。垫付医疗费的行为属于事故后的补救行为，不能成为行为人对事故承担责任的关联证据，垫付医疗费也可以是学雷锋做好事。"

法官在认定彭宇撞倒老人时，进行了如下推理：

如果撞伤他人，最符合情理的做法是先行垫付款项；

彭宇先行垫付了医疗费；

所以，彭宇是撞倒了他人（徐老太）的加害者。

从论证形式上讲，彭宇先行垫付了200多元医疗费是事实，但不足以证明彭宇撞倒了徐老太。因为该推理形式是无效的，假设大前提成立（实际上大前提的真实性值得怀疑，大前提的错误主要是因为先行垫付医疗费的人与撞伤老人的加害者这两者之间没有必然联系），即使彭宇先行垫付了200多元医疗费，也不能必然推出彭宇是撞倒了他人（徐老太）的加害者。

例②：某县人民法院公开审理一件盗窃案。

公诉人指控犯罪嫌疑人甲犯盗窃罪，理由如下："甲多次受到公安机关处理；甲经济拮据有作案动机；被盗人放钱在保险柜中时，甲在场亲眼看到放钱的过程；甲具有打开保险柜的技术；甲有作案时间；甲在发案前到过现场；甲有自己的供述和辩解。故我们认为甲的行为已构成盗窃罪，根据《中华人民共和国刑法》应予惩罚……"

辩护人说："我认为公诉人的公诉词中有明显不妥之处，甲曾因赌博被公安机关处罚，甲有作案时间，又懂得开保险柜技术，这些尽管是事实，但是，不足以证明甲就是盗窃保险柜中钱的人。"

审判长问公诉人："请问控方还有什么证据要出示吗？"

公诉人回答："暂时没有。"

经过两个小时的法庭调查、法庭辩论以及质证后，合议庭成员暂时退庭进行合议。最后，审判长进行宣判："……根据法庭调查、法庭辩论、合议庭合议，我院认为控方指控甲犯盗窃罪的罪名不成立，因为控方的证据不足。甲无罪释放。"

这个例证说明，要反驳论题，通过指出论据与论题之间没有必然联系，指出论据只是论题的必要条件，而不是充分条件，从而指出被论证的论题不能成立。

第四节　证明与反驳的逻辑规则

为了使证明与反驳能达到预期的目的，除了学习、掌握、运用有关论证问题的科学知识之外，还应遵守相应的逻辑规则，以便从方法论角度使得论证有力、奏效。

1. 论题必须是清楚明确的。论题的明确首先在于思考问题要清晰，随之是表述问题要清晰，要使别人能真实了解说话、文章内容的含意。要切实遵循这条规则，作者、发言人必须交代清楚自己所使用的概念、判断的含义，避免歧义。如果违反这条逻辑规则，就会出现"论题不清""论旨不明"的逻辑错误。其结果使辩论陷入徒劳无益的争论中，于人、于己、于事都无利。

2. 在同一论证、论辩过程中，论题必须始终保持同一性，中途不得改变、转移甚至故意偷换论题。这条规则是同一律在辩论过程中的具体要求，目的是确保论辩的确定性、一贯性。

如果违反这条规则，就会出现"证明过多"，或"证明不足"，或"故意偷换论题"的逻辑错误。具体表现手法如下：

（1）扩大或缩小原论题的范围；
（2）用另一个完全不同的论题替代原论题；
（3）故意歪曲解释对方的原论题；
（4）回避对方原论题的论证或反驳，而是对论辩的对方进行人身攻击等。

3. 论据必须是真实的、确凿的、无可怀疑的论断。因为，论题的确证或否证是依赖于论据的，如果论据本身的真实性还值得怀疑，甚至论据根本就不成立，那么，论题的真与假就难以确定。

如果违反这条逻辑规则，就会犯"基本理由"或"预期理由"的错误。所谓基本理由的错误是指理由、论据违背科学原理、科学定律和客观事实。所谓预期理由的错误是指论据本身的真实性还未得到证明，这种论据难免不是假的，因此不能支持论题。

4. 论据的真实性不能依靠论题来加以证明。因为，论题是待证明的命题，其真实性地位并未确认。论据的真实性只能依靠客观事实，或者已证实的其他命题加以支持。如果论据的真实性又依赖于待证实的论题，等于用疑问证实疑问，实际上无法证明。

如果违反这条规则，就会犯"循环论证"的逻辑错误。

下面以影片《检察官》中徐力检察长与梁静宜一番对话为例。

梁：两个犯人交代了全部罪行，主犯又潜逃不成，畏罪自杀。如果无罪何必自杀呢？我看在法律上无懈可击。

徐：你真的认为无懈可击了吗？

梁：那你到底是什么意思？

徐：我认为，有必要重新调查。

这番对话中梁静宜犯了循环论证的逻辑错误，具体如下：他首先确认张华是主犯，因为主犯才会潜逃，潜逃不成才自杀，自杀也就证明张华是主犯。徐检察长却没有贸然赞同梁静宜的观点，他的思维过程是这样：首先弄清张华是否跳崖身亡？如果是身亡那原因又是什么？是胁迫含怨而死？还是由他杀后而造成自杀身亡的假象？还是确实畏罪死亡？徐检察长的思维过程是合乎逻辑的。梁静宜由一个未证的结论，倒推出待证实的前提，是不合逻辑的。

5. 论据与论题要有内在的必然的联系，即合乎逻辑规则的推理关系。就是说，论据不仅要真实、确凿、可靠，而且可以借助这样的论据一定能证明论题的真实性。换言之，论据与论题之间至少是充分条件假言推理关系，而最好是充分必要条件假言推理关系。如果违反这条逻辑规则，就会犯"论据不足"，或"推不出"的逻辑错误。

6. 由于论证过程是应用各种推理形式来实现的，因此，为了确保论证方式的正确性，必须在论证过程中遵守逻辑基本规律，遵守相应的逻辑推理的规则。

练习题

一、单项选择题

1. 归谬法是根据充分条件假言推理的（　　　）来实现的。
①肯定前件式　　　②否定前件式　　　③肯定后件式　　　④否定后件式

2. 运用反证法进行论证时，设立的反驳论题与引出的推断之间（　　　）。
①前者必须是后者的充分条件
②前者必须是后者的必要条件
③后者必须是前者的充分条件
④前者既不是后者的充分条件，也不是后者的必要条件

3. 如果一个论证的论据是虚假的，而且论证方式也是错误的，那么，这一论证的论题就（　　　）。
①必然是真实的　　　　　　　　　　②必然是虚假的
③可能是真实的，可能是虚假的　　　④既不可能是真实的，也不可能是虚假的

4. 在思维过程中，运用淘汰法来论证某一论断的真实性，所运用的推理是（   ）。
①充分条件假言推理的肯定前件式　　②充分条件假言推理的否定后件式
③选言推理的否定肯定式　　　　　　④选言推理的肯定否定式
5. 运用独立证明的间接反驳法时，设立的反驳论题与被反驳论题之间可以是（   ）。
①矛盾关系　　　　　　　　　　　　②反对关系
③矛盾关系或反对关系　　　　　　　④从属关系

二、简答题
1. 何谓证明、反驳？其各自的逻辑特征是什么？各有哪些种类？
2. 证明和推理有何联系和区别？
3. 什么是直接证明、间接证明？二者有何区别？
4. 什么是反证法、选言式证明法和归谬证法？
5. 逻辑证明与实践证明的区别是什么？
6. 反驳可从哪几个方面进行？

三、实例分析题
1. 分析下列证明，指出其论题、论据和论证方式，并判定是否成立。
（1）李某不是作案人，因为发案时他正与本单位的两位同志在张贴墙报，并且这两人皆有证词。

（2）某日，某单位现金出纳员石某和王某刚去银行提了款赶回单位，准备第二天向工人发工资。她们正行驶在途中，突然从路旁窜出一遮面青年，用枪击倒石某和王某，然后夺走挂在石某自行车上装有巨款的提包逃去。显然，罪犯事先知道王、石二人去银行提款，以及她们经过的路线、时间。侦查人员详细调查了王、石提款的经过并了解知情人后推知：凶犯是陈某。因为在王、石商量提款一事时，在场的还有两人：一个是姓王的工人，另一个不是本单位的青年陈某。此事只有他们四人知道，而王、石及那位姓王的工人都未向其他人谈到过此事，而发案时，王姓工人正在上班，不可能作案。由此可以证明，作案人是陈某（或至少与他有关）。

（3）某建筑工地的深沟发现一具女尸，尸检后确认为是从高处掉下摔死的。是被人推下的呢还是跳楼自杀？或是不慎失足摔下的？查明死者身份后获知死者为人正派，群众关系好，身上贵重财物没有被盗，也无恋爱纠纷，故可排除他杀的可能。调查访问又知：死者性格开朗，工作顺利，家庭关系好，经济宽裕，近期未发现有不愉快，故又可排除自杀的可能。死者生前习惯通过该工地抄近路回家；死者死于夜里10点左右，那天下午刚下过雨，天黑路滑，死者很可能是失足摔死的。最后可以确定死因是不慎失足而摔死的。

2. 下列证明是否正确？为什么？
（1）某甲问算命先生："我与妻该不该离婚？"算命先生问了他及其妻的属相、出生年月日后，断定说："你与你妻应该离婚，因为你属猴，她属猪，你们属相犯忌，猪猴不到头"。

（2）原告旷某头部的损伤不是他伤而是自伤。某人民法院以故意杀人罪判处叶某死缓。原判认定：被告叶某因与原告旷某有矛盾。因而怀恨在心，并起歹意，闯进旷家拿走一把菜刀埋伏在旷归来的路上，当旷开完会回家行至其埋伏处时，叶就窜出向旷头部猛砍两刀，由于被害人大声呼救，叶某弃刀逃回家中。判刑后，叶某与家人一直不服，以被告没有杀人纯属冤枉为由，不断提出申诉。后经立案复审发现，原来旷某之伤是由一民间中医检查的。出具的证明写着：旷某头顶部有两处头皮损伤，长约0.66厘米没有任何照片可供检查，卷内也无医生对两处损伤的详细描述。现经省高级人民法院技术室复核鉴定，认为旷某头部损伤不是他伤而是自伤。因为法医对旷的伤情进行检查，见两处伤痕于头部右顶角，并排呈左前上向右后下斜行，长各0.5厘米，两处伤的距离为1.5厘米，损伤较轻。如果原告认定的事实属实，被告挥动锐利的菜刀猛砍行动中的被害人，又加上是夜晚，其损伤程度绝不可能这么轻微，先后两刀亦不可能并列在一起。该伤具备典型的自伤特征。在法医鉴定结果和复查中提取的其他证明材料面前，旷某供认：为了陷害叶某，他自己在头上划了两刀。据此叶某被宣告无罪释放，对旷某则以犯有诬陷罪判处有期徒刑。

（3）一法官在认定某被告是否构成盗窃罪时是这样认为的："此人肯定是小偷，因为他的父亲就是一个惯偷。"

（4）某老师提出这样一个问题："为什么说法律是有阶级性的？"某同学站起来回答说："因为法律是由国家制定和认可的并由国家强制力量保障实施的行为规范。这种行为规范是每一个阶级社会里都具有和必需的。没有这种行为规范，社会就将变得无序，就会变为动荡和动乱，就会危及政权的统治，所以说法律是有阶级性的。"

3. 分析下列反驳的逻辑结构，指出这些反驳是否成功。

（1）有人说："青少年犯罪不负刑事责任。"我们认为，有些青少年犯罪是应负刑事责任的。根据我国《刑法》第17条规定："已满十六周岁的人犯罪，应当负刑事责任。已满十四周岁不满十六周岁的人，犯故意杀人、故意伤害致人重伤或者死亡、强奸、抢劫、贩卖毒品、放火、爆炸、投毒罪的，应当负刑事责任。"

（2）有一对男女青年谈恋爱，三年恋爱期间关系密切，男方经常帮助女方及其家庭，后来女方变卦，男方求婚遭到拒绝。一气之下男方放火烧女方的房子未遂。在法庭辩论中，辩护人指出："被告犯罪是因为女方在恋爱问题上的错误行为引起的，被告放火烧房未遂又加之投案自首，应减轻刑事处分。"公诉人反驳说："请人到女方说媒是事实，认定求婚遭拒绝是恰当的，对被告不能减轻刑事处分。"

（3）被告人李某，24岁，2019年7月30日骑车外出，有4个小孩并排在前面行走，李按铃后，小孩就让到两旁。李不走马路中间，却走到路左边照王某（小孩）小腹猛踢一脚，走了40米左右，回顾王某紧捂肚子，竟不加理会扬长而去。王某被踢后因肠穿孔死亡。

辩护人提出：李某与王家素不相识、无冤无仇，没有预谋过程，是偶尔失足致人死亡，属于过失犯罪。

公诉人发言：李某明知交通规则是行人走两边，车马走中间。可是，在小孩听到铃声让路后，李某却不走中间，有意拐到路左，故意上去踢人，这是故意伤害致人死亡。李某明知用力踢人会把人踢伤，而放任这种结果的发生，这是间接故意。李也承认明知用力踢人会把人踢伤，这就是明知故犯。尤其是他回头已看见受害者双手紧捂肚子，还是满不在乎地走了。辩护人把这种心理状态说成是应当预见但因疏忽大意而没有预见，属于过失犯罪，这种说法是站不住脚的。

综合练习

一、**单项选择题**（在每小题的四个备选答案中，选出一个正确的答案，并将其号码填在题干的括号内。每小题1分，共20分）

1. 根据概念之间的外延关系，"概念"和"判断"这两个概念之间是（　　）。
　①交叉关系　　　　②属种关系　　　　③对立关系　　　　④矛盾关系

2. "我们班的每一个男同学都是团员。"这一性质判断的主项是（　　）。
　①男同学　　　　　　　　　　　②我们班的男同学
　③我们班的每一个男同学　　　　④每一个男同学

3. 将"盗窃犯"这个概念，如果概括为"犯罪行为"，限制为"惯窃犯"，则（　　）。
　①概括正确限制正确　　　　　　②概括错误限制错误
　③根据正确而限制错误　　　　　④概括错误而限制正确

4. 若以"商品就是劳动产品"作为定义，则犯了（　　）。
　①"定义过宽"的错误　　　　　　②"定义过窄"的错误
　③"同语反复"的错误　　　　　　④"循环定义"的错误

5. "有的犯罪是过失犯罪"与"有的犯罪不是过失犯罪"这两个性质判断之间是（　　）。
　①矛盾关系　　　　②反对关系　　　　③差等关系　　　　④下反对关系

6. 根据对当关系原理，若SIP真，则（　　）。
　①SAP真　　　　　②SEP假　　　　　③SOP真　　　　　④SAP假

7. "李某和张某是同案犯"这一判断是（　　）。
　①性质判断　　　　②复合判断　　　　③联言判断　　　　④关系判断

8. "并非发言的人都是教师"这一负判断的等值判断是（　　）。
　①发言的人都不是教师　　　　　②有些发言的人是教师
　③有些发言的人不是教师　　　　④并非发言的人有的不是教师

9. 设p，q为假，同"p并且q"相等值的判断是（　　）。
　①如果p，那么q　　　　　　　　②只有p，才q
　③p或者q　　　　　　　　　　　④当且仅当p，才q

10. 以SOP为前提进行变形推理，能必然推出（　　）。
　①$\overline{P}O\overline{S}$　　　　　②POS　　　　　③$PO\overline{S}$　　　　　④$\overline{S}IP$

11. "我不是干部，所以我不应带头。"这个省略三段论犯了（　　）。
　①"四概念"错误　　　　　　　　②"中项不周延"的错误
　③"大项扩张"的错误　　　　　　④"小项扩张"的错误

12. 以 MOP 为大前提构成三段论,若要得必然结论,其小前提只能是(　　)。
①MAS　　　　②SAM　　　　③MES　　　　④SEM

13. "本案或者是盗窃案,或者是贪污案。"这个判断等值于(　　)。
①只有本案不是盗窃案,本案才是贪污案
②如果本案不是盗窃案,本案才是贪污案
③本案是盗窃案而不是贪污案
④本案既是盗窃案又是贪污案

14. 以"张三是大学生","张三是团员"分别作为三段论的大小前提进行推理,能必然推出(　　)。
①大学生都是团员　　　　　　②团员都是大学生
③有些团员是大学生　　　　　④有些大学生不是团员

15. 以"或者所有 A 是 B,或者所有 B 是 C"和"有 B 不是 C"为前提,能必然推出结论(　　)。
①所有 A 是 B　②所有 A 不是 B　③有 A 是 B　④有 A 不是 B

16. 以"只有考试合格并且体检合格,才能被录取"和"某人没有被录取"为前提(　　)。
①能必然推出"某人考试不合格"的结论
②能必然推出"某人体验不合格"的结论
③能必然推出"某人或者考试不合格,或者体检不合格"的结论
④不能必然推出"某人或者考试不合格或者体检不合格"的结论

17. "我的眼睛既不近视,也无色盲,所以我的身体非常健康。"这段话(　　)。
①犯"转移论题"的错误　　　　②犯"自相矛盾"的错误
③犯"偷换概念"的错误　　　　④犯"推不出来"的错误

18. 已知 A 地区与 B 地区的自然环境、气候条件、土地成分都大致相同,并且已知 A 地区不适宜种植人参,由此推知 B 地区可能也不适宜种植人参。这里运用的是(　　)。
①类比推理　　　　　　　　②演绎推理
③科学归纳推理　　　　　　④简单枚举归纳推理

19. 既不同意说"某甲是青年人",又不同意说"某甲是老年人",根据逻辑思维规律的要求,这样(　　)。
①违反同一律　②违反矛盾律　③违反排中律　④不违反逻辑思维规律

20. 类比推理和简单枚举归纳推理所具有的共同特征是(　　)。
①都是必然性推理　　　　　②都是或然性推理
③都是从一般到特殊的推理　④都是从特殊到一般的推理

二、多项选择题(在每小题的五个备选答案中,选出二个至五个正确的答案,并将其号码分别填在题干的括号内,多选、少选、错选,均无分。每小题2分,共10分)

1. 在"知识分子是国家的宝贵财富"这一判断中,"知识分子"这一概念是(　　)。
①单独概念　　②普遍概念　　③集合概念　　④非集合概念　　⑤实体概念

2."张华和李芳都是大学生。"这一判断是（　　　）。
①复合判断　　②关系判断　　③联言判断　　④简单判断　　⑤特称判断

3. 运用判断变形推理，可由 SOP 推出（　　　）。
①$\overline{S}IP$　　②$SI\overline{P}$　　③$\overline{P}IS$　　④POS　　⑤$\overline{P}O\overline{S}$

4. 以（p←q）为大前提（　　　）。
①若加上小前提 P，则不能推出 q　　②若加上小前提 q，则能推出 p
③若加上小前提$\overline{p}$，则能推出 q　　④若加上小前提$\overline{q}$，则能推出$\overline{p}$
⑤若加上小前提（q←r），则能推出（r→p）

5. 对于"犯罪都是故意的"和"有些犯罪不是故意的"这样两个判断，根据逻辑思维规律的要求（　　　）。
①既不能断定它们都真，也不能断定它们都假
②可以断定它们都真，但不能断定它们都假
③可以断定它们都假，但不能断定它们都真
④断定其中一个真，就必须断定另一个假
⑤断定其中一个假，就必须断定另一个真

三、名词解释题（每小题 3 分，共 15 分）

1. 对当关系

2. 归纳推理

3. 论题

4. 负判断

5. 矛盾律

四、分析题（每小题 5 分，共 20 分）

1. 什么是划分？下述划分是否正确？为什么？
"逻辑思维形式分为概念、判断、推理以及分析与综合等"。

2. 下面两个判断是否等值？请用真值表加以判定。
①并非如果张某是本案作案人，李某也是本案作案人
②张某不是本案作案人，但李某是本案作案人

3. "该案经过五个月的紧张侦查工作，整个案件已经全部查清。但是还有一个细节，即杀人工具还没有找到。等这个问题弄清后再上报结案。"请问这段话有无逻辑错误，并简述理由。

4. "真理是不怕批评的，因此，怕批评的不是真理。"请问这是什么类型的推理？是否正确？为什么？

五、简答题（每小题 5 分，共 15 分）

1. 什么是定义？定义的规则有哪些？

2. 简述同一律的基本含义和违反同一律的逻辑错误。

3. 提高类比推理结论可靠性的方法有哪些?

六、论述题（每小题10分，共20分）

1. 在讨论怎样提高觉悟、克服私心杂念的班组会上。

    甲说："没有一个人不自私，只有革命先烈才是不自私的。"

    乙说："你的话有逻辑错误。我认为，不是所有的人都是自私的，也不是所有人都不是自私的。"

    丙说："你俩都犯了逻辑错误，还是言归正传吧！"

    请根据逻辑思维规律的要求，指出甲、乙、丙的谈话有无逻辑错误，并简要说明理由。

2. 试述论证的含义和特征以及论证的规则。

部分练习题参考答案

第二章　概念论

一、单项选择题
1④　2③　3③　4③　5③

二、多项选择题题
1②③⑤　2①②③　3①②③⑤　4①④⑤　5②④

三、判断正误并说明理由
1. 错误。"诈骗集团"是一个集合概念，但它不是单独概念，而是一个普遍概念。
2. 正确。"贪污罪"与"抢劫罪"这两个概念的内涵和外延都不相同，但它们的外延之和小于其属概念故意犯罪的外延，所以它们之间是反对关系而不是交叉关系。
3. 错误。"联合国"是一个国际组织，"英国"是一个国家，两个概念之间内涵外延都不相同，是全异关系。
4. 正确。"盗窃犯"与"犯罪行为"这两个概念之间并无属种关系，"犯罪行为"不是"盗窃犯"的属概念，所以概括错误。而"盗窃犯"与"惯窃犯"这两个概念之间有属种关系，"惯窃犯"是"盗窃犯"的种概念，所以限制正确。
5. 错误。违反划分的规则，同时犯了"子项相容"和"多标准划分"的逻辑错误。

四、简答题
答案：略

五、实例分析题
1. 设下列句子为定义，请指出它是否符合逻辑要求？
(1) 不正确。违反定义要相应相称的规则，犯了"定义过宽"的逻辑错误。
(2) 正确。
(3) 正确。
(4) 不正确。违反定义要相应相称的规则，犯了"定义过窄"的逻辑错误。
2. 下列划分是否正确？为什么？
(1) 不正确。违反划分后子项之间应该互相排斥，犯了"子项相容"的逻辑错误。
(2) 不正确。违反每次划分的标准应该同一的规则，犯了"多标准划分"的错误。
(3) 不正确。违反划分应该相应相称的规则，犯了"划分过宽"或"多出子项"的逻辑错误。
(4) 不正确。违反划分应该相应相称的规则，犯了"划分过窄"或"子项不全"的逻辑错误。

3. 给下列概念作一次限制和概括

答案：略

4. 请在下列各图中填入相应的概念

答案：略

第三章　判断论（上）

一、单项选择

1② 2② 3② 4④ 5②

二、多项选择

1. ②③⑤　2②④⑤　3③④　4①④⑤　5①③⑤

三、判断分析题

1. 错误。这是一个特称肯定的性质判断，其主项和谓项都是不周延的。

2. 错误。因为这两个判断之间是下反对关系，即使"有的被告是有罪的"，也不能必然断定"有的被告是无罪的"，只能推出"有的被告是无罪的"真假不定。

3. 错误。这两个判断不能同真，但可以同假，它们之间是反对关系。

4. 错误。因为这两个判断之间是差等关系，事实上"有的人是大学生"为真，不能必然推出"所有人是大学生"是不对的（或为假），只能推出后者真假不定。

5. 错误。因为这两个判断之间是上反对关系，已知其中一个假，不能必然推出另外一个为真。

四、简答题

答案：略

五、实例分析题

1. 分析下列判断的结构，并写出其逻辑形式。

（1）这是一个用否定形式表示的实际上是一个全称肯定的性质判断，其逻辑形式为 SAP。

（2）这是一个全称肯定的性质判断，其逻辑形式为 SAP。

（3）这是一个特称肯定判断，其逻辑形式为 SIP。

（4）这是一个全称肯定判断的负判断，等值于一个特称否定判断，其逻辑形式为 SOP。

（5）这是一个单称否定判断，其逻辑形式为某个 S 不是 P。

2. 已知下列判断为真，根据对当关系原理指出相同素材其他三个判断的真假。

（1）有些犯罪不是违法，真假不定；所有犯罪不是违法，假；所有犯罪都是违法，真假不定。

（2）有些学生是学法律的，真假不定；所有学生是学法律的，假；所有学生不是学法律的真假不定

（3）正当防卫是违法行为，假；有些正当防卫不是违法行为，真；有些正当防卫是违法行为，假

（4）抢劫罪不是故意犯罪，假；有些抢劫罪是故意犯罪，真；有些抢劫罪不是故意犯罪，假。

3. 根据对当关系原理，回答下列问题。

（1）不能。因为前一个判断是特称否定判断（SOP），后一个判断是特称肯定判断（SIP），根据对当关系原理，这两个判断之间是下反对关系，是可以同时为真的，即使证明了后一个判断是真实的，也不能对前一个判断进行反驳（或者说前一个判断是假的）。

（2）前一个判断"发言的人都不是教师"，这是一个全称否定判断（SEP），后一个判断"发言的人不都是教师"，这是一个全称肯定判断的负判断，等值于一个特称否定判断"有些发言的人不是教师"（SOP）。根据对当关系，这两个判断之间是差等关系。

（3）第一个判断"没有任何一种知识不是天赋的"为假，不能断定第二个判断"没有任何一种知识是天赋的"为真。因为第一个判断相当于全称肯定判断（SAP），第二个判断相当于全称否定判断（SEP），两者之间是上反对关系，根据对当关系，两者之间不能同真，但是可以同假，由真可以推假，但是不能由假推真。同样根据对当关系，能够断定第三个判断"有的知识不是天赋的"真。因为第三个判断是特称否定判断（SOP），和第一个判断之间是矛盾关系。既然第一个判断为假，必然可以断定第三个判断为真。

第四章 判断论（中）

一、单项选择题

1② 2④ 3② 4② 5③

二、简答题

答案：略

三、实例分析题

1. "爱"是一种非对称关系，而某甲却错误地把它当成了对称关系。

2. 这句话存在逻辑错误。因为"甲犯常与乙犯接触，关系密切"，前半句话就表明两者之间是一种对称性逻辑关系，所以后半句所说的"但乙犯同甲犯可不常接触，关系不怎么密切呀！"与前半句话是不可能同时为真的，两种说法犯了自相矛盾的逻辑错误。

3. 乙对甲的话理解不正确。因为甲说"李某可能是罪犯"。而乙说"那你是认为李某不可能不是罪犯了。"这句话的意思是说李某必然是罪犯。显然与甲说"李某可能是罪犯"之间不是等值关系，而是差等关系。

4. 下列判断属于哪一种关系判断？

（1）对称关系

（2）对称关系

（3）非对称关系

（4）反对称关系

5. 指出下列各组模态判断之间的逻辑关系

（1）上反对关系

（2）矛盾关系

(3) 下反对关系
(4) 差等关系

第五章 判断论（下）

一、单项选择题
1. ③ 2. ① 3. ① 4. ② 5. ④

二、多项选择
1. ①②③④ 2. ①②③ 3. ①③④⑤ 4. ③⑤ 5. ②③⑤

三、判断分析题
1. 正确。这是由"王某的行为是违法的"和"张某的行为是违法的"这样两个肢判断构成的一个联言判断。

2. 正确。这是一个相容的选言判断的负判断，等值于选言肢都是否定的联言判断。

3. 错误。因为已知"如果张某具有作案时间，那么就是本案作案人"。这种说法不对，我们只能确定"张某具有作案时间，但却不是本案作案人"。根据的是充分条件假言判断的负判断的等值判断。

4. 正确。因为前一个判断是相容的选言判断，后一个判断是充分条件假言判断，它们两者说法不同，但逻辑值是相同的，所以是等值的（即可同真，也可同假）。

5. 错误。这是一个必要条件假言判断的负判断，这句话的意思是说"李某没有贪污，也会犯罪"。

四、简答题
答案：略

五、实例分析题
1. 下列各判断是否正确？说明理由。
(1) 不正确。$\overline{p \wedge q}$ 应该等值于 $\overline{p} \vee \overline{q}$，联言判断的负判断等值于联言肢都是否定的选言判断。

(2) 正确。充分条件假言判断的负判断等值于有前件却没有后件的联言判断。

(3) 不正确。$\overline{p \vee q}$ 应该等值于 $\overline{p} \wedge \overline{q}$。相容选言判断的负判断等值于选言肢都是否定的联言判断。

(4) 正确。前一个判断是两个肢判断都是否定的联言判断，后一个判断是有一个肢判断是否定的选言判断，两者是不等值关系。

2. 试用真值表方法，判定下列各组判断是否等值。
(1) 真值表略。不等值。
(2) 真值表略。不等值。
(3) 真值表略。不等值。
(4) 真值表略。不等值。

3. 指出下列负判断及其等值判断的类型，并说明其是否正确以及理由。
(1) 正确。全称肯定判断的负判断等值于特称否定判断。
(2) 正确。必要条件假言判断的负判断等值于没有前件却有后件的联言判断。

(3) 错误。全称否定判断的负判断应该等值于特称肯定判断"有些杀人罪是过失犯罪",而不是特称否定判断"有些杀人罪不是过失犯罪"。

(4) 错误。联言判断的负判断应该等值于联言肢都是否定的选言判断"李某或者不是教师,或者不是律师",而不是联言判断"李某既不是教师,也不是律师"。

(5) 正确。必要条件假言判断的负判断等值于没有前件却有后件的联言判断。

(6) 正确。相容选言判断的负判断等值于选言肢都是否定的联言判断。

(7) 正确。充分条件假言判断的负判断等值于有前件却没有后件的联言判断。

(8) 错误。特称肯定判断的负判断应该等值于全称否定判断"所有伤害他人的行为都不是合法行为",而不是特称否定判断"有些伤害他人的行为不是合法行为"。

(9) 正确。全称否定判断的负判断等值于特称肯定判断。

(10) 正确。充分条件假言判断的负判断等值于有前件却没有后件的联言判断。

第六章 推理论(上)

一、单项选择题

1. ② 2.③ 3.④ 4.④ 5.④

二、多项选择题

1. ①③④ 2. ①④⑤ 3. ④⑤ 4. ①②④ 5. ①②③④

三、判断分析题

1. 正确。"没有一个 S 是 P"即 SEP,先换位为 PES,后换质为 PA$\overline{S}$ 即全肯定的性质判断,主项周延而谓项不周延。

2. 错误。"有的律师不是党员"是特称否定性质判断即 SOP,而"有的党员不是律师"也是特称否定判断即 POS,根据性质判断变形推理的要求,特称否定判断不能进行换位推理。因此不能从前者推出后者。

3. 正确。因为 $\overline{S}$IP 换位后为 PI$\overline{S}$,再换质就是 $\overline{P}$OS。

4. 正确。"说谎的人是不老实的人"即 SA$\overline{P}$,而"不说谎的人是老实的人"即 $\overline{S}$AP,从 SA$\overline{P}$ 无论先换质还是先换位都不能必然推出 $\overline{S}$AP。

5. 错误。因"控告"是一种非对称性关系,所以从甲控告乙,不能必然推出乙不会控告甲。

四、简答题

答案:略

五、实例分析题

1. 对下列判断进行换质法推理

(1) 有些错误不是不可以避免的。

(2) 所有正在上诉的一审判决都不是确定的判决。

(3) 有些违法是非犯罪。

(4) 遵纪守法不是非每个公民的义务。

2. 对下列判断进行换位推理

(1) 不得以任何借口剥夺被告人的上诉权。

(2) 有些学法律知识的是国家工作人员。
(3) 有些比较简单的是案情。
(4) 不能换位。
3. 将下列判断进行换质位推理，请用公式代推。
(1) SAP—SE$\overline{P}$—$\overline{P}$ES
(2) SOP—SI$\overline{P}$—$\overline{P}$IS
(3) SAP—SE$\overline{P}$—$\overline{P}$ES
(4) SE$\overline{P}$—SAP—PIS
4. 下列推理是什么类型？是否正确？为什么？
(1) 这是关系推理，错误。因为三者之间不是传递关系而是非传递关系，结论是不必然的。
(2) 这是关系推理，正确。因为甲与乙一起看电影这是对称性质的关系，所以只要其中一个没有作案时间就能够得出甲和乙都没有作案时间的结论。

第七章　推理论（中）

一、单项选择
1. ④　2. ②　3. ②　4. ④　5. ③
二、多项选择
1. ①②⑤　2. ①③　3. ①③④⑤　4. ②③⑤　5. ②③⑤
三、判断分析题
1. 错误。三段论前提中周延的词项，在结论中可以周延，也可以不周延，而不是必须要周延。
2. 正确。因为这个三段论省略了大前提"律师要学习法律"，结合小前提"我又不当律师"，推出结论"所以用不着学法律"。这是一个错误的三段论推理，犯了"大词扩大"的逻辑错误。
3. 错误。因为只有不相容选言推理才有肯定否定式和否定肯定式两种正确推理形式。
4. 错误。因为这是一个必要条件假言推理，肯定前件不能必然肯定后件。所以即使以"阳光充足"作为前提，也不能必然推出"植物正常生长"的结论。
5. 正确。因为这是一个充分条件假言推理，肯定后件不能必然肯定前件。所以即使以"刘某有罪"作为前提，也不能必然推出"王某有罪"的结论。
四、简答题
答案：略
五、实例分析题
1. 以下列各组的第一判断为大前提，第二判断为小前提，根据三段论规则，能否必然得出结论？为什么？
(1) 不能。前提中有一个否定判断，结论就是否定判断，这样就要犯大项不当周延的错误。

(2) 不能。两个前提都是特称判断不能推出必然结论。

(3) 不能。两个前提都是否定判断不能推出必然结论。

(4) 不能。因为中项在两个前提中一次也不周延。

2. 恢复下列省略三段论，并从规则上检查其是否正确。

(1) 正确。

(2) 不正确。

(3) 正确。

(4) 不正确。

(5) 不正确。

(6) 不正确。

3. 以下列判断为前提，能否必然推出结论？为什么？

(1) 不能。前提中有一个否定判断，大词在前提中是不周延的，结论要否定，就会犯大词不当周延的错误。

(2) 不能。前提中有一个否定判断，大词在前提中是不周延的，结论要否定，就会犯大词不当周延的错误。

(3) 不能。因为中项在前提中都是肯定判断的谓项，一次也不周延。

(4) 能够。推出的结论是 SAP。

(5) 不能。两个前提都是否定判断不能推出必然结论。

(6) 能够。推出的结论是 SEP。

(7) 能够。推出的结论是 SIM。

(8) 不能。因为中项在前提中都是肯定判断的谓项，一次也不周延。

4. 下列推理的种类如何？写出推理形式，并判定是否正确和简单回答为什么。

(1) 这是一个由两个选言肢构成的不相容的选言推理，通过肯定其中一个选言肢进而否定另外一个选言肢，是正确的推理。

(2) 这是一个充分条件假言推理，肯定前件必然可以肯定后件，所以该推理正确。

(3) 这是一个以联言判断作为前提推出简单性质判断的联言推理，采用的是分解式，推理正确。

(4) 这是一个必要条件假言推理，采用的是肯定前件进而肯定后件的形式，结论不必然，所以该推理不正确。

(5) 这是一个由两个选言肢构成的相容的选言推理，通过否定其中一个选言肢进而肯定另外一个选言肢，是正确的推理。

(6) 这是一个充分条件假言推理，采用的是否定后件进而否定前件的形式，结论必然，是正确的推理。

5. 以下列判断为前提能否推出结论？如能，应推出什么结论？请写出结构形式；如不能，请说明理由。

答案：略

6. 运用有关推理知识，判断下列推理能否成立。

(1) 不成立。相容选言推理肯定否定式无效。

(2) 不成立。充分条件假言推理肯定后件式无效。

(3) 成立。充分条件假言推理否定后件式有效。

(4) 不成立。必要条件和充分条件假言推理不能推出$\overline{P}$。

(5) 成立。充分条件假言联言推理否定后件式有效。

(6) 不成立。充分条件假言联言推理否定前件式无效。

7. 简要回答下列问题。

答案：略。

第八章 推理论（下）

一、单项选择题

1④ 2④ 3② 4③ 5④

二、多项选择题

1①③ 2①②③ 3①②③④ 4①④⑤ 5③⑤

三、判断分析

1. 错误。归纳推理有完全归纳推理和不完全归纳推理之分，完全归纳推理的结论具有必然性。

2. 错误。因为这个推理的结论是一个特称肯定判断，并不是对前提考察对象的抽象、概括，不符合归纳推理的特征。

3. 错误。因为这是一个联言推理的合成式，结论只是对前提判断的组合，没有对前提考察对象的抽象、概括，不符合归纳推理的特征。

4. 正确。因为类比推理是从特殊到特殊的推理，其前提并不蕴涵结论，结论具有或然性。

5. 错误。两种现象出现时间上的先后相继，是确定它们有因果关系的必要条件而不是充分条件。

四、简答题

答案：略。

五、实例分析题

1. "凡人死后会逐渐出现尸斑现象"的结论是通过科学归纳推理方式得出的。

2. 侦查员的思维过程中包含了类比推理，是可以成立的。推理形式略。

3. 正确。因为通过简单枚举归纳推理得出的结论具有或然性，不是必然正确的，还需要遵守有关的逻辑要求才能得出正确结论。

4. 该结论是通过简单枚举归纳推理得出的，不正确的。没有遵守简单枚举归纳推理的逻辑要求，犯了"以偏概全"或"轻率概括"的逻辑错误。

5. 这一推论是根据完全归纳推理得出的，符合完全归纳推理的要求，推理正确。

第九章 逻辑基本规律

一、单项选择题

1③ 2④ 3④ 4④ 5③

二、多项选择题

1. ①③ 2.①③⑤ 3.③④⑤ 4.①②③ 5.③⑤

三、判断分析题

1. 错误。同一律要求的"同一"是指思想必须与其自身保持同一。

2. 错误。对同一个判断既断定它真，又断定它假，就会犯"自相矛盾"的错误。

3. 正确。"法律都是有用的"是一个全称肯定的性质判断，"法律都是无用的"相当于对前者的否定，这两种判断是不能同真的。同时断定是违反矛盾律的，犯了自相矛盾的错误。

4. 错误。充足理由是指在思维过程中，任何一个论断要被确定为真的，必须要有既真实又充分的理由。

5. 错误。"王某是嫌疑人"和"王某不是嫌疑人"是两个矛盾关系的判断，对两者都加以否定违反了排中律，犯了"模棱两可"的错误。

四、简答题

答案：略

五、下列各题有无违反逻辑基本规律？试分析之。

1. 违反同一律。所答非所问，犯了"转移论题"的逻辑错误。

2. 违反矛盾律。"从来不"与"一旦"不可以同真，犯了"自相矛盾"的错误。

3. 违反排中律。"故意"与"过失"是矛盾关系，同时否定犯了"模棱两可"的错误。

4. 不违反逻辑规律。这是一个复杂问句，被告的回答没有错误。

5. 违反充足理由律。即使某甲得了抑郁症，也不能必然得出他肯定是自杀的结论，犯了"推不出来"的逻辑错误。

6. 违反矛盾律。因为"所有S是P"与"有的S不是P"之间是矛盾关系的判断，同时断定两者都真，犯了"自相矛盾"的错误。

7. 违反排中律。因为SEP与SIP之间是矛盾关系的判断，同时断定它们都假，犯了"模棱两可"的错误。

8. 不违反逻辑规律。因为SAP与SEP是上反对关系的判断，它们本身是可以同时为假的。

9. 违反排中律。因为"张某有罪"与"张某无罪"是具有矛盾关系的判断，其中必有一真，必有一假。不加以任何断定是违反排中律，犯了"不置可否"的错误。

10. 违反矛盾律。因为"刚出来五天"与"在押犯"是不可以同时为真的，犯了"自相矛盾"的错误。

六、实例分析题

1. 下面这段话是否有逻辑错误？请具体说明。

该案虽然经过五个多月的紧张侦查工作，但是既然还有一个细节，即杀人工具还没有找到，就不能说整个案件已经全部查清。这段话违反矛盾律，犯了"自相矛盾"的逻辑错误。

2. 题略。

甲的谈话有逻辑错误。因为他通过自己单位的五名大学生工作能力不强，得出现在的大学毕业生都是工作能力不强的结论,其根据是不充分的,违反充足理由律,犯了"推不出来"的逻辑错误。

乙说"至少有的大学毕业生不是工作能力不强的"等于是说"有的大学毕业生工作能力是强的"。该说法与甲的说法是矛盾关系,乙的谈话观点明确,没有逻辑错误。

丙的谈话有逻辑错误。因为丙说"甲、乙二人的意见,我都同意"。表明他同时肯定甲和乙的说法,而甲乙的说法是矛盾关系不可以同时为真的。所以丙违反了矛盾律,犯了"自相矛盾"的错误。

丁的谈话有逻辑错误。因为丁说"我的观点很明确,对甲、乙二人的看法都不同意"。表明他同时否定甲和乙的说法,而甲乙的说法是矛盾关系不可以同时为假的。所以丁违反了排中律,犯了"模棱两可"的逻辑错误。

第十章 证明与反驳

一、单项选择题
1④ 2① 3③ 4③ 5③

二、简答题
答案:略

三、实例分析题
答案:略

综合练习

一、题略
1. ③ 2. ② 3. ④ 4. ① 5. ④ 6. ② 7. ④ 8. ③ 9. ③ 10. ①
11. ③ 12. ① 13. ② 14. ③ 15. ① 16. ④ 17. ④ 18. ① 19. ④
20. ②

二、题略
1. ②③⑤ 2. ①③ 3. ②③⑤ 4. ①②③⑤ 5. ④⑤

三、题略
答案:略

四、题略
1. 划分是按照一定标准把一个属概念分为若干种概念的逻辑方法。该划分不正确,因为逻辑思维形式只有概念、判断和推理,而分析与综合并不属于逻辑思维形式,所以该划分犯了"划分过宽"的逻辑错误。

2. 两个判断不等值。真值表略。

3. 这段话有逻辑错误。因为既然说整个案件已全部查清,就不能说还有一个细节即杀人工具还没有找到。这两种说法是不能同时为真的,同时加以肯定违反矛盾律,犯了"自相矛盾"的错误。

4. 这是性质判断变形推理,该推理是正确的。因为"真理是不怕批评的"即

SEP，推出"怕批评的不是真理"即 PES，全称否定性质判断可以直接换位，因此推理正确。

五、题略
答案：略

六、题略
1. 题略

根据逻辑思维规律的要求可知，甲的谈话有逻辑错误。因为甲说"没有一个人不自私，只有革命先烈才是不自私的"。这两个判断之间是矛盾关系，不可以同时为真。甲违反了矛盾律，犯了"自相矛盾"是逻辑错误。

乙的谈话没有逻辑错误。因为乙认为，不是所有的人都是自私的，也不是所有的人都不是自私的。等于是说有的人是自私的，有的人是不自私的。这两个判断之间是下反对关系，是可以同时为真的，所以乙没有违反逻辑规律。

丙的谈话有逻辑错误。因为甲和乙的说法是矛盾关系，既不可以同真，也不可以同假。而丙对两人的说法都加以否定，认为他们都犯了逻辑错误。丙违反了排中律，犯了"模棱两不可"的逻辑错误。

2. 题略
答案：略